청소년을 위한

행복
철학

Philosophy of Happiness

청소년을 위한 **행복**
철학

조정옥 지음

고등학교 학생의 인생 시기를 청소년기라고 한다면 과연 청소년들은 하루하루를 어떻게 살아가며 무엇을 삶의 목표로 생각하는가? 가치관과 인생관이 아직 확립되지 않은 채 혹시 스스로 무엇인가를 선택하지 못하고 대개 다른 사람들이 살아가는 모습과 인생목표를 별 생각 없이 뒤따라가고 있는 것은 아닌가? 우리나라 교육은 국영수 위주의 지능적인 측면이 지나치게 강조되고 있으며, 대학입시는 청소년기의 최대의 그리고 장기적인 목표가 되었다. 지성뿐만 아니라 감성, 덕성, 사회성 등 전체적인 인간성을 길러주는 다양한 지식과 감성적·문화적 체험이 절대적으로 부족하다. 입시는 마치 사방을 에워싼 벽처럼 청소년을 가두는 감옥이 되고 있다.

이런 상황에서 나는 신문기사와 TV, 시와 에세이를 곁들인 감성적 철학쓰기, 과학적 지식을 함께 활용하는 복합과학적 통섭적 철학쓰기를 통해 다양한 철학적 문제에 대한 사유방법을 보여주고 인생의 행복과 사회와 우주에 대한 깊이 있는 생각을 촉진하고자 한다. 현대인에게 도움이 되는 철학은 과학의 윗자리에 앉아서 선생이나 군주처럼 지배하는 학문이 아니다. 철학은 빠른 속도로 변하고 발전하는 심리학·물리학·생물학 등 과학에 대한 그리고 예술과 문화에 대한 배움을 토대로 인생을 성찰하는 것이다. 이 책은 삶을 살아가는 데 필요한 가치관·우주관·인생관의 예들을 제시하고, 선택하여 생각하게(철학하게) 만들고 특히 행복에 대한 물질주의적·자본주의적 오해를 제거하여 올바른 행복관을 심어주고자 한다.

아주 건강한 신체와 더불어 때 묻지 않은 맑은 영혼을 가진 청년기에는 크게 불행할 틈이 없다. 바로 그렇기 때문에 이때야말로 생각을 선택하고 인생길을 선택하는 방법을 터득하기에 특히 긍정적인 사고와 인생관, 즉 행복에 대한 유용한 생각을 배우기에 적합하다. 흔히 철학을 논술과 결부시켜 생각하고 많은 이들이 논술에 관심을 가지고 있다. 글은 펜 끝이 아니라 머릿속 사고에서 나오는 것이기에 철학적 사고는 논술에 근본적인 도움을 줄 수 있다. 글의 주인공은 사유다. 글을 다듬는 일 역시 중요하지만 사유에 비하면 보조적이고 이차적이다. 이 책은 다양한 생각할 거리를 제공하므로 인생뿐만 아니라 논술에까지 유용하다.

모든 이의 행복을 위한 철학

이 책은 청소년을 위한 책이지만 막 청소년기를 벗어나고 있는 대학생이나 일반 성인들이 교양을 쌓기에도 적합하다. 마음의 평화와 만족이라는 의미의 행복에 도달하려면 어떤 생각을 해야 하는가를 철학과 접목시켰기 때문이다. 독자를 보다 행복하게 하는 동시에 독자에게 철학을 보다 쉽게 전달하는 것이 이 책의 목표이다. 행복지침서라는 관점으로 본다면, 이 책의 핵심은 세계와 자아에 대한 인식방식을 바꿈으로써 보다 행복해질 수 있다는 것이다. 생각이 세계를 만든다는 구성설과 유연한 상대주의로의 사고방식의 전환뿐만 아니라 타인과 자연에 대한 배려와 이성 간의 사랑 그리고 아름다움, 분노의 조절, 실존적 자기실현, 성차별의 해소… 모두 행복한 삶의 필수요소로 다루었다. 즉 행복이 무엇인가를 직접적으로 알려주는 동시에 행복에 도움이 되는 철학적 사고방식을 제시하였다.

철학입문서라는 관점에서 이 책의 큰 주제는 행복, 진리인식, 선, 사랑, 환경, 예술, 인간이다. 각 장에서는 그 장의 주제와 연관되는 몇 사람의 철학과 더불어 가장 대표되는 철학자 한 사람의 사상을 소개하고 있다. 각 장의 제목은 '동기냐 결과냐?' 하는 식으로 두 개의 사유의 갈림길을 암시한다. 제목 앞에서 독자들은 먼저 어느 길이 좋은지 생각에 잠기게 될 것이다. 그리고 본문으로 들어가면 그 가운데 한 갈래 길이 선택되어 풀이된다. 바로 내가 지지하고 추천하는 길이다. 독자를 갈림길에서 헤매도록(철학하도록) 놓아둘 수도 있지만 시험적으로 하나의 길을 보여주면서 생각을 진전하게 만들 수도 있다. 물론 내가 제시하는 길이 유일하게 옳은 것은 아니다. 다양한 해답이 존재할 수 있다. 다만 내가 지금껏 철학의 황야를 떠돌면서 수확한 열매들이 독자에게 좋은 참고사항이 되기를 바랄 뿐이다.

행복으로 가는 방법론은 과거에 썼던『기분 나쁠 때 읽는 책』과 유사한 시도이다. 철학자의 사고방식을 도입하여 하나의 새로운 소프트웨어가 마음속에서 작용할 수 있게 함으로써 보다 큰 영혼의 평정을 찾게 하는 시도다. 이 개념이 보편화된다면 대중의 행복에 아주 유용한 철학치료라고 이름 붙일 수 있다. 내가 시도하는 철학치료는 사고방식의 교체로서, 예를 들면 실존주의적 논리 "타인의 눈치를 보지 말고 자신의 본성을 실현하라"는 논리, 스피노자의 필연성 개념을 도입하여 "모든 일에는 필연성이 깃들어 있다"는 논리 등을 알리려는 시도이다. 자신이 당한 일이 운에 의한 것이라거나 타인의 음모 때문이라는 사고방식은 불쾌감을 유발한다. 이런 사고방식을 필연성의 논리로 교체함으로써 기분을 가볍게 하고 기분을 호전시키려는 것이다. 나의 철학치료 콘셉트는 이렇게 철학사상에 산재해 있는 좋은 논리를 사람들에게 알려 보다 밝은 영혼을 가지게 하고, 보다 원활한 일상생활을 영위하도록 돕고자 한다. 일종의 힐링을 위한 철학, 힐링 철학이다. 만일 철학치료를 상담에 도입한다면 내담자들의 고민을 듣고 그 사람에게 내재해 있는 불쾌감의 원인이 된 논리를 찾아낸 뒤, 그 논리를 다른 논리로 바꾸도록 시도할 수 있을 것이다.

　많은 심리치료책과 동양의 요가는 마음을 이완하고 평화를 주는 동작과 생각의 순서를 가르쳐주고, 어떤 생각을 키우고 어떤 생각을 죽일 것인지 생각의 전략을 지도해준다(불교 심리치료의 경우 자기 내면이 흘러가게 내버려두는 것이 아니라 거기서 무슨 일이 일어나는지 관찰하고 능동적으로 조종한다: 몸 점검, 호흡, 숫자 세기 → 감정에 이름 붙이기 → 행동하기). 반면에 서양철학은 보편적 본질과 이상을 제시하고 감정보다는 이성을 찾으라고 권유한다. 하지만 보편적 본질을 어떻게 자기 것으로 삼아 행위할 것인가, 어떻게 감정을 죽이고 이성을 회복할 것인지 실질적인 방법을 가르쳐주지는 않는다. 서양철학에 소속된 이 책 역시 행복이란 무엇이며 행복하기 위해 어떤 사고방식을 가져야 하는가를 제시하지만 안타깝게도 우리가 어떤 길을 통해서 감사하는 마음과 긍정적인 사고방식을 가질 것인가를 말해주지는 않는다. 단지 아무것도 모르는 것보다는 최소한 무엇이 옳으며 무엇이 이상적 상태인지를 알게 되면 각자가 저절로 조금은 다르게 행동하리라고 믿고 기대할 뿐이다.

흔히 행해지는 심리치료는 정신적인 문제가 겉으로 두드러지게 드러난 환자를 대상으로 한다. 심리치료는 미술, 음악, 원예 같은 구체적인 수단을 매개로 할 수 있다. 철학치료는 환자뿐만 아니라 일반인의 대인관계에 있어서의 고민, 분노나 우울 같은 문제에 메스를 가할 수 있다. 이 책의 철학치료는 사고방식이 감정을 좌우한다는 원리가 기본이다. 사고방식을 바꿈으로써 기분을 바꾸려는 시도이다. 이것은 심리학자 앨리스가 『화가 날 때 읽는 책』에서 시도한 것과 같은 것을 철학자들의 논리와 사상을 가미하여 보완한 것이다. 앨리스는 '절대주의'는 분노의 주요한 원인이므로 절대로 무엇을 해야 한다거나 하지 말아야 한다는 논리를 약화시키고 '그럴 수도 있다'는 논리로 전환할 것을 권유한다. 그와 더불어 타인의 한 행동을 그 사람 전체로 간주하지 않을 것을 권유한다. 단 한 번 약속을 어긴 사람에게 약속을 지키지 않는 사람이라는 낙인을 찍는 것은 일반화의 오류이며 상대에 대한 분노의 주범이 된다.

행복 철학은 행복, 진리인식, 선악, 환경, 예술, 여성, 인간, 실존, 분노 등 여러 주제로 구성되어 있다. 각 장마다 주제를 암시하는 에피소드, 철학의 에센스를 맛보는 철학자의 말에 대한 인용, 각 장의 핵심내용을 일상생활에 응용한 에세이가 있다. 각 장의 전반부는 주제를 인생과 연관하여 비교적 알기 쉽게 풀이한 스토리텔링 식의 교양적 내용이고, 후반부의 〈철학사 들여다보기〉는 전반부의 내용을 철학적인 개념으로 번역한 것이다. 전자는 청소년의 교양으로 후자는 청소년의 논술을 위한 기초지식으로 역할을 할 것이다. 더불어 모든 이의 인식욕구도 충족시켜줄 수 있다. 또한 이 책의 독서는 일정한 순서 없이 어느 장이든지 독립적으로 읽을 수 있으며 반드시 책의 모든 부분을 한꺼번에 빠짐없이 읽어야 하는 것은 아니다. 잘 와 닿지 않는 부분이 있다면 남겨두었다가 몇 년 뒤에 불현듯 호기심으로 읽어볼 수도 있다. 만일 이 책을 대학의 교양교재로 사용한다면 17개의 장 가운데 강의자가 선호하는 주제와 장을 몇 가지 선택하여 강의를 진행할 수 있다.

1. 행복: 이 장에서는 보통 사람들이 생각하는 행복 철학, 즉 어느 정도의 재산과 지위, 애정 등이 있어야 행복하다는 관념을 깨뜨리고 행복은 외적 조건이 아니라 내적 조건, 즉 생각하는 방법과 태도에 달

려 있다는 것을 확실히 알려주고자 한다. 행복이 내면에 달려 있다는 것은 시중에 나와 있는 행복에 관련된 거의 모든 에세이들이 전제로 하며 강조하는 것이다. 이 책은 한발 더 나아가서 철학자들의 사상을 도입하여 내면, 즉 내면의 사고방식을 어떻게 가져야 하는가를 제시하고자 한다. 예를 들면 살아가면서 부딪히는 일들이 타인의 잘못에 의한 것이라거나 변화 불가능한 운명이라는 생각을 파괴하기 위해 모든 일에 필연성, 즉 자연법칙이나 우주의 법칙이 내재해 있다는 스피노자의 철학을 끌어들일 것이다.

먼 과거로부터 이어져 내려온 필연성의 고리, 인과법칙의 연쇄고리를 통해 현재의 내가 있으며 내 주위 상황이 형성되었고 타인의 의지나 성격도 만들어졌다는 것을 이해하고 인식한다면 우리는 보다 차분해질 수 있고 보다 고요하게 상황을 받아들일 수 있으며 보통의 경우에 일어날 분노를 보다 적게 가질 수 있다. 그 밖에 자기의 고유한 개성과 실존의 권리가 있음을 사르트르의 실존철학을 통해 알려주고자 하며 모든 인간의 나약함과 불쌍함에 대한 이해, 타인에 대한 배려 모든 인간에 대한 감사의 마음, 세상을 보다 밝고 긍정적으로 볼 것 등을 얘기하려고 한다. 여기서 쇼펜하우어, 붓다, 레비나스, 메를로 퐁티 등의 철학이 재료가 될 것이다. (제2장)

2. 진리인식: 인간의 인식은 사진과 같이 있는 그대로의 세계를 찍는 것이 아니라 어느 정도는 주관이 가진 틀과 관점에 따라 해석하는 작용이 개입되게 마련이다. 이런 인식의 원리, 즉 칸트의 구성설적인

인식론을 이해한다면 불만족의 원인을 외부상황으로만 돌리지 않을 것이며, 자신의 사고방식을 점검하고 보다 긍정적인 눈을 갖도록 노력하게 될 것이다. 우리가 사진기처럼 있는 그대로 세상을 바라보는 것이 아니라 엄청난 주관적 왜곡을 통해 세상을 바라본다는 것은 과학적으로도 입증된 사실이다. 단 하나의 절대적·객관적 진리가 있다는 사고방식을 상대주의로 누그러뜨리는 일도 보다 평정된 마음을 갖는 데 도움이 될 것이다. 우리 주위에서 펼쳐지는 바깥 세계의 사건들을 정해진 불변의 운명으로 볼 것인가 아니면 필연적 법칙의 전개로 볼 것인가는 존재론적이고 형이상학적 주제이지만 세계를 바라보는 관점의 선택과 연관되므로 인식론적이라고 할 수 있다. (제3장~제6장)

3. 선과 환경윤리: 선에 관한 관점으로는 법칙과 의무를 준수하라는 칸트의 엄격한 이성주의와 높은 가치를 실현하라는 셸러의 부드러운 감정주의, 행복과 쾌락을 선의 기준으로 보는 공리주의 등이 있다. 여기서는 가치와 존재가 어떻게 구분되는가를 설명하여 가치개념을 확실히 하고 가치에 대한 여러 가지 철학적 관점을 비교할 것이다. 즉 가치가 원래부터 존재한다는 플라톤의 가치객관주의가 있고 가치는 인간의 관점 투사일 뿐이라는 가치주관주의가 있다. 다음으로 가치의 종류로서 진선미를 비교설명하고 그 가운데 윤리적 가치인 선의 세계로 들어갈 것이다. 가장 추상적인 윤리적 가치는 윤리적 가치를 대표하지만 윤리적 가치세계는 아주 방대하고 다양한 가치로 가득 차 있다. 선 이외에도 순수, 성숙, 고귀라는 기본적 가치가 있고 상황에 따

라서 요구되는 지혜, 용기, 절제, 정의, 사랑 등이 있다. 선악의 원리를 다루는 전통윤리학에 이어서 현대의 응용윤리의 개요를 소개하고 그 가운데 우리가 당면한 가장 심각한 문제인 환경윤리를 한스 요나스의 예를 들어 맛보일 것이다. (제7장~제10장)

4. 예술과 여성: 예술철학은 창조와 감상, 예술작품, 미적 가치 등 다양한 주제를 다루는 광범위한 영역이다. 이 책에서는 예술철학이란 무엇인가 간략히 해설하고 감성과 이성이 조화를 이루는 삶이라는 인생철학적인 관점에서 프리드리히 쉴러의 미학편지를 소개하고자 한다. 남성과 여성의 본질에 관한 주제와 남녀 간의 사랑의 문제는 예술의 문제와 마찬가지로 감성적인 주제이다. 남녀가 색과 같은 개성적 존재로서 각자가 장단점을 가지므로 누가 우월하다고 말할 수 없으며 성차별은 부당하다는 것을 밝혀 개인적으로나 사회적으로나 보다 행복한 단계로 올라갈 수 있도록 사다리를 놓았다. 그와 더불어서 인생에서 우리를 가장 깊게 뒤흔드는 이성 간의 사랑의 본질을 밝히고 사랑보다는 자기실현에 무게중심을 놓아야 한다는 것을 강조했다. (제11장~제13장)

5. 인간: 인간과 동물의 비교는 현대적·철학적·인간적인 주제이다. 이 책에서는 과연 인간이 동물보다 우월한가라는 물음을 지적 능력과 물리적 힘, 도덕적 능력, 초월성의 관점에서 비교한다. 이것은 동물을 인간을 위한 수단으로 보는 전통적 관점에 대한 도전이다. 본래적 자

기회복이라는 실존의 문제 역시 인간학적인 문제와 연관된다. 삶에서 인간보편적인 이성을 따를 것인가 아니면 개성적인 실존을 만들어갈 것인가의 문제는 전통적·합리주의적 인간관과 실존주의적 인간관의 대비이다. (제14장~제15장)

6. 분노: 마음 다스리기는 곧 분노 다스리기이기도 하다. 분노는 인생의 가장 큰 암초이자 걸림돌이기 때문이다. 여기에서는 분노에 대한 아리스토텔레스의 중용사상과 세네카의 분노금지론을 비교할 것이다. (제16장)

7. 건강한 몸과 두뇌: 고도의 정신활동인 철학적 사고는 건강한 몸과 두뇌 없이는 불가능하다. 그리고 마음의 행복 없이 건강한 몸은 있을 수 없다. 마음의 행복, 몸의 건강, 행복하고 건강한 두뇌, 이 세 가지는 서로가 서로를 필요로 하며 선순환한다. 앞 장의 내용들이 마음의 행복에 도달하기 위한 철학적 사고를 제시했다면 마지막 장에서는 행복한 두뇌와 건강한 몸을 관리하는 방법을 간략하게 요약했다. 행복한 마음은 행복을 생산하는 행복한 두뇌를 만들게 하며 행복한 두뇌는 행복한 영혼을 만들어준다. 행복한 두뇌의 필수적 토대는 몸의 건강이다. 행복의 생물학적·자연적 전제조건은 건강이다. 이 책은 철학 책이기는 하지만 통섭 이념에 의해 생물학적·의학적 상식을 주저 없이 끌어들임으로써 독자에게 도움을 주고자했다. (제17장)

철학을 처음 접하는 사람에게 철학의 이해는 가장 원초적이고 근본적인 이해이이야 한다. 단순히 개념을 암기히는 것은 철학에 대한 진정한 이해라고 할 수 없다. 가장 근본적이고 원초적인 이해가 있어야 그것을 바탕으로 더 깊고 높은 이해가 가능하다. 그래서 나는 생각을 굴릴 필요도 없이 즉각적인 이해를 선물해주는 신문기사나 에세이 그리고 시를 인용했다. 또한 철학은 세계의 본질을 읽어내는 것이며 따라서 과학이 밝혀낸 자연과 세계에 대한 사실을 토대로 삼아야 한다. 철학은 다양한 과학에 대한 진보된 최첨단의 지식, 즉 세계의 사실에 대한 지식을 필요로 하며 사실에 대한 지식을 토대로 해서 비로소 세계에 대한 본질을 말할 수 있다. 철학만을 파고든다면 철학 하나도 제대로 할 수 없다. 흰색은 검은 바탕 위에서 그 본체를 환히 드러낸다. 철학도 철학 아닌 것의 배경 위에서 명료한 실체를 드러낸다.

과거에는 철학이 모든 학문의 아버지였다면 이제 현시대에서 과학은 철학의 어머니이며 양분이다. 따라서 이 책에서 다루는 주제와 연관된 과학적 사실이 있다면 주저 없이 인용하여 철학과 과학이 일체가 되도록 했다. 이것은 내 삶의 방식과도 밀접히 연관된다. 나는 지식의 잡식동물로 오래전부터 다양한 분야에 대한 관심으로 여러 분야를 넘나드는 통섭적 독서를 해왔으며, 철학박사학위를 받은 뒤 화가로 활동하는 동시에 성악공부도 하고 있다. 이질적 분야들 간의 교류를 강조한 책으로 얼마 전에 내게 큰 감동을 준 『생각의 탄생』(미셸 루트번스타인 외, 에코의서재)이라는 책이 있다. 도시 간을 넘나들며 통용되는 교통카드의 유용성을 체험했다면 이제 우리 사회도 분야 간의 칸막이와 흑백논리를 버리고 보다 넓고 창조적인 생각의 바다에서 헤엄치기를 바란다. 이렇다 할 교양을 쌓지 못하고 입시공부에만 치중했던 나의 청소년기를 비탄하면서 이 책을 읽는 청소년들은 나와는 다른 청소년기를 보내기를 바라며 모든 이의 지적 즐거움과 긍정적 사고가 있는 행복한 인생을 기대해본다.

각장의 앞부분과 뒷부분 '사유의 즐거움'은 누구나 교양으로 읽을 만하다. 에세이와 시로 쓴 인생철학이기 때문이다. 중간부분의 철학사 들여다보기는 좀 더 깊은 철학적 요소가 배어들어있어서 논술학습 그리고 대학인의 교양으로 유용하다.

행복철학책이 3쇄를 맞게 되었다. 약간 놀랍고 반가운 소식이다. A라는 절대주의와 B라는 절대주의의 팽팽한 긴장으로 터지는 폭력, 약자를 돕기는커녕 괴롭히고 인간성까지 파괴하는 뒷골목, 눈앞의 이익을 위해서 자연이라는 집을 부수는 어리석은 현실… 이 책이 더 널리 읽혀지기를 바란다.

| 차례 |

제 1 장

철학이란?

끊임없이 답을 찾기 위한
사유의 여정

신기한 열매를 찾아 어디론가 열심히 뛰어가는 사람이 있다.

그런데 또 다른 누군가는 그 열매를 따기 위해 전혀 다른 곳을 향해 달린다.

'진리'라는 똑같은 이름을 가진 열매이지만 저마다 열매의 모습을 다르게 그린다.

어딘가에 열매가 존재한다는 소문만 무성하고 실제로 그것을 손에 넣었다는 사람은
별로 없다. 개중에는 열매가 없다고 반론하는 이마저 있다.

열매를 찾았다고 큰소리치는 사람도 있지만, 그 열매가 진짜가 아니라고
주장하는 사람들이 여기저기에서 나타나곤 했다. 수천 년의 시간이 흘렀음에도,
고도의 문명과 문화의 발전을 이룩한 지금에도 여전히 사람들은 그 열매를 찾고 있다.

어쩌면 애초에 '모두에게 진리'라는 열매는 찾을 수 없는 존재일지도 모른다.

이 열매의 매력은 바로 찾을 수 없다는 점에 있다.

열매를 찾으려고 헤맨 각자의 움직임과 발자국들이 그 열매보다 더 귀중한 것이다.

철학함이란 대답을 찾아 그 대답을 가지고 조용히 안주하는 것이 아니라
항상 새롭게 본질적인 물음을 제기하는 것이다.[1]

– 칸트

---

1) 바이셰델, 『철학의 뒤안길』, 이기상 역, 서광사, 276쪽. 칸트에 따르면 형이상학을 포기하는 것
은 더러운 공기를 피해 호흡을 완전히 멈추는 것만큼이나 불가능하다.

철학자라면 저마다 진리를 찾기 위해 노력한다. 철학자들의 혀는 언제나 서로 다른 말을 한다. 심지어 철학이 무엇인지에 대해서도 의견이 서로 다르다. 모두 진리를 최고의 가치와 관심사로 삼으며 지상 목표로 추구하면서도 진리가 무엇인지 그것이 있는지 없는지 저마다 다른 주장을 한다는 것이다. 가게마다 서로 다른 음악을 틀어놓고 상품들을 광고하면서 손님을 유혹하는 장터와 같이 철학자들이 사는 골목도 각기 다른 개념과 논리와 주장으로 시끌벅적하다. 진리를 끝까지는 알 수 없음을 깨닫고 자기주장에 지나친 확신을 갖기보다는 겸손하며 신중해야 함에도 불구하고 자기주장을 과신해왔다. '모두 틀렸고 나만이 옳다' 자기철학이 무르익어 철학과 철학자가 한 몸이 되는 순간 자신의 철학은 절대적인 존재가 되어버린다. 오로지 자신만이 옳고 모두가 틀렸다는 신기루를 보게 된다. 이것은 자연스러운 현상이기는 하지만 철학을 하려면 진리를 향한 무한 전진, 겸손 그리고 개방성을 갖춰야 한다. 그럼에도 실제 철학사는 독단으로 가득 차 있다. 철학사도 하나의 바벨탑인 것이다.

진리를 향한 저마다의 끝없는 발걸음과 사색 그 자체가 철학이라고 할 수 있다. 철학은 최고의 보편적인 진리를 추구한다. 철학은 개별 존재의 영역인 고산지대, 나팔꽃, 다년생 식물, 릴케, 독일문학사… 이런 것들이 아니라 물질·생명·예술·인간 존재에 관한 보편적 진리를 말하고자 한다. 세상에 존재하는 각각의 개체들은 보편적 진리를 증거하는 예에 불과하게 된다. 심리현상이든 멕시코문화이든 그 자체로 관심사가 되는 것이 아니라, 세계와 인간의 본질을 찾기 위한 한 예로 사용된다. 소나무의 병은 과학자가 집요하게 파고드는 현상이다. 반면에 철학은 그것을 생명의 보편적 본질을 이해하기 위한 예로서 간단히 들여다보고 지나쳐버린다. 철학은 세계의 무수한 현상들을 그냥 지나쳐버린다. 그리고 하나의 현상만을 보고도 그대로 보편을 포착한다. 무수한 현상들을 지나칠 수 있는 초연함에서 보편도 포착 가능한 것이다.

자연과학이 아무리 발달해도 철학은 여전히 존재할 것이다. 우주의 시작과 끝, 영혼, 신 등 철학의 문제들은 본래적으로 풀릴 수 없다. 철학이든 과학이든 그 문제는 어디서든 풀 수 없는 것이다. 최고도로 발달된 자연과학조차도 가치중립적이며 사실만을 밝히려고 하는 한, 우리가 어떻게 살 것인가, 즉 어떤 가치를 추구할 것인가라는 물음에 도움을 주기는 힘들다. 과학은 세상에서 가장 빠른 기차는 만들 수 있지만 내가 서울에서 하던 일을 계속할 것인가 아니면 그 기차를 타고 대구로 내려가서 병문안을 갈 것인가를 말해줄 수는 없다. 가치문제는 철학의 전담 분야이다. 철학이 가치문제에 확답을 줄 수는 없겠지만, 누군가 가치에 대해 알고 싶다면 과학자가 아니라 철학자에게로 가야 한다.

과거에는 철학이 모든 학문의 왕이며, 과학에도 도움을 준다는 생각이 지배적이었다. 20세기 초까지만 해도 철학은 물질, 생명, 사회 등 과학들이 사용하는 기본개념들의 본질을 정의해줌으로써 과학에 토대를 제공하는 학문론이 되고자 했다. 이제까지 철학은 학문들 가운데 가장 우위에 있으며 과학에게 진리탐구방법을 가르치는 선생의 위치에 있는 듯했다. 그러나 철학의 발전이 불투명하고 수천 년간 제자리걸음을 하는 동안 새로운 발견과 기술의 발달로 과학은 철학자들이 포용하고 이해하지 못하는 내용들로 가득 차게 되었다. 이런 상황에서 철학이 과학의 스승임을 고집하는 것은 허세와 억지에 불과하다.

지구가 평평하다는 것을 상식으로 삼는 철학자가 빅뱅이론을 비평하며 미래 우주과학의 방향을 제시할 수는 없다. 이제 철학자들은 변화하고 발달한 무수한 과학의 발견을 배워야 한다. 그러고 나서 우주와 존재의 본질에 대해 주장해야 한다. 과학을 곧바로 철학으로 간주할 수는 없지만 과학적 사실들을 머리에 담고 나서 그것을 의식적·무의식적 토대로 삼은 뒤에 철학 고유의 직관을 발휘해야 한다. 과학은 철학의 필수영양소인 것이다. 생물행동학이 발달하여 동물의 인식과 행동에 관한 놀라운 진실들이 밝혀지고 있는 상황에서 기독교적 신학이나 데카르트의 동물기계론에 푹 빠져서 동물에게는 영혼이 없다고 말하는 철학자들이 있다는 것은 부끄러운 일이다. 데카르트와 칸트의 책에서 평생 헤어나지 못하고 그 바깥의 과학에 무관심한 것은 우물 안 개구리와 같다.

"철학자니까 철학책을 읽어야 한다. 철학책만 읽어도 평생이 모자랄 지경이다"라는 말을 종종 듣는다. 그러나 철학책만 읽는다면 철학조차 제대로 할 수 없다. 철학자가 음악가이기도 하고 동시에 수학자일 수도 있으며 이것은 단지 여러 마리의 토끼를 쫓다가 다 놓치는 것이 아니라 우주를 보다 다각적으로 관찰하는 보다 나은 직관과 눈을 갖는 것이다. 왕이 백성의 삶에 무지하면서 최고지위만을 주장한다면 통치를 제대로 할 수 없고 진정한 왕이라고 할 수 없다. 학문의 왕이라고 불리는 철학도 마찬가지다. 영혼은 눈에 보이지도 않고 첨단기계로 그 모든 정체를 밝힐 수도 없지만 영혼과 연관된 과학의 실험들과 연구들에 귀 기울이며 이용할 수 있는 데까지 최대한 이용해야 한다.

"과학! 너희가 영혼에 대해 뭘 알아?" 이런 태도로 과학자들의 접근을 금하고 높은 벽 뒤에서 철학자들끼리 머리를 굴릴 때 영혼의 문제는 영원히 풀지 못할 것이다. 과학 역시 철학의 영역에 갇힌 주제들을 과감히 꺼내어 탐구하도록 시도해야 한다. 나는 생물학, 심리학 등 다방면의 독서와 과학채널과 여행채널, 건강증진프로그램, 심리치료프로그램, 시사문제분석 등에서 우주와 인간에 대한 많은 배움과 깨달음을 얻는다. TV는 내게 또 하나의 대학과 같다.

철학에는 수학적 공리와 같은 만인공통의 토대나 출발점은 없다. 철학자의 철학적 출발점에는 자신의 인격과 인격적 주관이 있을 뿐이다. 게다가 철학자도 알게 모르게 시대적 영향을 받으므로 노예제도, 남성우위사상 같은 시대적인 전제가 어느 정도 철학자의 머릿속을 완전히 떠나지는 못할 것이다. 철학을 가르치면서 아주 중립적으로 그리고 아주 기초적인 '만인공통'의 토대를 설명하려고 해도 잘 되지 않는다.

가치가 있는가? 없는가? 즉 가치가 객관적인가 주관적인가를 말하기 전에 가치란 무엇인가부터 설명해야 하는데, '가치는 사물에 내재된 것으로서…'라면서 이미 가치가 있는 듯이 말하게 된다. 가치가 주관적인 것에 불과하며 실재하지 않는다면 '가치가 무엇인가'라는 주제는 무의미하기 때문에 가치가 실재한다고 전제하고 말하게 되는 것이다. 어느 틈에 성큼 가치객관주의를 움켜쥐면 성급히 변명을 해야한다. '가치가 실재한다고 잠정적으로 생각합시다…' 물속에서 허우적거리면서도 확실하게 잡을 수 있는 지푸라기 한 개도 없는 철학은 밑 빠진 독에 물 붓기, 떨어지는 바위 위에 서서 날기 같은 허무하고 고독한 작업인 것이다.

현대 영미지역에서는 전통 형이상학을 잘못된 언어 사용에서 기인하는 오류로 규정짓고 오로지 논리학만을 인정하려고 한다. 이제 철학은 메타철학(철학 위의 철학), 즉 전통철학의 언어를 점검하는 관리기사로 전락하고 있다. 그렇다고 해서 인간의 본능에 잠재해 있는 형이상학적 욕구를 잠재울 수는 없다. 영미계통의 철학에서도 존재와 인식, 선악미추에 관한 논의가 재개되고 있다. 대개 전통철학에 의존하지 않은 채로 상식과 논리 그리고 자신의 주관을 철학적 사고의 도구로 삼지만 결국 자기도 모르는 사이에 전통철학자들과 유사한 논의에 휘말리곤 한다. 철학에 답이 없어도, 또는 바로 답이 없기에 우리는 계속해서 철학을 할 수 있고 해야만 한다. 답을 찾기 위해 헤맨 움직임과 그 흔적의 모음이 바로 철학이다.

철학자들의 영원에 대한 갈망

꽃처럼 오래지 않아 져버리는 것, 변해버리는 것, 단 한 번 와서 영원히 가버리는 것… 많은 철학자들이 여기에 대한 알레르기가 있다. 특히 플라톤을 비롯한 합리주의자들이 그렇다. 이것은 좌뇌 중심의 인간인 남성들의 특징적인 사고이다. 과거에는 철학자들 대부분이 남성이었으므로 철학사 역시 합리주의 중심으로 된 것이 자연스럽다. 변화 중에 불변의 법칙을 찾아내는 것이 좌뇌라면 순간순간의 변화와 흐름을 유연하게 받아들이는 것이 우뇌의 작용이며 여성적 사고이다. 플라톤의 영원한 이데아를 박제처럼 생명 없는 것이라고 보았던 생성의 철학자 니체는 우뇌적 사고방식을 대표한다.

철학은 …

- 이 지구에 사는 우리는 토끼 가죽 아래 깊숙한 곳에서 우글거리는 벌레들이라고나 할까! 하지만 철학자는 가느다란 털을 붙잡

고 위대한 마법사를 직접 두 눈으로 보기 위해 마냥 위로 기어오르려고 애쓰는 사람들이란다.[2]

- 자연의 배후를 탐구하는 학문이 아리스토텔레스의 metaphysik(형이상학)의 어의로서 meta란 '초월한다'라는 뜻이고 physik이란 '물리학'이므로 metaphysik은 '물리학 너머에 있는 것' '물리학 다음에 오는 것'이다. 아리스토텔레스의 저서를 정리할 때 지칭하는 용어가 없었던 형이상학 부분에 대해 잠정적으로 붙인 이름인데 철학사에서 아예 고정되어버렸다.

- 서양 철학사는 모두 플라톤에 대한 주석이다. _화이트헤드

- 철학의 대상은 신과 그에 대한 해석일 따름이다.[3] _헤겔

- 예술가, 연설가, 철학자에게 천재성이 있다는 믿음은 어디서 온 것일까? 그들에게는 직접 본질을 간파하는 일종의 마법안경이 있다고 간주된다… 질투할 필요가 없는 동떨어진 영역이므로 사람들이 마음 놓고 천재라고 부르는 것이다.[4] _니체

- 진정으로 철학하려는 사람이라면 모든 희망과 갈망과 동경에서 벗어나야만 하고 비참을 느껴야 하고 모든 것을 얻기 위해서 모든 것을 버려야 한다.[5] _셸링

- 철학은 추상작용을 통하여 모든 개별적인 것을 보편적인 것에

2) 요슈타인 가아더, 『소피의 세계 1』, 장영은 역, 현암사, 27쪽.
3) 바이셰델, 『철학의 뒤안길』, 이기상 역, 서광사, 319쪽.
4) 니체, 『인간적인 너무나 인간적인1』, 권미영 역, 일신서적, 143쪽.
5) 바이셰델, 『철학의 뒤안길』, 이기상 역, 서광사, 308쪽.

서 사유하는 것이다… 세계에 대한 참다운 철학적 고찰방법은 우리로 하여금 세계의 내적 본질을 인식시키고 현상을 초월하게 하는 고찰방법이다. 이것은 세계가 어디에서 오고 어디로 가고 어찌하여 있는가 하는 것은 묻지 않고 언제 어디서나 세계의 무엇(was), 즉 본질만을 묻는 것이다.[6] _쇼펜하우어

● 철학이란 끝까지는 해결될 수 없고 따라서 영원히 계속될 문제들을 다루는 것이다.[7] _하르트만

　서양 철학사는 대략적으로 오관의 감각, 즉 시각, 청각, 후각, 미각, 촉각의 가치가 상승해온 역사라고도 볼 수 있다. 플라톤은 "오관의 감각은 시야를 가로막는 창살이다. 내면의 눈으로 보라!"고 했고, 라이프니츠는 "감각 없이도 진리를 알 수 있다. 진리는 나라는 모나드(그리스어 monas에서 유래한 말로 무엇으로도 나눌 수 없는 '단위', 궁극적인 실체를 말한다) 안에 모두 들어 있다"고 했다. 칸트에 이르러 감각은 인식의 필수 재료로 여겨지고 니체는 몸 뒤에 영혼이 있는 것이 아니라 몸이 영혼이라고까지 말했다. 이어서 현대의 메를로 퐁티는 감각 속에 아예 이성이 들어 있고 이성 속에 감각이 들어 있다고 생각했다.

6)　쇼펜하우어, 『의지와 표상으로서의 세계』, 곽복록 역, 을유문화사, 131, 342쪽.
7)　니콜라이 하르트만, 『철학의 흐름과 문제들』, 강성위 역, 서광사, 16쪽.

제2장

행복의 전제는
밖에 있는가,
안에 있는가?

재산, 스펙, 외모…
물질만으로
행복해질 수 있을까?

남의 고통은 마음씨 나쁜 사람들에게는 직접적인 기쁨이 되고
부정한 사람에게는 자기의 행복에 대한 안성맞춤의 수단이 된다.
단지 올바르기만 한 사람은 남의 고통을 야기하지 않는다는 정도에 머문다.
일반적으로 대부분의 사람은 수없이 많은 다른 사람의 고통을
자기들 가까이에서 보고 알아도 그들의 고통을 완화시켜주기 위해서는
자기 자신이 어느 정도의 궁핍을 견디지 않으면 안 되기 때문에
그런 결심은 하지 않는다. … 반면에 고상한 사람은
자신의 고통과 남의 고통을 동일시하고 남의 고통을 완화시키기 위해
자기의 향락을 포기하고 궁핍을 감수한다.[8]

– 쇼펜하우어

8) 쇼펜하우어, 『의지와 표상으로서의 세계』, 곽복록 역, 을유문화사, 451쪽.

철학이 행복을 줄 수 있을까?

철학이란 세계가 어떤 모습으로 존재하는가가 아니라 세계·물질·생명·사회·문화… 그것이 무엇인가? 즉 사물의 정체와 본질을 말하고자 한다. 생명이 무엇인가, 존재가 무엇인가, 선이란 무엇인가… 그러므로 철학자라면 행복을 어떻게 얻을 것인가보다도 '행복 대체 이것이 무엇인가?'를 문제 삼을 것이다. 그러므로 철학은 원칙적으로 행복으로 가는 길, 행복의 방법을 알려줄 수 없다. 심지어 철학은 행복이란 무엇인가에 대해서조차 결정적인 답을 줄 수 없을 것이다. 철학에는 원칙적으로 결정적인 해답이 없기 때문이다. 철학은 끝없는 해답 추구 과정이다. 해답이 아니라 생각하는 과정 그 자체가 철학이다. 철학은 고정된 지식이라기보다는 사고 활동 그 자체이다. 철학자는 행복에 대한 해답을 주기보다는 행복에 대한 사색 그 자체로 그치게 될 것이다.

그럼에도 철학자는 행복에 대해 말하고자 시도할 수 있다. 그러기 위해 철학자는 행복이 무엇인지부터 정의를 내려야 할 것이다. 그러나 철학에 미리부터 정해진 기본전제나 정의 같은 것은 없다. 그래서 철학은 어떤 학문보다도 독특한 것이다. 철학은 다수결에 의한 약속과 같은 공리에서 출발하는 수학과는 다르다. 철학은 많은 머리를 가진 괴물로 그 머리들이 각기 다른 말을 하고 있다.(쇼펜하우어)

철학자는 바닥없는 심연에서 출발한다. 행복에 대해 말하기 위해서 행복의 정의를 내렸다면 행복을 말하기도 전에 이미 다 말해버렸다는 것을 의미한다. 정의란 결국 본질이며 철학의 목표도 다름 아닌 본질이기 때문이다. 철학자가 행복에 대해 무엇인가를 말한다면 처음부터 끝까지 행복이란 무엇인가 정의하고 있는 것이다. 즉 자기 나름의 행복 개념에서 출발하여 자기 나름의 행복 개념으로 결론을 맺는 것이다. 행복만이 아니다. 철학자가 무엇을 탐구하든 마찬가지다. 자기 나름의 문화 개념에서 출발하여 자기의 문화 개념으로 결론을 맺을 것이다. 자기 나름의 행복 개념이란 자기의 인격에서 우러나오는 것이다. 한 철학자의 철학이란 곧 그 철학자의 인격의 논리적 전개다.

여기서 나는 행복 개념을 정의하는 동시에 다른 보통의 철학자가 하지 않는 일 한 가지를 더하여 행복에 도달하는 방법을 말하고자 한다. 행복을 논하는 무수한 책들이 있지만 거의 모두가 공통적으로 말하는 것이 있다. 행복은 마음먹기에 달려 있다, 행복은 가까이에 있다, 못 가진 것을 아쉬워하지 말고 가진 것에 만족하라! 같은. 이 책도 그런 견해와 그다지 다르지는 않다. 다만 누구나 알 수 있는 행복의 방법을 서양철학적인 사상과 개념, 논리로 번역하여 풀어나간다는 것이다. 그리고 여기에 다른 책들과는 본질적으로 다른 점 하나가 있다. 이는 나의 행복 개념에서 나타나듯이 행동의 변화 이전에 그리고 행동보다도 내면의 변화를 통해서 행복감을 성취할 것을 주장한다는 것이다. '건강하라'는 말 이외에는 예를 들어 자기 일에 열정적으로 몰입하라, 진실한 친구를 가져라, 약속을 잘 지켜라, 남들 앞에서 겸손하라, 솔직하라, 성실하라 같은 외적인 행동지시는 하지 않는다.

감정은 사고에 영향을 주며 사고는 감정에 영향을 준다. 긍정적인 감정은 긍정적인 판단을 하게 만든다. 누군가를 좋아하게 되면 그의 인간성에 대한 긍정적인 판단을 하게 된다. 그뿐 아니라 심리학에 따르면 긍정적인 정서는 새롭고 다양한 경험에 마음을 열어주고 세계에 대한 더욱 넓고 풍부한 정신적 지도를 보게 만든다.[9] 반대로 긍정적인 사고는 감정을 바꾸게 한다. 싫어했던 한 인간의 진면목을 알게 되면 싫은 감정이 감소된다. 긍정적인 사고로 빚어진 긍정적인 감정은 다시 긍정적인 사고를 촉진하여 선순환한다. 이 글에서는 긍정적인 사고로 긍정적인 감정, 즉 행복감을 만들어내는 방법에 초점을 둘 것이다. 이미 망쳐버린 기분은 어떤 좋은 생각으로라도 억지로 바꾸기는 힘들다. 때문에 미리 미리 긍정적인 생각을 축적하고 긍정적인 사고습관을 몸에 배게 한다면 이후에 형성되는 감정들이 점차 긍정적으로 확실히 바뀌어나갈 것이기 때문이다. 그러므로 긍정적인 사고는 문제에 대한 해결책이 아니라 문제 자체를 생기지 않게 하고, 만일 문제가 발생하더라도 작은 규모로 발생하도록 하는 예방책[10]이다.

이해란?

자신이 가지고 있는 어렴풋한 선입견과 선이해, 즉 오해에 가까운

---

9) 레이 허버트, 『너무나 치명적인 위험한 생각습관 20』, 김소희 역, 21세기 북스, 218쪽.

10) 사고방식을 바꾸는 철학치료가 불행감에 대한 예방책이라면 생겨나는 부정적 감정에 용감하게 직면하여 있는 그대로를 들여다보고 바라보고 인정하는 불교적 심리치료, 즉 마음의 고통을 친구로 삼고 껴안고 즐기고 축복하고 몸에 걸치는 장신구로 삼는 방법은 미리 단련하기도 하지만 불만이 일어난 즉시 응용할 수 있는 방법이다. (카루나 케이턴, 『마음은 어떻게 오작동하는가』 참고)

이해를 바탕으로 어떤 것을 이해하기 시작한다. 이해가 깊어지고 구체화될수록 선이해가 수정되고 깊은 이해로 대체된다. 이런 순환과정을 거쳐서 우리는 점점 더 세련된 이해와 인식으로 나아가는 것이다. 처음부터 한꺼번에 이해되는 경우는 드물다. 행복도 마찬가지다. 행복에 대해서 가졌던 자신의 선이해를 바탕으로 이 책을 읽고 행복에 대해 알아가는 과정에서 차츰 자신의 선이해가 수정되고 깊은 이해로 올라가게 될 것이다.

인간은 과연 외적 조건의 변화로 행복할 수 있을까?

인간은 누구나 보다 만족한 삶, 즉 보다 행복한 삶을 갈구한다. 그런데 행복의 조건은 무엇인가? 많은 사람들이 부자가 되어 원하는 것을 모두 가질 수 있다면 행복해질 수 있다고 믿는다. 실제로 대다수의 사람들이 돈을 벌기 위해 쉬지 않고 일하며 돈을 모으기 위해 악착같이 절약하고 저축한다. 만일 재산이 지금 가진 것의 두 배가 된다면 나는 분명히 커다란 만족감과 행복감을 느낄 것이다. 그런데 문제는 행복감의 지속성이다. 재산이 두 배가 되어 느끼는 행복감은 얼마나 지속될 것인가? 개인마다 차이야 있겠지만 그 행복감은 며칠에서 몇 개월 안에 시들해질 것이다. 엄청난 액수의 복권에 당첨된 사람들의 이야기가 그 증거이다. 그중의 한 사람인 미국인 휘태커는 노름에 빠져 몇 년 안에 당첨금을 모두 날리고 빚더미 위에 올라앉았고, 결국 거지가 되었다고 한다. 재산을 통해서 행복감을 느끼려면 나는 지속적으로 많은 재산, 즉 만족할 만한 재산을 모아야 한다. 보다 많은 월급을 타든가 복권에 당첨되어야 하며 보다 많은 월급을 타기 위해 직장을 옮겨야 할지도 모른다. 그리고 사회 전체의 경제적 조건도 백팔십도로 바뀌어야 할 것이다. 한마디로 세상이 현재와는 전혀 다른 세상으로 바뀌어야 한다. 몇 개월마다 세상이 전혀 다른 세상으로 바뀌어야만 재산을 통한 행복이 실현 가능한 것이다. 그러므로 재산 증식을 통한 행복은 실현하기 어려운 꿈이다. 재산 이외에 그 밖의 행복의 조건, 인간의 보편적인 행복의 조건으로 언급되곤 하는 사랑, 명예, 지위 등도 마찬가지다. 그것들이 있으면 인간이 행복해야 하는데 마찬가지의 이유로 실상은 그렇지 못하다.[11] 자극적인 쾌감과 잔잔한 행복을 구분하자면 복권에 당첨된 사람은 자극적인 쾌감을 느낄 것이다. 경쟁에서 승리했을 때와 같이 자극적인 쾌감을 느낄 때 우리의 뇌에서는 도파민이 흘러나오는 반면에 평안한 일상의 만족감과 같은 행복감을 느낄 때에는 세로토닌이 분비된다.[12] 인생에서 끊임없이 승리감을 느끼기는 힘들다. 반면에 지속적인 행복감은 얼마든지 가능하다. 우리는 행복감 속에서 살아가도록 마음을 길들여야 한다.

행복의 진정한 의미는 사람들이 흔히 말하는 '좋은 객관적 조건'이 아니라 '주관적 만족감'이다. 진정한 행복은 마음속에서 주관적으로

---

11) 세상 사람들이 가치를 두는 재산, 명예, 지위 등의 가치를 평가절하하는 것이 행복의 길이다. 그런 가치평가절하를 영어로 'floccinaucinihilipilification'이라고 한다. 이 단어는 이승헌의 『뇌호흡』(한문화)에서 발견했다.
12) 박용철, 『감정은 습관이다』, 추수밭, 83쪽.

느끼는 평안과 만족감이다. 객관적 조건이 아무리 좋더라도 당사자가 만족스럽지 않다면 행복하지 않은 것이다. 행복은 외부조건이 아니라 마음속의 느낌이다. 외부조건은 사실에 불과하다. 외부조건이 마음의 느낌으로 연결되지 않는다면 행복에 무용한 것이다. 예를 들어서 나는 백만장자이다. 사람들은 말한다. 당신은 정말 행복하다고. 그러나 나는 행복하지 않다. 행복을 느낄 수 없다. 내가 가진 많은 돈을 어떻게 보관하고 관리할 것인가, 혹시 사기당하지 않을까, 밤에 도둑이 들어오지 않을까, 사람들의 접근은 진심 어린 관심이 아니라 순전히 돈 때문인 것은 아닐까. 늘 근심 속에 휩싸여 있다면 나는 행복하지 않은 것이다. 차라리 가난뱅이가 더 행복할 수도 있다. 사흘 동안 라면밖에 먹지 못했는데 오늘 십만 원의 수입이 있었다. 그는 펄쩍 뛰면서 좋아한다. 행복하다. 그러면 그는 다른 사람들이 보기에는 불행할지라도 진정으로 행복한 것이다.

객관적 행복이란 없다

객관적 행복이란 말은 틀렸다. 행복을 이분법으로 분류하면 객관적인 행복과 주관적인 행복으로 나눌 수 있다. 객관적 행복이란 문법적으로는 아무 문제가 없지만 의미가 없는 어휘이다. 행복은 주관적일 수밖에 없기 때문이다. 행복은 본래 사람의 마음속의 느낌이다. 사람의 마음속의 평화와 만족감이 바로 행복이다. 행복은 원래 주관적 느낌이며 따라서 행복이 주어지려면(즉 느낌이 바뀌도록) 주관의 관점이 바뀌어야 한다.

대니얼 네틀은 행복의 심리학에서 행복을 ① 주관적인 만족감과 ② 자신이 행복하다는 판단 ③ 가치 있는 일의 성취 및 자기실현의 3단계로 분류한다. 네틀은 행복감을 단기적인 느낌의 행복(1단계의 행복)을 장기적으로 느끼는 행복(2단계의 행복)으로 행복판단과 구분한다. 그 외에 스스로 선택한 자기실현의 삶(타인을 위한 봉사와 같은 보편적인 선을 추구하는 활동, 난관 속에서 가치 있는 일을 추구하는 것)도 행복의 일종(3단계의 행복)이라고 본다.[13] 여기서 세 번째 의미의 행복은 주관적 느낌이 아니라 객관적인 실현상태에 해당된다. 그러므로 어찌 보면 객관적 의미의 행복이라고도 부를 수 있는 것이다. 그러나 자기실현 역시 그에 대한 주관적 만족감이 전혀 따르지 않는다면 행복과 무관한 것이다. 나에 대한 타인의 판단이 있다면 나에 대한 자기 자신의 판단도 있다. 스스로 자신의 상황에 만족감을 갖는 것이 행복감이고 감정 영역이라면, 나의 상황을 만족스러운 상황이라고 판단하고 평가하는 것은 이성적인 사고에 속한다. 네틀은 행복감도 중요하지만 자신에 대한 긍정적인 평가도 중요하며, 이것 역시 행복의 일종라고 보는 것이다.

내가 보기에 행복판단은 행복이라기보다는 행복감의 재료이며 자기실현 활동도 역시 행복감 그 자체라기보다는 외적 활동 내지 행동일 뿐이며 행복감의 재료일 뿐이다. 자기실현의 노력은 고통스럽고

----

13) 대니엘, 네틀, 『행복의 심리학』, 김상우 역, 와이즈북, 65-80쪽.

힘들지만 자기가 가치 있는 일을 하고 있다는 만족감을 안겨준다. 결국 자기실현 자체가 행복이라기보다는 자기실현으로 인한 만족감이 행복인 것이다. 따라서 나는 네틀이 말한 2단계, 3단계의 행복이 1단계의 행복을 위한 재료로서 내포된 것으로 보며 1단계의 행복, 즉 주관적으로 느끼는 만족, 기쁨과 같은 감정만을 진정한 의미의 행복이라고 생각한다. 2, 3단계의 행복을 재료로 하여 자기실현을 하고 가치 있는 것을 이루어나가면 1단계의 행복이 증가할 것이다. 이것은 행복이 인생의 제1가치라는 말은 아니며 가치의 실현이 자기만의 행복을 위한 도구라는 말도 아니다. 자기 행복을 위해 해야 할 어려운 의무를 회피해야 한다는 말도 아니다. 자신이 해야 할 일을 당연히 해나가면서 부딪히는 상황들을 긍정적으로 해석하라는 말일 뿐이다.

비록 착각일지라도 행복감은 가치 있다

네틀에 따르면 인간의 만족과 불만족, 행복에 대한 느낌과 판단에서는 언제나 계산의 오류와 착각이 동반된다. 우리 마음속에 있는 행복 프로그램과 시스템은 만족과 불만족의 양을 정확히 객관적으로 측정하는 저울이 아닌 것이다. 자신의 행복을 판단하기 전, 과거의 긍정적인 사건을 떠올렸을 때와 과거의 부정적 사건을 떠올렸을 때 각각 행복에 대한 판단이 다르다. 부정적 사건은 행복감에 플러스가 되지만 과거의 긍정적 사건은 행복감에 마이너스가 된다. 또한 오래되지 않은 과거, 즉 최근의 긍정적 사건은 행복감을 높이고 반대로 부정적 사건은 행복감을 감소시킨다.[14] 우리 마음속에 있는 행복 프로그램과 시스템은 본래 행복의 지속적 추구를 유도하며 결정적인 만족으로 자족하는 것이 아니라 언제나 더 큰 만족을 추구하게 만든다.[15]

이러한 네틀의 관점과 연관하여 나는 결과적으로 주어지는 행불행감에 초점을 맞춰야 함을 강조하고 싶다. 예를 들면 우리는 네틀의 실험결과를 응용하여 이왕이면 과거의 (긍정적 사건보다는) 부정적 사건과 최근의 (부정적 사건보다는) 긍정적인 사건을 의식적으로 떠올리는 방법을 통해서 결과적으로 주어지는 행복감의 양을 높이는 전략을 사용해야 한다. 착각과 계산 오류로 인한 행복감이라도 정확한 계산에 따른 불행감보다 오히려 가치가 있다고 본다. 스피노자에 따르면 쾌활함은 항상 선하다 그렇지만 우울함은 항상 나쁘다.[16]

또한 네틀에 따르면 행복유전자가 있어 5HTT라는 유전자는 과민함과 내향성, 즉 불행을 초래한다. 본래적으로 불행감을 타고난 사람들이 있다는 것이다. 이는 "성격이 운명이며 성격에 따라 행불행이 갈라진다"는 쇼펜하우어의 말과 상통한다. 쇼펜하우어는 성격이 운명과 같으며 명랑한 성격이 일종의 행복한 성격으로 축복이 되는 반면에 우울한 성격은 그 반대라고 본다. 한 사람의 행불행은 바뀌기 힘든 요인의 지배를 받는다는 것이다. 그러나 우리는 본래 가진 어두운 렌즈

---

14) 다니엘 네틀, 『행복의 심리학』, 89-91쪽.

15) 다니엘 네틀, 『행복의 심리학』, 97쪽.

16) 다이아네 콜린슨, 『50인의 철학자』, 박은미·유현상 역, 시공사, 154쪽.

라도 계속해서 맑게 닦아내도록 시도해야 한다. 그래야 어두운 렌즈가 더욱 깜깜해지지 않게 된다.[17)]

행복은 세상을 바라보는 나의 관점에 달려 있다

행복감은 외적·객관적 조건과 상황에 의존적인 것이 아니라 상황과 세계와 나를 바라보는 주관적인 관점과 사고방식에 달려 있다. 행복은 상황과 조건이 아니라 내면의 자세에서 형성되는 것이다. 가진 것에 감사하고 조그만 것에 감사하고 만족할 수 있다면, 그런 자세는 곧바로 행복으로 이어진다. 팔 한 쪽을 잃은 사람까지도 지극히 행복하다면 팔 두 쪽을 다 가진 평범한 사람은 얼마나 행복한 것인가? 그것은 이루 말할 수도 없다. 내가 지금 가진 것만으로도 지극히 행복할 수 있는 조건에 서 있는 것이다. 심지어 인생의 극한 상황에서조차 충분히 행복할 수 있다.

행복은 외적·객관적 조건보다는 주로 주관적인 눈과 관점에서 비롯된다. 아리스토텔레스는 행복을 기대량 분의 충족량이라고 정의했다. 기대, 즉 주관적인 바람이 적을수록 행복감이 증가한다. 흔히 기대가 클수록 실망도 크다고들 한다. 우리가 어떻게 마음먹는가, 어떻게

---

17) 이 책이 철학책임에도 심리학자인 네틀의 이론을 주저 없이 끌어들였다. 이는 철학이 과학으로부터 배워야 한다는 서문(〈글을 시작하며〉)의 이야기를 스스로 실천하고 있는 셈이다. 앞으로도 계속 심리학이든 생물학이든 내용과 연관된다면 얼마든지 가져와서 논의할 것이다.

사물을 바라보는가에 따라서 느낌이 달라진다. 성과에 따라 만족 불만족이 달라지는 것이 아니라 우리의 마음가짐에 따라서 만족할 수도 있고 그렇지 않을 수도 있다. 아주 건강한 한 사람이 여기 있다. 그리고 손을 못 쓰는 사람이 있다. 전자가 후자보다 당연히 행복해야 하는데 그렇지 않다. 전자는 자신이 가진 귀중한 건강에 무감각하고 당연시한다. 후자는 오로지 자신이 살아있음에 감사한다. 입으로 붓질을 하고 그림을 그릴 수 있음에 감사한다.

밝은 사고는 마음을 밝게 할 뿐만 아니라 바라는 목표의 달성에 도움이 된다. '긍정적인 마음, 잘될 것이라는 믿음 그리고 좋은 상상이 그대로 이루어진다. 두뇌가 모든 자원을 동원해서 불가능을 가능으로 만든다. 나쁜 상상과 기대도 마찬가지로 가능도 불가능으로 만든다.'[18] 심리학연구결과에 따르면 낙관주의는 몸의 건강을 유지하게 하고 병을 호전시키며 비관주의는 반대로 면역체계를 약화시켜 질병에 잘 걸리게 하고 병을 악화시킨다. 우울과 슬픔의 상태에서는 카테콜라민이라는 호르몬 수치가 낮아지면서 그에 따라 엔도르핀 수치가 올라가는데 엔도르핀 수치가 올라가면 면역체계의 활동(T세포와 NK세포의 활동)이 감소된다.[19] 면역체계의 저하가 질병을 키우는 것이다.

---

18) 이영돈, 『마음』, 예담, 90-102쪽.
19) 마틴 셀리그만 외 공저, 『심리학의 즐거움 2』, 유진상 외 공역, 휘닉스, 230쪽.

인생은 원래 쉽게 불행으로 기운다

인간은 불만족한 동물이다. 동물과는 달리 인간의 마음속에는 빈 공간이 있다. 이 허공이 인간으로 하여금 "조금 더!"를 외치게 만들고 지금 없는 것을 갈망하게 만든다. 아무리 많이 가진 사람이라도, 아무리 성취한 것이 많더라도 마찬가지다(인간은 생존과 무관한 순수 인식에서도 만족할 줄을 모른다. 인간의 끊임없는 앎의 욕구가 형이상학을 낳았다. 보이는 것뿐만 아니라 보이지 않는 세계를 알고자 하는 욕구가 철학을 낳은 것이다). 쇼펜하우어에 따르면 성취하지 못했을 때의 불만족 그리고 성취하고 난 뒤 곧바로 이어지는 지루와 권태가 인생의 두 박자이다. 생물학적·심리학적으로 인간의 불행한 운명을 해석하자면 '인간의 부정적 감정은 생존에 대한 위협의 느낌과 더불어 지속되는 성향을 가지는 반면에 긍정적 감정은 점차 감소하고 소멸하는 성향을 가진다. 같은 상황에서 공포는 늘 같은 수준으로 느끼지만 기쁨의 정도는 약해진다. 기쁨은 그것을 유발한 대상이 계속 존재하더라도 점차 사라진다.'[20] 내 앞에 뱀이 나타날 때마다 똑같이 기절할 정도로 놀라겠지만, 아주 맛있는 음식은 먹을 때마다 그 기쁨이 조금씩 체감될 것이다. 더불어 나쁜 기억은 좋은 기억에 비해 오래도록 강한 인상을 남기며 또렷이 기억된다. 인간의 배신과 배은망덕도 아마 여기서 비롯될 것이다.

....

20) 대니엘 네틀, 『행복의 심리학』, 김상우 역, 와이즈북, 84쪽.

'상황'은 내가 '상황'이라 부르기 때문에 '상황'이 된다

엄밀히 따져 본다면 실존주의자 사르트르가 말했듯이 객관적인 상황이란 것은 없다. 온도가 40도라는 상황은 내가 그것을 상황으로 받아들일 때만 나의 상황이 된다. 우선 40도에 대한 북극 사람과 아프리카 사람의 느낌이 전혀 다를 것이다. 화재현장에서 집안에 갇힌 사람을 구조해내야 하는 소방대원에게는 40도가 전혀 상황이 아닐 수도 있다. 상황은 그것을 상황으로 받아들이고자 하는 의지적 선택에 의해서만 비로소 상황이 된다. '같은' 상황에서도 각자가 다르게 느낀다. 상황은 주관이 선택한 것이고 만들어낸 것이다.[21]

극한 상황에서도 행복한 사람들이 있다

어렵기는 하지만 원칙적으로 우리는 어떤 상황에서도 그리고 언제든지 행복할 수 있다. 행복할 수 있는 마음자세와 능력이 있다면 언제나 행복하다. 지금 이 순간 행복하지 않은 사람은 그 언제라도 행복할

---

21) 누군가 무례하게 굴거나 독설을 내뱉는다면 나는 맞서 덤빌 것이다. 나의 반응은 당연하고 잘못은 상대에게 있는가? 심리치료사 케이턴은 상대는 잘못이 없으며 무례함과 독설은 상황일 뿐 원인이 아니라고 본다. 그는 시각을 타인이 아니라 나 자신으로 돌려 괴로운 감정과 용감하게 대면하고 인정해야 한다고 말한다.(카루나 케이턴, 『마음은 어떻게 오작동하는가』, 박은영 역, 북돋움, 38-48쪽)
이는 타인의 무례함과 나의 분노가 원인과 결과처럼 당연한 연결관계가 아니라는 것이다. 전자가 원인이 아니라 상황일 뿐이라는 말은 전자가 언제든지 분노를 일으키는 자극으로 작용하는 것이 아니라 분노는 나의 선택이었다는 것, 즉 분노는 각자의 해석과 선택, 바로 시각에 따라 달라진다는 것을 의미한다.

수 없다. 불행한 사람은 늘 불행하다. 늘 어두운 렌즈로 세상을 바라보기 때문이다. 즉 행복을 느낄 수 있는 마음을 가지지 못했기 때문이다.

여기서 한 가지 단서를 달자면 행복하기 위해 반드시 부자일 필요는 없지만 먹고는 살아야 한다는 것이다. 그리고 몸의 질병과 아픔이 없어야 한다. 조금 배고프고 조금 아파도 긍정적인 마음이 배고픔과 아픔을 견디게 해주며 비극으로 치닫는 것을 방지해준다. 긍정적인 마음과 긍정적인 해석은 방심과 부주의가 아니라면 거의 언제나 좋은 것이다.

행복하라!

인생은 짧다. 그리고 삶의 여정은 더 나쁜 방향으로 갈 수 있고 더 악화될 수도 있다. 그러기 전에 행복의 방법과 행복한 사고의 습관을 터득해야 한다. 지금 한시라도 빨리 행복감을 느껴야 한다. 좀 더 시간이 지나면 내가 바라지 않는 구렁텅이에 빠질 수 있고 그때가 되어서야 지금이 행복했었다고 뒤늦게 깨달을 수도 있다. 그때 가서 비로소 과거에 왜 행복을 느끼지 못했는가, 얼마나 어리석었는가 후회할 수도 있다. "자신이 살던 섬이 마음에 들지 않아 섬을 떠난 노인은 나중에 그 섬이 유토피아라는 말을 듣고 말한다. 그 섬에 사는 동안에 나는 왜 그 사실을 몰랐지? 떠나고 나서야 그 사실을 알게 되다니… 그 섬이 그토록 아름다운 것이란 걸 진작에 알았더라면 좀 더 그것을 누리며 살았을 것을…."[22]

과거를 되돌아보면 아주 많은 것들이 좋고 아름다웠다는 것을 뒤늦게 깨닫게 된다. 불리한 상황에서 느끼는 행복감조차도 결코 어리석은 것이 아니다. 행복감으로 인해 내 인생이 더욱 활기차지고 내가 하는 일을 더욱 열심히 효과적으로 해내는 계기가 되기 때문이다. 우리는 행복할 권리가 있고 의무가 있다. 단 한 번밖에 없는 인생인데 잘못된 어두운 인생관으로 자신을 불행에 빠지도록 내버려두는 것은 분명 잘못이다. '행복하라'는 권유와 명령은 당장 따르기에는 힘들지만 충분한 근거가 있는 명령이다. 지금 행복하라! 그럴 수 없다면 그대는 영원히 행복할 수 없을 것이다. 더 늦기 전에 행복하라! 그러지 않는다면 나중에 후회하게 될 것이다. 행복할 수 있도록 지금 당장 생각을 바꿔라! 달콤한 음악과 좋은 음식에 도취되어 잠시 고통을 망각하고 행복한 것도 좋지만, 언제라도 행복할 수 있도록, 세상을 내다보는 그대의 영혼의 눈을 갈아 끼워라. 긍정적인 마음으로 그리고 밝게 보는 마음으로, 조그만 것에 만족하고 감사할 수 있는 마음으로.

"행복이란 멀리 있는 것이 아니라 우리 손안에 있는 것이다. 행복이란 밖에서 찾는 것이 아니라 자신의 내면에서 발견하는 것이다. 행복이란 아무 문제도 없는 상태가 아니라 문제가 있는 상태에서도 행복을 느끼는 것이다. 세상이 문제가 아니라 세상을 보는 당신의 자세가 문제인 것이다. 세상만사 뜻대로 되지 않는다고 불평하며 살 수도 있고 세상은 아름다운 곳이라고 감사하며 살 수도 있다. … 미래에 행복

22) 박성철, 『행복비타민』, 다연, 214쪽.

해지기 위해서는 지금 행복해져야 한다. 지금 행복하지 않다면 나중에도 행복해질 수 없다. 지금 주변에 있는 아름답고 좋은 것들을 보지 못한다면 미래에 아무리 많은 돈과 사랑과 성공과 명예를 얻는다고 해도 보이지 않을 것이다. 문제는 어떤 시각으로 세상을 바라보느냐에 달려 있다. … 당신의 선택에 달려 있다. 행복해질 것인가 불행해질 것인가?"[23] 세상을 긍정적으로 보는 눈만 있다면 언제든 행복할 수 있다. 반대로 그런 눈이 없다면 아무리 성공한다고 해도 어두운 렌즈에 비친 성공은 어두운 색깔일 것이며 따라서 여전히 불행할 것이다.

감사하는 마음은 행복할 수 있는 능력이다

느낌은 거의 언제나 무디어지기 마련이고 존재의 귀중함도 망각하게 마련이다. 물론 일에 따라 무감각해질 필요도 있고 가만히 있다 보면 저절로 무감각해지기도 한다. 끈에 묶인 강아지는 처음에는 끈 때문에 불편해서 낑낑거리지만 날이 갈수록 적응되어 끈이 있는 줄도 모르게 된다. 이것은 누구나 겪는 적응과 순응과정이다. 나쁜 것에 무감각해지면 세상의 불의는 고칠 수 없다. 나쁜 것에 대한 무감각은 어느 정도 필요하다. 하지만 좋은 것에 대한 무감각은 금물이다. 그러나 우리의 본성은 좋은 것에도 무감각하도록 짜여져 있다.

....

23) 프란스 드 발, 『행복을 불러오는 50가지 조건』, 이상춘 역, 램덤하우스코리아, 110-111쪽.

무감각과 당연시함은 영혼의 늙음의 증거이다. 이것은 삶을 메마르게 만든다. 우리는 다시 느껴야 하고 민감한 감각과 느낌을 회복해야 한다. 그래야 행복할 수 있다. 햇빛, 물, 공기, 흙, 주위 사람들에게 감사하는 마음을 다시 살려야 한다. 이것은 세상 존재에 대한 느낌의 르네상스라고 할 수 있다. 행복의 능력은 곧 느낌의 제어능력이다. 다시 말하면 좋은 느낌을 크게 느끼고, 나쁜 느낌은 작게 느끼는 능력이다. 행복하려거든 감사하는 마음을 가져야 한다. 자기가 가진 작은 것이라도 감사하게 느끼고 받아들이는 것이 행복의 능력이다.

사람들은 자기가 가진 것이 얼마나 가치 있고 좋고 귀한 줄을 모른다. 잃고 나서야 비로소 그 가치를 깨닫는다. 가진 것에 대한 감각과 감사의 느낌이 있다면 행복의 느낌을 위해서 굳이 결핍 체험을 거칠 필요가 없다(어려워 봐야 과거가 행복했음을 깨닫는다). 사람들은 무감각하고 감사할 줄을 모르며 만족할 줄을 모른다. 그러므로 행복의 여신은 사람들이 행복해 하도록 그들이 가진 것들을 빼앗아 간다. 그들이 잃어버린 것에 대해 한탄하고 눈물지을 때 여신은 하나씩 돌려주기 시작한다. 그러면 사람들은 행복해질 것이다. 이 원리는 연애에도 적용할 만하다. 무조건 많이 주는 것만이 사랑받는 길은 아니다. 오히려 사랑을 굶주리게 하고 나타나지 않는 것이 효과적이다. 상대는 그대를 애타게 찾을 것이다. 잘해주기만 하면 내성이 되어서 고마운 줄 모른다. 여자가 여우가 되어야 하는 이유도 그 때문이다. 늘 잘해주고 늘 곁에 붙어 있으면 사람들은 가치를 모른다. 물론 남자도 마찬가지로 여우가 될 필요가 있다.

언제나 만족하라는 것은 노력하지 말라는 의미인가?

니의 행복론에 따르면 우리는 어떤 상황이든지 간에 행복할 수 있
다. 부자가 되었든 거지가 되었든 연애를 하든 실연을 당했든… 행복
할 수 있다. 왜냐하면 행복은 상황과 조건에 의한 것이라기보다는 내
면의 눈에 달린 것이기 때문이다. 이 책의 행복론은 (이글을 쓰는 도중에
확인한 결과) 스토아학파의 에픽테토스의 사상을 연상시킨다. 에픽테
토스는 '감정에 끼치는 사고의 영향을 중시하고, 불교처럼 심리적 성
향을 변화시킴으로써 고통을 피할 수 있다고 본다.[24] 그는 우리가 변
화시키기 힘든 상황에 종종 직면하므로… 현실을 변화시킬 수는 없기
때문에 마음을 바꿔야 하며, 문제를 배태한 상황을 고치는 것이 아니
라 나 자신을 고칠 것을 권유하는 일종의 체념의 철학이다.'[25] 그러나
생각의 전환을 통해서 마음의 평정을 얻는 방법이라는 점에서 에픽테
토스는 이 책의 행복론과 유사하지만, 나는 생각만 바꾸고 잘못된 세
상은 그대로 두라는 포기와 체념 그리고 나태를 권하는 것이 아니다.

누군가 이렇게 물을 수 있다. 내 인생이 어떻게 되어가든 행복할 수
있으니까 아무 노력도 필요 없고 빈둥거려도 좋단 말인가? 벽이 무너
져도 가만히 있으란 말인가? 긍정적인 눈을 가진다면 언제라도 행복

---

24) 잔 카제즈, 『철학의 벤치에 앉아 인생을 생각하다』, 박노출 역, 브리즈, 81쪽.
    '가시에 찔리지 않기 위해서 온 세상에 가죽을 뒤집어씌울 것인가? 아니다. 가죽은 내
    발에만 씌우면 된다… '(카루나 케이턴, 『마음은 어떻게 오작동하는가』, 박은영 역, 북
    돋움) 행불행은 세상이 아니라 나에게 달린 것이고 나를 다스리고 나의 관점을 다스림
    에 달려 있다.
25) 잔 카제즈, 『철학의 벤치에 앉아 인생을 생각하다』, 박노출 역, 브리즈, 84쪽.

할 수 있으니 아무 노력도 필요 없다는 말이 아니다. 내 삶을 바꾸려는 노력, 잘못을 바로잡고 세상을 개선시키려는 노력은 언제나 필요하다. '피해자가 불만과 고통을 통제하고 딛고 일어섰다고 할지라도 피해가 존재하는 상황은 언제나 악한 상황이다.'[26] 원칙적으로는 노력하지 않아도 행복이 가능하지만 노력의 단계 단계에서 우리는 또 다른 행복을 느낄 수 있다. 나의 행복론은 세상을 고칠 필요가 없고 가만히 누워 있으라는 것이 아니라, 똑같은 상황 속에서도 남보다 더 평온한 마음을 찾고 남보다 더 큰 불만족으로 떨어지지 않도록 방지하고자 함이다. 불안과 분노, 불만족은 우리의 힘을 빼앗아 간다. 그렇게 되면 문제를 해결할 힘이 부족해진다. 평화, 그것이 행복의 본질이며 우리가 살아나가고 문제를 해결할 토대를 만들어주고 힘을 잃지 않게 해주는 것이다. 나의 영혼이 평정되고 힘이 솟아야 세상을 바로잡을 수도 있다. 설득력 있는 비판도 평정된 마음이 있어야 가능하다. 분노하는 사람은 다른 사람을 설득하기 힘들다. 똑같은 말이라도 차분하게 할 때 보다 큰 설득력을 갖는다.

행복이란 잘 먹고 잘살며 걱정 없이 편안하고 고생하지 않는 것이라는 오해를 버려야 한다. 나는 고생을 피하고 편히 살아야 한다는 것을 말하고자 하는 것이 아니라 고생되는 상황 속에서도 그 상황에 감사하고 만족할 수 있어야 하며 그럼으로써 상황을 개선할 힘도 생긴다는 것을 주장하고 싶다. 불행감은 우리 생명의 힘, 영혼의 힘을 앗

---

26) 잔 카제즈, 『철학의 벤치에 앉아 인생을 생각하다』, 박노출 역, 브리즈, 83쪽.

아가서 다른 일까지 못하도록 하기 때문에 불행감이 좋지 않은 것이나. 따라서 우리는 불행삼을 최대한 감소시켜야 하며 불행감이 극단으로 치닫게 하지 않게 해야 한다.

사람이 잘하려고 욕심 부리면 오히려 일을 그르칠 수도 있다. 일의 진행과정에 최대한 신경을 써야 하는데 잘해야 한다는 욕심이 집중을 방해하기 때문이다. 성취를 위해서는 자족하는 자세가 필요하다. 자족은 평화를 주기 때문이다. 생물학적으로 말하자면 아드레날린 분비를 최소화하여 긍정적인 뇌파를 발산하게 해주기 때문이다.

행복의 선택이 도덕적 가치의 추구와 충돌하는가?

내가 공원 벤치에서 음악을 듣고 있는데 돌 끝에 찔려 우는 아이를 목격했다고 하자. 아이를 돕는 것은 도덕적 가치의 실현이다. 그런데 도덕적 가치의 실현은 나의 행복을 방해할 수도 있다. 이 상황에서 나의 행복감을 유지할 것인가 아이를 도움으로써 가치를 실현할 것인가 우리는 갈림길에 서 있을 수도 있다. 행복이 지상 최고의 가치는 아니라는 철학자 노직의 견해는 이 상황에서 행복지상주의자들은 자신의 행복을 우선시하므로 아이를 돌보지 않을 수도 있다는 비판을 제기[27]한다.

사고방식을 바꿈으로써 보다 큰 만족감과 평화를 얻을 것을 권유하는 나의 행복론은 행복지상주의를 전제하지는 않는다. 행복은 긍정적

---

27) 잔 카제즈, 『철학의 벤치에 앉아 인생을 생각하다』, 박노출 역, 브리즈, 105-122쪽.

가치를 갖지만 인생의 그 어떤 상황이라도 자기만의 행복을 사수하라는 것을 주장하는 것은 아니다. '자기만족감을 얻기 위해서라면 무슨 일이든 하라… 때에 따라서는 의무를 소홀히 해도 된다….' 이것은 몰지각한 생각이다. 나의 행복론은 행위를 통한 행복의 성취보다도 마음과 사고의 전환을 통한 행복의 성취를 먼저 권유한다. 그것은 사고방식들 가운데에서 보다 긍정적 사고방식을 선택해야 한다는 것이다. 여기서는 행위의 선택이 문제인 것이 아니라 마음가짐의 선택이 문제이다. 나의 행복론에서는 아이를 도울 것인가, 못 본 체하고 음악을 들을 것인가 같은 갈등이 아니라, 아이를 돕든 못 본 체하든지 간에 긍정적으로 세상을 볼 것인가 아니면 어둡게 세상을 볼 것인가 갈등하는 것이다. 한 상황에서 (여러 가지 행위 가능성들이 충돌하는 상황에서) 행복을 기준으로 행위를 선택해야 한다는 행복지상주의를 지향하는 것이 결코 아니다. 그러므로 나의 행복론은 이런저런 의무와 갈등관계에 있지 않으며 윤리학과 충돌할 위험(또는 필요)은 없다. 사고방식의 전환은 특정한 상황에서만 하는 행위가 아니라, 늘 그리고 미리미리 관심을 기울이는 자기배려, 자기조절, 자기수련이며 의식이 깨어 있을 때 긍정적인 방향으로의 꾸준한 자기설득을 요구한다. 나는 똑같은 상황에서도 긍정적인 사고를 통해서 마음의 평정을 유지하여 평화의 행복을 누리는 동시에 그러한 마음의 행복을 통해서 자신이 추구하는 일을 보다 잘하라는 것에 의미를 둔다. 늘 마음의 평정을 유지함으로써 가치 있는 다양한 일들을 더 적극적으로 할 수 있는 힘과 여유를 갖게 되는 것이다.

정신과 초월을 통한 행복,
쇼펜하우어의 '행복론'

아르투르 쇼펜하우어(1788~1860)
세상을 미워했고, 특히 헤겔 같은 말의 유희에 능한 사람을 증오했으며 여성도 아름답지 않다고 보았다. 이 세상을 채워지지 못한 갈망과 고통으로 가득한 최악의 세상이라고 저주하면서, 가능한 빨리 이 세상을 떠나라고 충고했다. 하지만 자신은 79세까지 장수했다.

쇼펜하우어에 따르면 세계는 단 하나의 실체인 의지에서 생겨났다. 의지란 '무엇을 먹어야겠다'는 것처럼 의식적인 의지가 아니라 사물 안에 깊숙이 숨겨진 자기 보존 충동 같은 것을 말한다. 여기서 의지는 프로이트가 말하는 무의식보다도 더 깊은 곳에 있는 우주의 원리다. '의지란 결정하는 능력이 아니라 생명의 원리이며 생명에너지이다.'[28] 이는 물질이라면 관성의 법칙과 상통하며 인간이라면 인간의 무의식 안에 숨겨진 갈망 본능 충동과 상통한다. 이런 쇼펜하우어의 우주관은 아직 전통적인 형이상학의 냄새가 나며 심지어 신화적인 분위기이기도 하다.

쇼펜하우어는 플라톤과 칸트 두 철학자를 숭배했다. 그의 우주관에는 플라톤적인 요소가 담겨 있는데 그것은 영원한 이념이다. 우주는 의지에서 생겨난 뒤 의지로부터 플라톤적인 이념들이 생겨났다. 그다음 이념들에서 우리가 보고 듣고 만지는 개체들이 생겨났다. 사과나무의 이데아에서 사과나무가 그리고 원숭이의 이데아에서 원숭이가 생겨난 것이다. 칸트적인 영향은 쇼펜하우어의 인식론의 핵심부에 들어 있다: '우리가 보는 세계는 세계 그 자체가 아니라 우리 안에 비친 세계상(표상)이다.' 칸트가 감각세계 배후에 존재한다고 본 물자체는 쇼펜하우어의 의지에 해당된다. 단지 차이가 있다면 칸트의 물자체가 인식 불가능한 반면에 쇼펜하우어는 그 물자체가 무엇인지 해명했다는 점이다. (의지 역시 인간의 이성에 의해 원칙적으로는 직관될 수 없는 것이다.) 칸트가 사물 그 자체는 알 수 없다고 했다면 쇼펜하우어는 "그래! 그것은 인간으로서 알기 힘들지. 그런데 그것은 바로 의지야!"라고 말한 셈이다. 그렇게 보면 쇼펜하우어는 아주 대단한 사람이다. 인간으로서 알 수 없는 것을 혼자 알아냈으니까.

쇼펜하우어에 따르면 세계가 의지라는 한 몸뚱이에서 태어났으므로 만물은 한 형제이다. 쇼펜하우어는 특히 동물과 인간이 한 형제임을

---

28) 수잔네 뫼부스, 『쇼펜하우어 의지와 표상으로서의 세계』, 공병혜 역, 이학사, 110-111쪽.

강조하고 동물을 괴롭히거나 먹는 것을 그만두어야 한다고 강조했다. 이는 불교사상과 일치하는데 정작 쇼펜하우어는 불교의 영향을 받지는 않았다. 이미 자기사상을 완성한 뒤에 불교를 알게 되었다고 한다.

인간의 불행은 자기 보존 의지로부터 비롯된다. 인간은 가진 것에 만족하지 못하고 언제나 더 가지려고 한다. 인간은 어떤 것을 가지지 못했을 때에는 불만족을 느끼며 가진 뒤 역시 행복하지 못하고 지루함을 느낀다. 인생은 불만족과 권태라는 두 박자로 이루어져 있다. 쇼펜하우어는 만족과 쾌락은 불쾌의 임시적인 결여에 불과하며 지루함일 따름이라고 하면서도 인간이 행복하게 될 수 있는 여러 가지 조건과 방법을 언급한다. 염세론자로 알려져 있는 쇼펜하우어, 그의 사상에서 세상이 불행으로 가득 차 있는 원인을 자세히 살펴보면 행복할 수 있는 다양한 방법론을 얻을 수 있다. 특히 행복이 물질적인 재화가 아니라 주관의 구조에 달려 있다는 귀중한 진리를 배울 수 있다.

쇼펜하우어가 제시하는 행복의 조건

1. 욕심에서 벗어나야 정신의 평정을 찾을 수 있다. 괴테처럼 입장을 무無위에 올려놓아야 한다.

2. 과거나 미래의 불안에 얽매이지 않는 현재 중심적 사고가 필요하다.

3. 활동과 사고 및 관심 범위의 축소가 필요하다. 유년기일수록 활동범위가 더 좁고 그래서 더 행복한 것이다.

4. 자아만족이 있어야 한다. 그러자면 자신을 만물의 척도로 삼아야 한다.

5. 인간 접촉을 최소화하고 관심주제를 최소화해야 마음의 안정과 평화가 있다. 어린이가 행복한 이유는 주변의 인간관계가 단순하기 때문이다.

6. 건강은 행복의 기본조건이다. 이것은 행복에 도달하는 유일한 객관적 조건이다.

7. 만사의 필연성과 불가피성을 인정하는 사고를 가져야 한다.

8. 소유하지 못한 것에 대한 애착이 아니라 소유한 것의 상실 가능성을 상상해보아야 한다.

9. 한꺼번에 많은 것을 생각하지 말고 모든 것을 일단 접어두고 하나씩 생각해야 한다.

10. 운동 속의 역동적인 삶의 추구하라. 아무것도 하지 않는 것은 어렵고 괴롭다. 자기에게 맞는 작업과 노동을 통하여 정지 상태에서 해방되어야 한다.

11. 현재의 생생한 인상을 지배할 수 있는 주인이 되어야 한다. 인상에 휘둘리지 않고 그 인상이 불쾌한 것이라면 반대의 긍정적인 인상을 떠올린다.

12. 타인의 의견에 너무 동요되지 말아야 한다.

13. 예술을 통해 일시적인 평정을 회복할 수 있다. 즉 아름다운 것에 몰입함으로써 현실의 불안에서 벗어날 수 있다.

14. 종교를 통해 불행한 생존의지에서 해방되고 해탈될 수 있다. 이

것은 타인에 대한 동정심과 헌신의 길이기도 하다.

항목 1부터 14에 이르기까지 쇼펜하우어가 제시하는 행복의 방법론은 결국 세상과 환경을 바꾸려는 시도가 아니라 주관적 만족에 이르는 방법론이다. 쇼펜하우어가 제시한 행복의 조건들은 서로 상통하고 긴밀하게 연결되어 있지만 크게 두 가지로 분류된다. ① 주관적 만족과 ② 정신적 초월. 쇼펜하우어에 따르면 인간들은 성애가 인생의 전부인 듯이 착각한다. 성애의 성공 여부가 인생의 성공 여부를 결정한다고 생각한다. 이는 인간 속에 깊이 숨어 있는 종족 보존 의지가 작용한 결과이다. 연애의 성공은 분명히 행복을 가져다준다. 그러나 그 행복도 역시 잠시뿐이며 불만족과 권태라는 두 박자가 기다리고 있다.

건강은 행복의 유일한 외적 조건이다.

쇼펜하우어에 따르면 행복이 의존하는 단 한 가지의 외적·객관적 조건이 존재하는데, 바로 건강이다. 질병과 신체적 고통이 있는 한 인간은 마음을 아무리 긍정적으로 가지려고 해도 될 수 없다. 성격이 명랑하다거나 마음을 긍정적으로 갖는다고 해서 편두통이나 치통이 사라질 수는 없다(물론 부정적인 마음은 고통을 더욱 심화시키고 더욱 오래가게 만들 수 있다. 밝고 낙관적인 생각만으로 병이 당장에 사라지지는 않지만 현대의학으로 밝혀진 바에 따르면 긍정적인 마음가짐은 모든 병의 호전에 도움이

된다).[29]

쇼펜하우어에 따르면 인간의 행불행은 내적 요소인 감각·의욕·사고의 작용으로 나타난 결과이며, 물질이나 재산 같은 외적인 즉 객관적인 요소는 간접적으로밖에 작용하지 못한다. 인간의 세계는 무엇보다 개개인이 세계를 어떻게 생각하느냐에 달린 것이고 결국 두뇌의 차이에 달린 것이다. 똑같은 사건이라도 섬세한 두뇌의 소유자에게는 매우 흥미롭게 느껴지는 반면에 평범한 두뇌의 소유자에게는 단지 평범한 세상사의 한 장면에 불과한 것으로 비춰지기 때문이다. 개개인의 개성과 기질에 따라서 세계의 다른 측면들을 선택적으로 바라본다. 각자가 세상을 달리 바라보고 달리 느낄 수밖에 없는 것이다. 정열적인 사람은 현실 속에서 흥미진진한 갈등만을 보고 조용하고 침착한 사람은 무의미만을 바라본다. 모든 현실은 주관과 객관의 결합에 의해서 생겨나는데 객관보다 주관의 영향이 보다 본질적인 것이다. 객관적인 측면에서 아무리 좋은 것을 소유했다 하더라도 주관이 우둔하다면 거기서 생기는 현실은 초라한 것으로 되어버린다. 나쁜 카메라로 찍는다면 아무리 아름다운 풍경도 추하게 찍히는 것이다. 사물의

....

29) 플라시보효과(위약효과): 가짜 약을 진짜 효과가 있는 약이라고 믿고 먹으면 신체적 변화가 일어나고 증세가 호전된다. 특히 심리적 상황과 연관되는 가벼운 불안, 불면증, 두통, 우울증에 효과가 많다. … 가만히 두는 것보다는 위약으로 치료하는 것이 더 나은 효과가 있다. 암환자가 가짜 약을 신약으로 믿고 복용한 뒤 종양이 뜨거운 가스레인지 위의 눈덩이처럼 녹았다는 사례도 있다. 그 후 가짜임을 알고 암이 재발되었다고 한다. 이것은 생각이나 믿음 욕구가 세포조직과 기관의 변화를 가져올 수 있다는 생물학적 메커니즘의 발견이다. 진짜 약처럼 가짜 약에 의해서 가려움, 메스꺼움, 맥박, 혈압, 위 기능, 성 기능, 피부 상태가 변화된다. 이영돈, 『마음』, 예담, 92-93쪽.

제일성질인 무게나 크기나 형태도 주관의 관점에 따라 달리 감각된다. 더군다나 행복은 사물과 존재에 대한 기분이며 감정이며 느낌이므로 행복의 주관 의존도는 너무나 명확한 것이다. 인간의 행복이 주관에 달린 것이라는 말은 인간의 행복이 인간의 인격과 개성에 의존한다는 말로 바꿔 말할 수 있다. 대개의 사람들이 운명과 재산과 명예 같은 객관적 조건과 상황을 행복의 핵심요소라고 생각한다. 그런데 사실은 마음의 태도에 따라서, 즉 마음의 부유함에 따라서 운명도 작은 영향밖에는 미칠 수 없는 것이다. 한마디로 쇼펜하우어의 행복론에 따르면 행복은 객관보다는 거의 전적으로 주관에 달린 것이다.

쇼펜하우어에 따르면 고통의 원인은 만족할 줄 모르는 의지이므로 고통받지 않고 평화로우며 더 나아가서 만족할 수 있는 길은 의지를 잠재우는 것이다. 아름다움에 몰입하는 예술에서 의지의 침묵이 잠시 가능하고 종교를 통해서는 의지의 완전한 극복이 가능하다. ① 우리는 아름다운 예술작품을 바라볼 때 일시적으로나마 현실의 근심과 걱정에서 벗어나 잠정적 해탈에 이를 수 있다. 또한 ② 주관의 생존 의지와 사심에서 해방되어 사물을 있는 그대로 바라볼 때, 즉 주관이 마치 없는 듯이 투명하고 맑은 거울처럼 되는 순간 우리는 사물과 일체가 되고 고요와 행복을 느끼게 된다. 그와 더불어 ③ 나의 욕심과 생존 의지를 죽이고 다른 존재를 불쌍히 여기고 다른 존재를 위해 헌신하는 종교적 작용 역시 해탈의 행복감을 부여한다. 이처럼 정신과 초월을 통한 행복의 길은 예술적 관조와 철학적 직관, 종교적 헌신 등 세 가지로 나뉜다.

쇼펜하우어-지금의 세상은 최악의 세계이다.

라이프니츠-지금의 세상은 최선의 세계이다.

고트프리트 라이프니츠(1646–1716)

"먼 해변의 모래알 하나하나에 대한 지식까지도 모든 인간의 머릿속에 선천적으로 담겨 있다. 인간은 의식하지 못할 뿐이지 본래 모든 것을 알고 있다."

"세상은 왜 이렇게 불공평할까? 성실하고 정직하게 살아온 서른한 살의 주부가 음주운전자에게 살해를 당한 반면 범죄 집단의 우두머리는 여든한 살까지 장수하고 자신의 저택에서 편안한 죽음을 맞이한다는 게 말이 되는가? 전 세계에서 매일 2천3백만 건의 범죄가 발생하고 있다는 사실을 아는가?

　나는 이런 현실을 받아들여야만 한다. 세상을 바꿀 수 없다면 세상에 맞춰 사는 수밖에 없다. … 그러나 이제는 이렇게 생각한다. 세상이 이렇게 변한 데는 나도 책임이 있어 … 더 이상 세상을 향해 분통을 터뜨리거나 원망을 퍼붓지 말고 아무것도 기대하지 마라. 세상의 부당함을 받아들여라. 그러면 그것을 조금이나마 고칠 길이 열릴 것이다."[30] 마음을 비우고 평정됨으로써 불공평한 세상을 개선시킬 에너지를 얻는다.

---

30) 프란스 드발, 랜덤하우스, 『행복을 불러오는 50가지 조건』, 이상춘 역, 84쪽.

제 3 장

우리가 보는 세계는
세계 그대로인가,
아니면 나만의 세계인가?

똑같은 것을
각자 다르게 보며 산다

객관과 표상을 구별하는 것은 아주 불가능하다.

모든 객관은 언제나 그리고 영원히 하나의 주관을 전제하고 있어서

결국 객관이 표상임에는 변함이 없다.[31]

— 쇼펜하우어

31) 아르투르 쇼펜하우어, 『의지와 표상으로서의 세계』, 곽복록 역, 을유문화사, 145쪽.

행복은 인식방법에 달려 있다

행복의 결정적인 요인인 주관적 관점을 철학적 인식론과 연관시켜 생각해보자. 앞 장의 내용을 인식론적으로 요약하자면 다음과 같다.

행복의 느낌은 우리가 세상을 바라보는 눈에 달려 있다. 내 인생과 내가 살고 있는 이 세상은 내가 그것을 바라보는 눈이 어떤가에 따라 완전히 달리 보일 수 있다. 빨간 안경을 끼면 세상이 온통 붉은 색이듯이 내 안에 들어 있는 눈이 어둡다면 세상이 모두 어둡게 보인다. 문제는 내 안의 눈이 어두워서 세상이 어둡게 보이는 것인데도 우리는 세상 자체가 악으로 가득 차 있어 어두운 것이라고 착각하는 것이다. 내 안의 검은 안경은 잘 인식되지 않기 때문이다. 이 세상에 자기 자신의 눈을 스스로 들여다볼 수 있는 사람은 없다. 대부분의 사람들은 자기 눈의 구조를 전혀 생각하지 못한 채로 자기 눈에 비친 사물이 사물의 객관적인 모습이라고 생각하면서 살아간다. 그리고 불행의 탓을 불리한 외부 조건으로 돌린다. 세상이 변화하면 만족감이 주어지겠지만 앞 장에서 말한 것처럼 외부의 변화에 의한 만족감은 오래가지 못하며 행복으로 가는 안정적인 방법이 될 수 없다. 행복의 관건은 바로 자기 안의 눈이며 인식방법이다. 만약 불행하다고 느낀다면 먼저 자기 안의 눈, 세계를 보는 눈, 즉 세계에 대한 인식방법을 바꿔야 한다. 이것은 인간개조와 같으며 결코 쉽지 않은 작업이다.

이 장에서는 철학자 쇼펜하우어의 말처럼 우리가 보는 세상이 세계 그 자체가 아니라 우리 눈에 비친 세계, 즉 세계상이며 세계상에는 우리 안의 눈이 반영되어 있다는 것을 먼저 보여주고자 한다.

내가 보는 것이 바깥세상의 객관적인 모습인가?

내가 알고 있는 세상은 사진기로 찍은 듯이 촬영한 객관적인 모습이 아니다. 카메라도 사진을 똑같이 찍지는 않는다. 카메라마다 렌즈가 다르고 기능이 다르다. 심지어 똑같은 카메라일지라도 동일한 대상을 찍는 사람에 따라 찍는 각도에 따라 다르게 찍는다. 카메라와 사람의 눈은 다르다. 카메라는 고정적으로 머물러 있지만 사람이 가진 렌즈는 신체상태와 기분 그리고 경험의 축적과 교육, 문화에 따라 수시로 변한다.

사람의 눈(의식과 몸)도 일종의 살아있는 동영상 카메라라고 할 수 있다. 살아있는 카메라는 보통의 카메라와는 달리 주관적 관점이 농도 짙게 개입된 아주 개인적이고 개성적인 카메라라고 할 수 있다. 보고 듣는다는 것은 자기만의 렌즈를 거친, 즉 자기만의 관점과 해석을 통과한 세계 인식 과정이다. 똑같은 거리를 지나쳐도 의사와 부동산업자, 예술가 모두 각각의 눈으로 다른 것을 포착한다. '예술가의 눈에 비친 거리는 한 폭의 풍경화였고 부동산업자의 눈에 비친 거리는 상업성이 있는 거리였다. 의사는 똑같은 거리에서 무지함 때문에 건강을 해치는 어리석은 사람들을 보았다.'[32]

인간은 각자 자기만의 동영상카메라로 세상을 사진 찍는다… 같은 세상도 다 다르게 찍는 것이다. 사진 찍기 나름으로 누구는 세상을 좋게 보고 누구는 나쁘게 보게 된다. 즉 자신의 불만족과 불행은 바깥세

---

32) 마틴 셀리그만 외 공저, 『심리학의 즐거움 2』, 유진상 외 공역, 휘닉스, 271쪽.

상의 구조나 상황 또는 사건보다는 자기 안의 렌즈, 동영상 카메라에 의해서 거의 전적으로 결정되는 것이다.

심리테스트로 사용되는 로르샤흐의 얼룩은 일종의 데칼코마니 같은 추상적인 그림이다. 종이에 알 수 없는 얼룩이 묻어 있다. 그것을 어떤 이는 나비로 지각하고 어떤 이는 독수리로 지각할 수도 있다. 즉 우리는 있는 그대로 사진촬영 하듯이 무심하게 무관심하게 세상을 관찰하는 것이 아니라 나의 고유한 틀에 따라서 의미를 붙여가면서 과장하거나 축소하여 바라본다. 내게 충격을 준 사물과 유사하면 불쾌하게 느끼고 피하려 하며, 내게 행복을 준 사물과 유사하면 오래 머물며 감상하려고 한다.

사람마다 각자의 렌즈가 있다

렌즈는 사람마다 각기 다르다.[33) 렌즈가 다른 것은 다음과 같은 조건이 다르기 때문이다.

1. 신체적 조건: 시력을 비롯한 모든 감각능력과 취향이 다르다.
2. 상황과 관심: 아이를 돌보는 엄마는 그릇이 깨지는 큰 소리를 무

---

33) 자신의 마음의 통제는 뇌 속의 뉴런 네트워크를 자신이 원하는 대로 잘 형성할 수 있는가에 달려 있다. 뉴런 네트워크를 바꾸는 법: 독서 여행을 통해서 새로운 네트워크를 만들어낸다. 또는 상상을 한다. 뇌는 상상과 현실경험을 구분하지 못한다. 상상만으로도 실제경험과 같은 효과가 나온다. 기억을 버리기는 쉽지 않다. 그러나 기억을 버리면 새로운 세계가 보인다. 이제 불필요한 기억들일랑 놓아버려라.(이영돈, 『마음』, 예담, 257쪽)

시하는 반면에 아이가 내는 조그만 소음까지도 놓치지 않고 지각한다. 무엇에 관심을 가지는가에 따라 지각이 달라진다. 복잡한 시장거리를 지나치면서 사람들은 각자 관심 있는 물건들을 자세히 보게 마련이다. 꽃을 좋아하는 사람은 주로 꽃을 찾아서 보고 일부러 찾지 않더라도 저절로 꽃으로 눈이 갈 것이다. 배가 고플 때에는 모든 것이 맛있게 느껴지지만 배가 부르면 아주 잘된 요리도 별 맛이 없다.

3. 습관: 섬에 사는 사람과 산악지대에 사는 사람, 북극에 사는 사람과 적도에 사는 사람의 인식은 다르다. 영도(0℃)를 전자는 따뜻하게 느낄 것이고 후자는 아주 차게 느낄 것이다.

4. 경험: 어떤 인상적인 또는 충격적인 사건에 의해서 특정한 사물에다 행복하다거나 무섭다는 의미를 붙일 수 있다. 높은 곳을 아주 두려워하는 사람이 있는가 하면 개를 아주 무서워하는 사람도 있다.

5. 취향과 성격: 타고난 성격과 취향에 의해서 희로애락을 다르게 느낀다. 식물을 좋아하는 사람은 꽃을 보느라고 개구리는 간과한다. 동물을 좋아하는 사람은 꽃이 아니라 개구리를 들여다본다.

6. 문화와 교육 및 양육의 영향: 문화란 하나의 세계를 보는 방식이라고 할 수 있다. 시대와 지역 그리고 문화의 특성에 따라 세계관과 가치관이 다르며 그것은 개인들의 사고방식 깊숙이 들어앉아 작용하게 마련이다. 교육과 양육도 부모와 교사에 의한 세계관과 가치관의 주입이다. 일정한 성장기 이전까지 개인은 이러한 자동적인 문화적 영향에 노출되어 있다. 반항기와 사춘기는 바로 이에 대한 각성과 반성 그리고 거부라고 할 수 있다. 이는 필요한 과정이다. 그러나 개인

은 그런 영향을 백 퍼센트 닦아낼 수는 없다.

인간은 마치 양파처럼 여러 가지 주관적인 틀을 여러 겹 가지고 있으며 거기에는 개인적인 틀과 크고 작은 집단적인 틀, 특히 문화가 있다. 문화는 성숙기 이전에 아무런 여과나 반성 없이 무의식적·자동적으로 우리 안에 침투되어 깊고 강력한 영향을 미친다. 문화란 일종의 사고방식으로 우리 안에 일단 착색되면 거의 절대로 물이 빠지지 않는다. 그래서 문화의 변화는 극도로 힘든 것이다. 아무리 의심 많은 철학자라도 문화에서 완전히 벗어나지는 못했고, 시대적인 오류를 제대로 지적하지 못했다.[34]

각자가 가진 렌즈, 즉 세계관 또는 사고방식은 어느 정도 결정된 것이고 굳어져 바뀌기 힘든 것이다. 보다 나은 인생을 위해서는 맑은 렌즈가 필요하다. 현재의 렌즈를 개선하고자 한다면 다방면의 노력을 해야 할 것이다. 우선 자신이 렌즈를 쓰고서 세상을 바라본다는 자각과 렌즈로 인해서 불만족을 느낀다는 인식이 필요하다. 그리고 렌즈 때문에 사물의 왜곡된 상을 본다는 것을 깨닫고 렌즈의 어느 곳이 무엇 때문에 울퉁불퉁한지 잘 살펴보아야 한다. 여러 가지 이유로 렌즈의 어느 한쪽이 차단되거나 굴곡질 수 있다. 그것은 학교나 가정교육의 영향일 수도 있으며, 특히 문화적 요인 가운데 종교를 예로 들 수 있다. 기독교 학교에서 철학을 가르친 적이 있었는데 그들은 플라톤

---

34) 이강숙, 『음악의 이해』, 참고. 집단기억의 영향을 자각하고 의식하는 것이 창조의 출발점이다.

이나 데카르트, 사르트르 등 많은 서양철학자들의 사상이 성서와 일치하지 않거나 성서에 나오지 않는 말을 하기 때문에 거슬린다는 언급을 하곤 했다. 그들은 성서에 답이 있으므로 더 이상 생각할 필요가 없으며 그 답이 나오도록 논문을 끌고 나가야 한다고 믿었다. 종교가 두뇌의 뉴런의 움직임을 미리 차단하여 사고가 여러 가지 방향으로 자유롭게 움직이며 탐색하며 모험할 수 있는 기회를 막고 있는 것 같았다. 물론 자신이 진리라고 믿는 것을 함부로 버릴 수는 없지만 자신이 믿는 것이 정말 진리인지 확인해보는 것조차 스스로 금지하는 것은 지나친 자기억압이라고 할 수 있다. 생각이 다르다는 이유 때문에, 세계관 때문에 갈릴레이, 스피노자, 다윈 등을 피의자로서 재판에 회부하는 실수는 인류 미래에 더 이상 있어서는 안 된다. 피가 온몸을 막힘없이 돌듯이 사고 또한 막힘없이 활동할 수 있어야 한다. 피의 막힘이 신의 뜻이 아니듯이 사고의 막힘도 그럴 것이다. 종교 간의 칸막이 역시 낮아져야 할 것이다. 이 글을 쓰는 순간 스크랩해 두었던 신문에서 유교, 불교, 도교 모두를 섭렵한 목사 이야기를 발견했다.

선입견

위와 같은 여러 가지 요인으로 인해서 인간의 렌즈는 선입견으로 가득 차 있다. "개인은 이른바 선택적 지각을 통해 스스로 자신의 선입견을 굳힌다. 현재 자신이 가진 생각과 맞지 않는 모든 정보와 사실을 무시하거나 거부하는 것이다. 반대로 자신의 선입견을 확인해주는 것만 따로 골라 게걸스럽게 집어삼킨다."[35] 선입견은 철학적인 용어로 말하면 곧 주관이기도 하다. 그러나 국적이나 종교처럼 특정 집단이 특정 집단에 대해 갖는 선입견은 위험할 수도 있다. "선입견은 좋은 쪽으로든 나쁜 쪽으로든 심각한 문제를 야기한다. 개인이 저마다 다른 선입견을 고집하는 통에 사회라는 공동체가 위협을 받는 것이다. 선입견은 편을 가르는 통에 서로 생각이 같지 않다는 이유로 싸움을 일으킨다. 또는 특정 선입견을 앞세워 상대편에게 무자비한 폭력을 쓰기도 한다. 독일의 나치스나 캄보디아의 크메르루주 정권이 벌였던 피의 학살도 따지고 보면 선입견의 극단적 결과들이다."[36]

선입견은 사물을 보기 위한 임시렌즈이며 거의 언제나 우리 안에서 쉬지 않고 작동하는 기계와 같다. 우리는 선입견에서 벗어날 수 없으며 선입견은 불완전한 견해이지만 그마저도 없으면 사물인식이 어려우므로 반드시 필요한 것이다. 그러나 우리는 선입견으로 만족하지 말고 선입견에서 한발 더 나아가서 사물을 보다 섬세하고 세밀한 세부인식으로 진행해야 한다. 특히 타인을 보다 섬세하게 인식함으로써 극단적인 증오를 줄일 수 있다. 선입견을 줄임으로써 세상을 보는 긍정적인 시각을 낳을 수 있다.

---

35) 프리드리히 헬름 슈바르츠, 『착각의 과학』, 김희상 역, 북스넛, 294쪽.
36) 프리드리히 헬름 슈바르츠, 『착각의 과학』, 김희상 역, 북스넛, 290쪽.

지각에는 언제나 허점이 있다

내셔널 지오그래픽 채널에서 방영한 과학·실험에 따르면 우리의 뇌가 파악하는 많은 것을 우리 스스로가 무시하고 지나친다. 즉 뇌는 많은 것을 지각하지만 우리는 지각한 줄도 모르고 간과한다. 둘레사물을 무시하고 한 가지에 초점을 두고 집중한다. 우리 인식기관이 카메라가 아니기 때문이다. 예를 들면 어떤 사람이 아무에게나 길을 묻는다. 그러는 사이 커다란 짐을 나르는 인부들이 두 사람 사이를 지나가고 그 찰나에 길을 물었던 사람이 섰던 자리에 다른 사람이 서서 계속 묻는다. "뭐라구요?" 질문을 받았던 대개의 사람은 눈치채지 못하고 계속 설명한다.

또 하나의 과학실험에서는 사람들이 화면에 지나가는 동물의 수를 계산해야 한다. 계산에 열중하던 사람들 대부분이 화면에 가끔씩 등장하는 고릴라를 인식하지 못한다. 이 실험은 계산능력이 아니라 지각능력을 보려는 것이었다. 우리가 보통 살아갈 때 시각만 보더라도 카메라처럼 100퍼센트를 찍고 인지하는 것이 아니라 자신이 관심 있는 부분만 인식한다. 인식하는 렌즈에는 구멍이 나 있는 것이다. 그 구멍은 각자의 관심과 시각에 따라 다른 모양을 하고 있을 것이다. 다르게 표현하자면 두뇌는 대상 전체를 사진 찍지만(물론 두뇌도 완벽한 촬영기계는 아닐 것이다) 의식은 그 모든 것을 알아차리지 못하고 자기 나름대로의 방식으로 시각 속으로 들어온 정보를 걸러낸다. 범죄영화를 보면 목격자를 최면 걸리게 하여 차량번호를 기억해내도록 한다. 그것은 두뇌 속에 저장된 정보를 의식화하는 과정이라고 할 수 있다.

우리가 눈앞에서 일어나는 화면을 백 퍼센트 의식한다면 십 분도 못 되어 너무 많은 정보로 인해 피로해지고 곧바로 수면에 들어가야 할지도 모른다. 여과작용은 반드시 필요하다. 우리의 렌즈의 구멍은 필수적인 존재다. 집고양이와 길고양이, 사진 속의 고양이를 모두 간편하게 고양이라는 개념 속에 집어넣어 생각하는 것도 바로 사고의 간편함 때문이다.

자기 안의 눈을 변화시켜야 행복하다

이렇게 각자 세상을 바라보는 눈이 다르기 때문에 삶의 유사한 상황에서 사람마다 느낌이 다르다. 통장에 한 푼도 없을 때 어떤 이는 "나는 거지와 다름없다"고 낙담할 수 있지만 어떤 이는 "그래도 빚진 것이 없다" "나는 건강하다"고 말할 수도 있다. 색안경 끼고 본다는 말이 있고 삐딱하게 본다는 말이 있다. 즉 어떤 것을 있는 그대로 보지 않고 편견을 가지고 본다는 뜻이다. 그러나 우리는 거의 언제나 색안경을 끼고 보며 삐딱하게 본다. 저마다 고유의 색안경을 끼고 있다. 그러면서도 자신의 색안경이 어떤 색인지조차 모르고 지내는 경우가 대부분이다.

세상 + 자기의 색안경의 색(무늬) = 자신이 보는 세상

세상 = 자신이 보는 세상 − 자기의 색안경의 색(무늬)

자기의 색안경의 색은 잘 의식하기 힘들다. 그렇지만 자기 안경의 흠을 의식적으로 찾아내고 자기 안경이 어떤 것이든지 긴에 맑게 닦고 갈도록 노력해야 한다. 그럼으로써 현재보다는 맑고 밝은 세계상이 자기 안에 맺히게 되고, 우리는 세상을 보다 밝게, 긍정적으로 볼 수 있게 된다.

한 가지 유의해야 할 것은 자신의 눈과 인식을 과신하지는 말자는 것이다. 잘못 볼 수도 있고 잘못 생각할 수도 있음을 인정하자. 다른 사람들의 생각과 감정도 그런 식으로 너그럽게 이해해보자. 그리고 이왕이면 세상이 아름답게 보이는 색안경으로 바꿔 쓰자… 좋게 보는 연습을 하고 습관을 들이면 내 안에 좋은 안경이 자리 잡게 된다. 세상을 사물을 어차피 다 알 수는 없다. 앞을 보면 뒤가 안 보이고 뒤를 보면 앞이 안 보인다. 이것은 인간인식의 불가피한 한계이다. (신적인 인식, 즉 신의 인식은 한자리에서도 이 우주의 시공간의 모든 것을 알 수 있다.) 피카소의 입체파는 바로 인간의 인식을 뛰어넘어서 한꺼번에 앞, 뒤, 옆을 보려는 욕심의 표현이었다. 본다는 것은 언제나 내 식대로 만들어서 본다는 것이다. 기왕이면 잘 만들어서 봐야 한다. 즉 좋게 봐야 한다. 좋게 봄 거기에 행복의 열쇠가 숨어 있다. 세상을 보는 긍정적인 눈으로 인하여 뇌가 바뀐다. 그리고 신체가 에너지를 얻는다. 우리가 보다 건강해지고 일을 보다 잘 할 수 있다.

행복을 위해 수정해야 할 편견은 우리가 세상을 사진처럼 찍는다는 모사설이다. 우리의 눈은 세상을 비추는 거울이 아니라 나름의 관점으로 세상을 해석하는 기계와 같다. 물론 우리 영혼은 전혀 존재하지 않는 것을 만들어내는 것이 아니라 있는 것을 기반으로 세상을 인식한다. 하지만 행복을 위해 반드시 기억해야 할 사항은 우리가 세계를 만들어서 본다는 구성설의 주장이다. 인간이 동물과는 다른 인식의 틀을 가지고 인식을 구성하듯이 각 개인은 각기 다른 인식의 틀을 가지고 세상을 본다. 이는 인간 공통의 인식틀을 논한 칸트의 인식론을 개인 차원에 적용시킨 결론이다. 각 개인은 세계를 자기 나름대로 구성하며 인식한다는 자각이 필요하다. 인식은 자기책임이며 인식의 결과인 불만족도 자기책임이다.

다른 생각

로크 – 인간은 백지 상태로 태어난다.
데카르트 – 인간에게는 태어날 때부터 갖는 선천적 지식이 있다.

존 로크(1632–1704)
"불이 뜨겁다는 것은 만져봐야 알 수 있다. 감각이 인식의 근원이다."

르네 데카르트(1596–1650)
이성만이 진리를 인식할 수 있다는 합리주의의 대표자이다. 하느님에 대한 관념처럼 인간이 나면서부터 가지는 인식이 있다.

인식론에서의
모사설과 구성설

지금까지 한 얘기를 철학사와 관련지을 수 있다. 철학사에는 인간의 인식기관이 거울과 같아서 세상을 있는 그대로 비춘다는 인식론이 있고 그와 대조를 이루는 것으로서 인간의 인식기관이 일종의 기계로서 세상에 대한 인식을 생산하고 제조해낸다는 인식론이 있다. 전자가 모사설이고 후자가 구성설이다.

모사설이란 근세의 데카르트, 로크, 라이프니츠… 등 전통적인 경험론 합리론적인 인식론의 입장이다. 이에 따르면 거울이 움직이지 않듯이 사람은 거울처럼 가만히 서서 세상의 모습을 받아들인다. 이와 정반대되는 것이 구성설로 칸트의 인식론이 대표적이다. 인간의 인식기관은 사물의 모습을 거울처럼 비추는 것이 아니라 바깥으로부터 들어온 인식재료를 가공하여 사물의 모습, 인식을 만들어낸다. 즉 구성해낸다. 인식은 인식기계의 생김새에 따라 영향을 받게 된다. 인식기관은 마치 쌀가루를 집어넣어 가래떡 만드는 기계 같은 것이다. 인간의 영혼이 적극적으로 작용하며 오히려 세계의 대상들이 수동적인 것으로 취급되므로 칸트의 인식론은 인식론의 혁명이라고 할 수 있다. 이것은 인식론에서 코페르니쿠스적인 전환이라고도 불린다. 인식론에서 코페르니쿠스적인 전환이란 인간의 영혼이 수동적이 아니라 적극적으로 작용하며 오히려 세계의 대상들이 수동적인 것으로 취급되는 인식론적 혁명을 말한다. 칸트가 말하는 인식의 틀은 개인적인 인식의 틀이 아니라 인간이면 누구나 가지고 있는 인류 공통의 인식틀이다. 인식론에서의 대상과 주관의 관계의 변화는 태양과 지구의 관계를 보는 관점이 천동설에서 지동설로 변한 것과 유사하다. 즉 칸트에 의해서 객관주도적인 인식론이 주관주도적인 인식론으로 바뀐 것이다.

모사설

전통적 인식론인 모사설은 인간의 인식기관이 마치 거울과 같아서 사물을 있는 그대로 비춘다고 본다(근세의 데카르트, 로크, 라이프니츠…). 그런데 로크의 인식론을 보면 우리 영혼이 언제나 평평한 거울은 아니다. 사물에 붙어 있는 성질들 가운데 색, 소리 같은 것은 사물에 있는 것이 주관에 비쳐서 인식되는 것이 아니라 사물에는 없지만 사물을 접하는 순간 주관 안에서 일어나는 것, 즉 주관에 의존하는 성질이다.

제1성질: 연장, 운동 등은 외적 대상들에 부착된 것
제2성질: 색, 소리 같은 지각하는 주관에 귀속된 것

물체 내에 2성질을 유발하는 힘이 존재한다.

제3성질 = 힘

외적 경험 = 감관작용 − 제1·2·3성질

내적 경험 = 반성 = 지각 기억 구별 비교 의욕

단순관념: 외적·내적 경험에서 온 것

　　　　　우리 밖에 존재하며 정말로 작용하는 사물들의 산물

복합관념: 양상실체관계 = 마음이 만든 것

성질: 사물 속에 들어 있는 것으로서 관념을 생기게 하는 힘

관념: 성질로부터 온 것

데이비드 흄(1711–1776)

"세계가 존재한다는 것은 불확실하다. 단지 믿음일 뿐이다. 원인과 결과는 실제로 존재하지 않으며, 인간의 마음속에서 습관적으로 연결한 관계일 뿐이다. 자아의 동일성도 없으며 자아는 이런저런 감각과 생각이 오고가는 장소에 불과하다."

구성설

칸트의 인식론에서 인식기관은 인식을 생산하는 기계다. 칸트에서 인식기계가 가진 틀에는 감성의 시간과 공간 그리고 오성의 12개념(범주)이 있다. 모든 인간이 이런 틀을 가지고 세계를 바라본다. 눈앞의 나무를 볼 때 그것이 어디에 있는가, 언제 있었는가의 관점에서 관찰한다. 그리고 나무가 왜 쓰러져 있는가, 그 원인은 무엇인가? 인과관계를 대입시켜가며 생각하고 판단한다. 철학자 흄이 일상생활의 편리를 위해서 원인과 결과의 관계 같은 것이 있다고 믿을 수밖에 없다고 한 반면에 칸트는 인과관계 개념이 인간의 머릿속에 날 때부터 틀처럼 자리 잡고 있어 사물을 볼 때마다 작용한다고 본 것이다. 시간과 공간 그리고 12개 범주는 우리 안에서 마치 서로 다른 렌즈와 같이 작용한다. 사물지각에서는 시간과 공간 두 개의 렌즈가 작용하고 사물에 대한 판단을 내릴 때 사용하는 12개 개념(범주)이 12개의 렌즈 기능을 한다. 마치 겹눈을 가진 곤충들처럼, 상황마다 필요한 렌즈가 앞으로 튀어나와 사물을 향하여 관찰한다. 칸트의 인식론에 있어 아주 난해한 세부적인 것을 조심스럽게 말하자면 다음과 같다.

근대에는 우리의 인식이 보고 듣고 만지는 감각경험에서 발생한다고 본 경험론과 인식의 근원으로서 오로지 이성만을 신뢰했던 합리론이 대립했다. 대개 이것이냐 저것이냐 극단적인 선택은 철학에서 오류다. 칸트는 이 두 극을 종합한다. 인식을 위해서는 감각경험도 필요하고 이성도 필요하다. 감각경험은 인식의 재료이며 이성은 인식을 가공하는 기계틀이다. 둘 가운데 하나만 빠져도 인식이 만들어질 수 없다. 칸트에서 감각경험은 직관이라고 불리며 이성 또는 오성은 사유자용을 한다고 말한다. 또는 감각에 다가오는 감각인상이 직관형식(시간과 공간형식)에 의해 지각(경험적 직관)으로 종합된다고도 한다.[37] 사유는 직관만을 대상으로 가공하여 인식을 만들 수 있다.[38] 즉 신이나 영혼처럼 보이지 않는 것, 경험의 울타리 바깥에 놓인 것은 인식될 수 없다. 반대로 감성적 직관만으로는 인식이 만들어질 수 없으며 반드시 사유가 개입해야 한다. 인식재료가 없으면 틀만 있으므로 공허하고, 틀 형식이 없으면 혼란스런 재료만 있으므로 있으나 마나하고 판단의 모양새를 갖출 수 없다. 사유는 직관에다 개념 또는 범주를 적용시켜 'a는 b다'라는 형식의 판단을 만든다. 이 판단이 바로 인식이다. 직관은 구체적인 반면에 범주, 즉 개념은 추상적이므로 직접 연결되기 힘들다.[39] 상상력은 감성과 오성 사이에 다리를 놓아주는 기능으로서 여러 가지 도식들을 가지고 그때마다 적합한 도식을 제공하여 그때그때의 직관에 알맞은 범주가 연결되어 마치 과자반죽 위에 모양이 찍히듯이 직관 위에 찍힐 수 있도록 도움을 준다.

구성설에서 세계 인식은 인식자 자신의 틀로 인식을 만드는 것이다. 그러므로 인식은 해석학에서의 이해와 유사하다. 해석학이 텍스트에 대한 이해라면 칸트의 구성설에서 인식은 세계 대상에 대한 이

---

37) 프리틀라인, 『서양철학사』, 강영계 역, 서광사, 285쪽.

38) 프리틀라인, 『서양철학사』, 강영계 역, 서광사, 286쪽.

39) 프리틀라인, 『서양철학사』, 강영계 역, 서광사, 296-297쪽.

해와 해석, 즉 세계 대상에 대한 정보를 만들어냄이다. 융의 원형은 호모사피에스에 보편적인 공통적인 세계 인식의, 즉 이해의 틀이 있다는 것이다. 칸트가 말하는 인식틀로서의 범주 역시 인간보편적인 세계 인식의 틀이다.

인상 + 공간·시간이라는 직관형식 = 경험적 직관

경험적 직관 + 오성의 개념(범주) = 판단 = 인식

우리가 만든 인식, 즉 자연법칙은 자연 속에 자립적으로 존재하는 것이 아니라 오성의 본질적인 법칙일 뿐이다. 자연은 인식 주관의 산물이다.[40] 자연 속에 정말 무엇이 들어 있는지는 알 수 없다. 즉 우리 앞에 보이고 나타나는 현상 너머에 존재하는 사물 자체, 즉 진상은 알 수 없다.

칸트는 세계가 이렇다 저렇다 단정 짓는 사변적 형이상학을 탈출하여 세계를 어디까지 인식할 수 있는가 비판적으로 검토하고자 했다. 그리고 인간의 인식의 한계를 밝히고 겸손하게 인정했다. '우리는 우리가 가진 인식도구의 능력으로 알 수 있는 것만 알 수 있고 알 수 없는 것은 알 수 없다.' 그러나 과연 칸트의 인식론이 조심스럽고 겸손한가 곰곰이 생각해보면 그것은 결코 눈에 보이지 않는 우리의 인식 구조와 인식 도구에 대한 과감한 이론이다. 그리고 알 수 없는 것이라

....

40) 프리틀라인, 『서양철학사』, 강영계 역, 서광사, 295쪽.

면 존재하는지 아닌지 말할 수 없음에도 불구하고 알 수 없는 물자체가 존재한다고 단정 지은 것은 결코 겸손하지 않은 것 같다.

앞 장에 등장한 쇼펜하우어는 칸트의 구성설에 강력히 영향 받은 철학자다. 그는 세상을 미워하고 헤겔 같은 철학자들은 미워했지만 칸트 그리고 플라톤은 추종했다. 쇼펜하우어 역시 구성설의 일종을 주장한다. 쇼펜하우어에 따르면 '세계는 나의 표상이다. 이것은 살아서 인식하고 있는 모든 존재에 해당되는 진리인 것이다… 이렇게 보면 인간이 태양을 알고 대지를 아는 것이 아니라 단지 태양을 보는 눈이 있고 대지를 느끼는 손이 있음에 불과하다는 것, 인간을 에워싸고 있는 세계는 표상으로서만 존재할' 뿐이라는 것, 다시 말해서 세계는 자기 자신과 전혀 다른 존재인 인간이라고 하는 표상자와 관계함으로써만 존재한다는 것이 명백하고 확실해진다.'

임마누엘 칸트(1724-1804)
인간이 어디까지 알 수 있는가를 비판적으로 검토한 철학가이다. "인식에는 인식재료인 감각과 인간 속의 인식형식이 필요하다. 이성의 인식형식은 선천적이며 모든 인간에게 동일하다. 인식은 인간주관이 가진 틀에 의해 결정된다. 인간은 눈앞에 나타나는 것만 인식할 수 있고 그 배후에 있는 진정한 세계는 알 수 없다."

내 인생이 왜 이렇게 흘러가는가? 그 원인을 분석해보면 제1원인으로 '나의 생각'에 도달한다. 동물을 좋아하고 불쌍히 여겨 수의사가 되기로 했던 생각, 남에게 피해를 주는 것은 잘못이라는 생각 때문에 일을 방해한 친구에게 따져야 한다는 생각… 또 우리나라의 빈부차이가 왜 이렇게 심하게 벌어졌는가? 그 원인을 분석해보면 과거로부터 지금까지의 개개인의 의식과 사회의식 그리고 정치인의 가치관과 정책결정 의도… 모두 모두 생각이 잘못이었던 것이다.

　세상일이 복잡한 것 같지만 그 원인은 한 가지다. 마음의 색깔 그리고 무엇인가를 하려는 의도가 나를 비롯한 세상 모든 것을 만든 것이다. 생각을 잘하면 부자가 되며, 생각을 잘하면 새로운 과학적 원리를 발견하며, 생각을 잘하면 마음이 평화롭다.

　다음의 시는 생각이 인생과 세계의 변화의 주원인임을 보여준다.

생각을 체포하라[41]

전등으로 세상의 모든 어둠을 밝힌 것은
에디슨의 손가락이 아니라
에디슨의 생각이다.

세상물을 흐리게 만든 진짜 범인은
부정부패를 저지르는 손발이 아니라
부정한 짓을 해도 괜찮다는 생각이다.

환경파괴의 진짜 범인은
오염물질을 마구 버리는 손발이 아니라
오염물질을 버려도 무방하다는 생각이다.

세상 모든 잘잘못의 진짜 주범은 생각이다.
그들이 아니라
그들의 생각에게 상을 주고
그들의 생각을 체포하라!

EBS방송에서 노벨 경제학상을 받은 무하마드 유누스의 강연을 들

---

41) 조정옥의 시, 생각을 체포하라

고 개인적인 문제뿐만 아니라 세상의 문제를 해결하는 데 생각이 얼마나 핵심적인가를 다시 한 번 깨닫게 되었다. 누구도 하지 않은 생각, 보통의 생각과 거꾸로 된 그의 생각이 방글라데시 빈민들을 살렸다. 유누스는 빈자를 우대하여 돈을 대출해주는 은행을 세웠다. 그에 따르면 가난은 개인의 잘못이 아니라 제도의 잘못이다. 유누스는 이렇게 말했다.

"지금의 제도를 밀어붙여서 인간을 쓰레기통에 집어넣을 것인가,
아니면 제도를 쓰레기통에 버리고 인간을 구제할 것인가."

제도를 바꿔야 하고 제도가 바뀌려면 사람들의 생각이 바뀌어야 한다. 20만 원의 월세를 내기에도 벅찬 사람이 수없이 많은데 2천만 원의 월세를 그것도 일 년치 선납금을 내고 사는 사람도 있다. 그들이 생각을 바꿔서 타인을 행복하게 만드는 일에 동참하는 날이 과연 올 수 있을까? … 생각을 바꾸는 것이 철학의 특기임을 잊지 말고 세상을 바꾸는 일에 철학이 나서야 한다.

제4장

절대주의냐,
상대주의냐?

'절대적'이라는 칸막이는
불만족과 갈등의 씨앗,
'상대적'이라는 유연한 이해는
다양성 존중의 길

삼각형의 합은 180도이다. 하지만 이것은 평면에만 해당된다.
지구 위의 세 지점을 연결한 삼각형의 각도를 잰다면
180도보다 훨씬 크다. 지구 표면이 곡면이기 때문이다.
머릿속으로 생각하는 것보다 세상은 훨씬 더 복잡하다.
우리는 함부로 단정 짓지 말아야 한다.

플라톤의 주장처럼 영원불변의 절대적인 진리가 존재하는가? 철학사에서 합리론자들은 플라톤의 뒤를 이어받아 절대적인 진리 객관적인 진리가 존재함을 믿었다. 데카르트도 이성을 잘만 사용한다면 그런 진리에 도달할 수 있다고 보았다. 이제 현대에 이르러서 절대적인 진리가 존재한다는 철학은 한물 갔다. '인간이 몸을 가진 한 객관적인 진리는 불가능하다. 몸은 하나의 렌즈이며 몸을 개입시키지 않고서는 인식이 불가능하기 때문이다.' 이런 식의 니체적인 진리관이 확대되고 있다. 그 대표적인 것이 소위 포스트모더니즘이다. 여기에 따르면 순간순간 개개인이 인식하는 모든 진리가 타당하다. 포스트 모더니즘에서 '포스트(post)'란 뒤를 말하는 것인데 사실 포스트보다는 안티(anti)라는 용어를 사용함이 더 적절할 것이다. 포스트모더니즘은 데카르트적인 근대의 합리주의 뒤에 나온 것이지만 합리주의를 뒤엎은 것이기 때문이다.

진리는 철학의 최고 관심사에 속한다. 그런데 아이러니하게도 진리가 무엇인지, 있는지 없는지, 인식할 수 있는지 없는지 철학이 탄생한 이래 지금까지도 불확실하다. 진리의 불확실성은 철학의 존재 이유이며, 그것의 탐구가 철학의 매력이기도 하다. 확실한 것은 단순하며 뻔히 보이기 때문에 추구할 만한 가치가 별로 없기 때문이다. 진리가 없다면 철학활동은 중지되어야 할 것이나, 철학은 여전히 존속하고 있으며 또 존속해야만 한다. 진리가 있는지 없는지 불확실하기는 하지만 그렇기 때문에 진리가 없다고 함부로 말할 수도 없다. 진리는 먼데 떠 있는 잡을 수 없는 별이다. 너도 나도 그것을 잡고 싶어 한다. 그러나 그것을 잡기도 전에 인간은 매일같이 시지프스처럼 굴러떨어진다. 그 굴러떨어진 흔적이 바로 철학책이다.

　진리가 닿을 수 없는 별임에도 불구하고 대다수의 철학자들이 자신의 생각이 절대 타당하다고 생각했다. 그 이전까지의 철학을 뒤엎으면서 그 모든 오류를 자신이 수정했다고 믿었다. 절대 확신은 진리에 대한 신중한 접근과 반대되므로 매우 비철학적인 자세이다. 절대 확신은 종교에서 자주 나타나는 현상이다. 인류 역사의 많은 전쟁이 종교의 절대 확신에서 비롯된다. 자신만이 옳기 때문에 그른 것을 믿는 무리들을 처단해야 된다고 본 것이다. 인류가 절대 확신에서 1퍼센트만 양보했다면 잔인한 전쟁은 훨씬 줄었을 것이다. 내 생각이 때에 따라 그를 수도 있다는 1퍼센트의 양보는 마치 비상탈출구와도 같다. 원칙과 법칙, 진리라고 믿는 어떤 것은 사실에서 동떨어진 경직된 잣대와도 같다. 그런 것들의 절대고수는 화재 시 탈출구가 없어 그 자리에서 모두 멸망하는 결과를 초래하기 쉽다. 상황에 따라 잣대를 유연하게 적용해야 한다. 그런 의미가 담긴 다음의 시를 읽어보자.

절대로!란 절대로 없어요[42]

　이 세상 모든 싸움 알고 보면

....

[42] 조정옥의 시, 절대로!란 절대로 없어요

절대로 라는 말 때문이죠.

그것은 절대로 이것 하나뿐이야…
절대로 하면 안 돼
절대로 안 하면 안 돼
있을 수 없는 일이야

그래서 둘이라 하는 사람을 미워하고
하는 사람 또는
안 하는 사람을 증오하지요.
있을 수 없는 일 때문에 땅을 치고 외치지요.

절대로 라는 것은 머릿속에 틀어박혀 나오지 못하는
창틀일 뿐
나를 억압하고
타인들을 억압하고
세상을 억압하는 폭군일 뿐
그리고 사라지지 않는 망령일 뿐…

이제는
인간의 역사를 그리고 개인의 삶을 초토화시킨
절대로 라는 말을

서서히 땅 아래로 내려놓고
그 무게를 줄일 때…

이제는
때때로 절대로 라고 말하지만
속으로 아닐 수도 있지 라고 속삭여보세요.
흐린 날이 맑아지고
쏟아지던 비도 멈출 거에요…

절대로란 절대로 없어요.
이 말도 조심해야죠.
다시 말을 바꿀게요.
절대로 라는 말이 아주 가끔 어쩔 수 없이 있을 때도 있죠.

우리가 살고 있는 세계에서는 모든 것이 상대적이다. 같은 사람이라도 누구 옆에 서는가에 따라서 크게도 작게도 보일 수 있다. 감각세계는 상대적인 세계이다. 우리의 감각은 사물을 객관적으로 관찰할 수 없다. 우리의 감각으로는 사물 그 자체를 있는 그대로 볼 수 없다. 실험실에서조차도 사물은 실험실의 빛과 색의 영향을 받지 않을 수 없다. 우리가 사는 세상에서 모든 사물은 항상 주변 사물의 영향으로 그 색과 형태와 크기와 맛과 향이 달리 지각된다. 시골마을에선 꽤나 커 보이던 집도 빌딩 옆에 세우면 아주 작아 보일 것이다. 달착지근해

보이던 빵도 꿀을 먹은 뒤 다시 맛보면 그렇게 달게 느껴지지 않을 것이다. 그러므로 우리는 자신이 보고 듣고 느끼는 것을 객관적인 상이라고 생각하지 말아야 한다. 우리 안의 감각기관의 상태와 조건에 따라 그리고 바깥 대상의 주변을 둘러싼 다른 대상들과 상황에 따라 같은 사물이라도 달리 지각되기 때문이다. 감각세계뿐만 아니라 세계의 어떤 영역이라도 상대적인 측면을 가지고 있으며 객관적·절대적인 진리를 획득하기 어렵다. 사물 그 자체는 알 수 없다는 경각심을 갖고 함부로 속단함이 없이 세계와 타인 그리고 나의 상황을 차근히 살펴볼 필요가 있다.

어찌 보면 모든 것이 상대적이기에 이 세상은 살 만하다. 예를 들어서 절대적인 하나의 잣대가 있다고 한다면 가장 부자 한 사람만 만족하고 그 밑의 모든 이들이 불만족하게 된다. 그러나 다행히도 상대성의 원리 때문에 100만 원 가진 사람도 1만 원밖에 가지지 못한 사람을 보고 안도하게 된다.

숫타니파타는 진리는 하나이며 그것을 모르기 때문에 저마다 상대적인 진리를 내세우며 싸우게 된다고 말했다.[43] 그러나 바로 진리가 하나라는 생각에 저마다 자신의 생각이 그런 유일한 진리라고 믿으면서 타인의 생각을 오류라고 배척하는 것이다. 전 인류가 알아야 할 단 하나의 진리가 무엇인지 이제껏 밝혀진 적이 없으며 앞으로도 그럴 것이다. 분쟁의 종식은 바로 각자가 다른 생각을 할 수 있는 권리와 필

---

43) 석성우·석지현 엮음, 『가슴을 적시는 부처님 말씀』, 민족사, 213쪽.

연성이 있다는 것을 인정하는 데서 가능할 것이다.

딜타이– 이해란 작가의 의도에 대한 객관적 이해다.
가다머– 이해란 작가와 독자의 만남이며 삶의 지평 간의 융합이다.

빌헬름 딜타이(1833–1911)

"자연과학은 자연현상의 원인과 결과를 설명하려고 하는 반면
에, 정신과학은 타인의 삶을 이해하고자 한다. 이해는 정신과
학의 방법이고 설명은 자연과학의 방법이다."

한스게오르크 가다머(1900–2002)

"카프카의 소설을 이해한다는 것은 내가 살고 있는 세계와 카
프카의 세계가 만나는 것이다. 이해는 서로 다른 지평끼리의
융합이다. 올바른 단 하나의 이해만 있는 것이 아니라 풍부하
고 다양한 이해가 있을 수 있다."

메를로 퐁티의
지각론

메를로 퐁티(1908-1961)
"현상학이란 무엇인가… 그것은 본질에 대한 연구이며 모든 문제는 현상학에 따르면 본질을 규정하는 일에 다름 아니다. 예컨대 지각의 본질, 의식의 본질 등. 그러나 현상학 그것은 또한 본질을 존재의 자리에 다시 놓아두는 철학이자, 인간과 세계에 대한 이해는 그들이 사실성에서 출발함으로써만 획득될 수 있다고 믿는 철학이다."[44]

모든 것은 상대적이다

앞 장에서 우리는 인식이 우리의 주관적 관점에 의해서 만들어진다는 것을 언급했고 개인마다 나름대로의 관점과 사고방식, 세계관과 가치관이라는 기계로 인식 즉 세계상을 만들어낸다는 점을 강조했다. 그런데 개인적인·개성적인 인식의 틀과 그에 따른 인식의 한계가

---

44) 메를로 퐁티, 『지각의 현상학』, 류의근 역, 문학과지성사, 3쪽.

있을 뿐만 아니라 인간 공통의 인식틀과 그에 따른 인식의 한계도 있다. 칸트가 말하는 구성설은 개인 차원이 주장이 아니라 인류 차원의 주장이었다. 이제 현대 프랑스의 지각현상학자 메를로 퐁티의 이론을 빌려서 인간인식 가운데 보고 듣고 만지는 인간 공통의 감각적 지각의 특성과 한계를 알아보자.

감각은 끊임없이 변화하는 헤라클레이토스적 흐름과 생성, 변화의 세계이다. 플라톤이 이러한 감각세계를 가변적이고 상대적인 것으로 경시했다면 반대로 니체는 참된 존재로 간주했다. 플라톤은 합리론자이고 철학의 아버지로서 감각은 인식의 방해물이며 오직 이성으로만 영원한 진리 이데아를 파악할 수 있다고 보았다. 또한 육체는 영혼의 감옥이고 감각은 영혼의 시야를 가로막는 창살이라고 보았으며 (동굴의 비유) 그와 더불어 기독교와 마찬가지로 몸을 죄악의 근원으로 보았다. 플라톤은 감각을 차라리 없으면 인식에 유리한 방해물로 여겼던 반면에, 그를 이은 합리주의자들은 이성적 판단을 위한 수단과 재료로 간주했다. 즉 보고 듣고 만지는 감각적 지각을 바탕으로 이성이 판단을 내릴 수 있다고 생각했다. 시간이 흘러 현대에 가까워질수록 감각의 위상은 높아지고 있다. 감각과 감정을 모두 감성 안에 넣고 생각해본다면 감성과 이성은 파스칼과 그 뒤를 이은 셸러에서 동등한 가치와 위상을 갖는다. 심지어 셸러에서 감성은 이성보다 더 근원적이고 우월한 인식이다. 이성은 단지 감성이 퍼올린 광석을 다듬는 하위 노동자에 불과하다.

니체에서도 역시 몸과 감성의 지위는 상승하며 몸은 곧 인간이기도 하다. 이성이 포착하는 불변의 이데아는 생명 없는 박제에 불과하며 생성만이 진실이다. 생성은 무죄다. 생성되는 세계는 바로 가변적인 감각적 지각의 세계이다. 또한 니체는 한 사물을 보는 무수한 관점 모두가 필연적이며 나름대로 타당하다는 관점주의(원근법주의 Perspektivismus)를 주장한다. 이는 객관주의에 대한 반대로서 포스트모더니즘의 시조이다. 니체는 자신이 주장한 자유정신(=거미가 거미줄을 찢듯이 자신의 출신과 태생에서 자유로운 정신)의 모범이라고도 할 수 있다. 니체는 목사 집안에서 태어났음에도 불구하고 신의 죽음을 선언했기 때문이다. 감각의 위상은 프랑스 철학자 메를로 퐁티에서 최

파스칼(1623-1662)
"신의 존재는 가슴, 직관으로 다가온다. 모든 과학의 증명 불가능한 전제, 공리 역시 직관되는 것이다. 인간의 가슴은 카오스가 아니라 나름대로의 논리에 따라 일어나고 움직인다."

니체(1844-1900)
"영원한 것이 아니라 생성 변화가 진정한 존재다. 눈앞의 생성이 신선한 피가 흐르는 생명체라면 플라톤의 영원불변하는 이데아는 죽은 미이라와 같다. 단 하나의 절대적인 진리가 있는 것이 아니라 모든 순간의 모든 관점이 나름대로 옳다."

고도로 치솟아 감각과 이성 그리고 몸과 정신이 바로 맞닿게 된다. 몸은 곧 정신이고 정신은 곧 몸이다. 이는 현대과학의 발견과도 합치된다. 현대과학에 따르면 몸의 변화가 생각의 변화를 초래할 뿐 아니라, 우리의 생각과 감정의 변화는 근육과 내장의 변화를 수반한다. '우리의 감정은 얼굴근육에 나타나지만 발생학적으로 보자면 모든 얼굴 근육은 장신경에 의해 활성화된다. 감정과 내장의 해부학적 연계성은 직접적이며 생각보다 훨씬 밀접하다. 우리가 좋거나 싫을 때 느끼는 감정, 행복감이나 비애감을 느낄 때 마음은 실제로 내장에 연결되고 내장은 다시 마음이나 근육과 통하게 된다.'[45]

메를로 퐁티의 인식론

프랑스의 현대철학자 메를로 퐁티에 따르면 인간은 이성적 사고를 하는 합리적 존재라기보다는 우선적으로 구체적인 세계와 삶 속에서 신체를 가지고 변화무쌍한 세계를 체험하는 존재이다. 똑같은 사과에서 아침에는 시큼한 맛을, 저녁에는 떫은맛을 느낄 수도 있는 신체를 가진 인간은 우선적으로 사고하는 존재라기보다는 감각적으로 지각하는 존재이다. 메를로 퐁티는 이전의 철학자들이 낮게 평가하고 특별한 관심을 기울이지 않았던 감각적 지각에 대해 집중적으로 사색했

---

45) 로버트 루트번슈타인, 미셸 루트번슈타인, 『생각의 탄생』, 박종성 역, 에코의 서재, 228-229쪽.

다. 메를로 퐁티가 중시하는 지각세계는 후설 현상학의 후기에서 나타난 생활세계와의 연장선상에 있고, 하이데거의 세계내존재와도 쉽게 연결된다.

메를로 퐁티에 따르면 지각세계는 우리 체험에 주어지는 세계이며, 겉보기에 무질서로 가득 차 있으나 나름대로의 질서와 법칙을 갖춘 세계이다. 사유가 자아 속에 있음이라면 지각은 세계 속에 있음이다. 우리가 눈으로 보는 것은 사물 그 자체이고 본다는 것은 사물 그 자체와의 직접적인 접촉이다. 아주 작은 나무도 그보다 훨씬 작은 잡초 옆에 서 있으면 커 보이듯이, 사물 그 자체를 접촉하는 지각세계는 언제나 착각의 가능성을 안고 있는 애매성의 세계이며 상대성의 세계이고 우연의 세계이다. 메를로 퐁티는 그의 저서 『지각의 현상학』에서 지각의 상대성과 우연성을 강조했다.

아래 a와 b 가운데 어떤 것이 더 길까?

a　＞———————〈
b　〈———————＞
a＞b？

a가 길다는 사람이 많을 것이다. 그러나 a와 b는 똑같다. 두 개의 길이가 달라 보이는 것은 옆에 붙어 있는 꺾쇠 때문이다. 똑같은 선분이라도 주변에 무엇이 있는가에 따라 더 커 보일 수도 있고 더 작아 보일수도 있다. 그렇다고 지각이 우리에게 착각만을 제공하는 오류의

원천인 것만은 아니다. 오류는 이성적 판단의 오류에서도 비롯되기 때문이다. 지각도 나름의 필연성을 갖는다. 컵 속의 막대기가 굽어 보이는 것도 여러 가지 광학적 법칙의 지배에 의해 일어난 현상이다. 지금까지의 철학사에서 특히 플라톤류의 이성주의에서 감각지각은 인식의 방해물 또는 불완전한 인식으로 취급되어 왔다. 메를로 퐁티는 지각에 대한 그런 관념을 옳지 않다고 본다. 이성적 판단만이 판단인 것이 아니라 감각도 미완성이기는 하지만 판단의 일종이다.

메를로 퐁티가 영향을 받은 현상학의 창시자 후설은 그의 후기 철학, 즉 생활세계의 현상학에서 과학에 의해 무시되어 온 일상세계가 사실은 과학적 진리의 근원이라는 점을 밝혔다. 지구가 평평한 것처럼 보이는 일상세계의 경험이 토대가 되어 실제로 지구는 둥글다는 사실도 발견하게 된 것이다. 메를로 퐁티는 후설의 후기 철학 속에 있던 생활세계에 관심을 가지고 생활세계의 지각을 탐구하게 된다. 야누스적인 후설의 현상학의 두 얼굴인 본질과 감각 가운데 메를로 퐁티는 한쪽 얼굴인 감각만을 중심 주제로 다루었다. 메를로 퐁티의 사상은 애매모호성의 철학이라고도 불린다.

메를로 퐁티에 따르면 심신의 관계를 한마디로 유심론이라거나 또는 유물론이라고 말할 수 없다. 때로는 마음이 몸을 지배하는 것처럼 보이고 때로는 몸이 마음을 지배하는 것처럼 보이기도 한다. 몸과 마음은 때로는 하나이며 때로는 둘이다.

메를로 퐁티가 말하는 지각의 특징

이 세상에서 조명이나 태양빛, 바람과 기온 등 어떤 환경적인 영향도 받지 않은 채로 사과의 색을 볼 수 있을까? 그것은 불가능하다. 이 세상에 순수감각은 없다. 모든 감각은 다른 것들의 와중에 있는 어떤 것이다. 메를로 퐁티에 따르면 ① 모든 감각은 지평의 장 속에 있는 다른 것들과의 관계에서 이루어진다. 즉 주객은 분리 불가능한 혼합을 이루고 있다. 지각은 대상에 대한 규정이기는 하지만 완벽하고 엄밀한 과학적인 규정과는 반대로 대강이며 애매한 사이비 규정이고 허점이나 불충실한 공백을 가진다. 지각은 대상 전체를 파악하는 것이 아니라 가려진 부분, 즉 감춰진 면이 있다. 지각의 종합은 완결된 종합이 아닌 임시적 종합이다.

② 지각하는 자는 이미 그의 몸 내부에, 의식 내부에 이미 탄생 이후에 느껴온 지각의 역사가 새겨져 있다. 겹겹의 역사적 층을 이룬 몸이 사과의 신맛을 보고 빨간색을 보는 것이다.

③ 지각은 익명적이다. 즉 지각은 내가 지각한 것이 아니고 내 속의 누군가 지각하는 멍청한 상태이다.

④ 우리는 지각된 것을 믿으며 산다. 나는 내 앞의 참새가 환상이나 꿈이 아니라 실재한다고 믿는다. 이것을 지각의 근원적 신앙(Urdoxa)이라 부른다.

⑤ 그 밖의 감각의 특징으로 감각 상호간의 교류(협동작업)가 있다.[46] 냄새 맡으면서 맛보고 색을 보면서 맛보며 만진다. 이런 감각상호성 공작업의 예는 철학자 하르트만의 지각이론에서도 찾아볼 수 있

다. 하르트만은 이것을 시각에서 촉각으로 후각에서 미각으로 넘어간다는 의미에서 지각의 초월성이라 불렀다.

감각적 지각도 판단이다

피아니스트가 눈을 감은 채로 피아노를 칠 수 있는 것은 악보가 몸 안에 기억되어 있기 때문이다. 정신적인 내용인 악보가 몸 안에 들어 있고 손가락 안에 기억되어 있어 연주할 때 그 신체적 기억이 음악이 되어 풀려 나오는 것이다. 이것은 정신과 몸의 일체성의 증거이다. 정신뿐만 아니라 몸도 판단의 주체인 것이다. "피아니스트들은 근육이 음표와 소나타를 기억한다고 말한다. 그들은 손가락에 이 기억들을 저장한다. … 우리가 사고하고 창조하기 위해 근육의 움직임과 긴장, 촉감 등을 떠올릴 때 비로소 몸의 상상력이 작동한다. 이때가 사고하는 것은 느끼는 것이고 느끼는 것은 사고하는 것이라는 결론을 자각하는 순간이다."[47]

전통철학의 지각개념에 따르면 감성이 받아들인 무질서하고 무의미한 재료를 오성이나 이성의 능력으로 제대로 읽거나 질서화하는 것이 곧 판단이라 생각했다. 지각은 단지 추후의 판단을 위하여 막연

46) 김형효, 『메를로-뽕띠와 애매성의 철학』, 철학과현실사, 75-81쪽.
47) 로버트 루트번슈타인, 미셸 루트번슈타인, 『생각의 탄생』, 박종성 역, 에코의 서재, 215쪽.

한 자료를 야생 그대로 공급해주는 것이다. 전통철학에 따르면 착각은 지각의 탓이며 잘못된 덜 세련된 지각에 기인한다. 이에 대해 메를로 퐁티는 지각뿐만 아니라 판단도 오류를 범할 가능성을 언제나 안고 있다고 주장한다. 판단은 근본적으로 지각의 영역을 벗어날 수 없기 때문이다. 메를로 퐁티에 따르면 지각 자체가 오류의 원천이 아니며 이성적 판단의 오류가 전적으로 지각에서 기인하는 것도 아니다. 이성적 판단의 오류는 부족하거나 불충분한 지각의 결과에서 나온 것일 뿐이다. 그리고 지각은 단순히 판단의 재료에 불과한 것이 아니라 일종의 판단에 속한다. 지각은 이성적 판단과는 달리 그 판단의 이유를 모르는 판단이다. 이성적 판단이 반성의 영역에 해당하는 의식화의 작품인 반면에 지각은 반성이 안 된 영역에 속하는 판단이다. 지각의 종합은 완결된 것일 수 없기에 가정적 종합이다. 지각은 불분명하고 구멍 난 치즈덩이 같은 빈곳을 지니는 애매한 무규정적 의미를 가진다. 객관적이지는 않지만 지각은 여전히 하나의 종합에 속한다.[48]

지각 속의 가정적 종합 ⟷ 지성의 객관적 종합

암시적 사유 ⟷ 명시적 사유

구멍난 전체성 ⟷ 완성된 전체성

메를로 퐁티는 후설과 마찬가지로 과학은 지각의 잠재적·후천적

---

48) 김형효, 『메를로-뽕띠와 애매성의 철학』, 철학과현실사, 88-97쪽.

지식에서 나온 것이며 그것을 방법론적으로 보완한 것이라고 본다. 과학의 진리가 이성의 진리라면 지각은 사실의 진리이다. 과학은 세계경험(지각)의 이차적 표현이며 개인의 실존적 상황과는 무관한 관념의 집합이다. 즉 과학은 개인적 자아의 몸, 시공 교감에는 아무런 관심도 가지지 않는다.[49]

　감각적 지각을 다루는 장이므로 여기서 한 가지 더 생각해볼 것은 과학도 고차적일수록 창조적이므로 수와 기호만을 통한 계산보다는 오관의 감각과 느낌이 동원된다면 큰 도움이 될 것이라는 점이다. 즉 이성적 판단뿐만 아니라 지각을 자극하는 체험을 통해서 보다 깊은 세계의 진리를 발굴할 수 있을 것이다. "누군가가 실재를 이해하기 위해 방정식을 사용한다면 또 누군가는 그림을 이용한다. 만일 이 그림이 시각과 청각은 물론 후각과 미각 몸의 감각까지 동원해서 이루어지는 것이라면 이런 다감각적 이미지야말로 제대로 활용할 경우 추상에 머무르고 있는 현재의 교수법에 훌륭한 보완재가 될 것이다."[50]

49) 김형효,『메를로-뽕띠와 애매성의 철학』, 철학과현실사, 100-104쪽.

50) 로버트 루트번슈타인, 미셸 루트번슈타인,『생각의 탄생』, 에코의 서재, 박종성 역

메를로 퐁티의 지각론을 타인지각에 응용하여 생각해보자. 타인을 판단할 때 우리는 정확한 객관적인 인식을 하는 것이 아니라 자신의 관심과 관점에 따라 보고 싶은 사실만 골라서 보며 많은 오해를 하게 된다. 얼핏 본 인상과 잠정적인 판단을 진실인 듯 굳게 믿고 타인을 대하며 행동한다. 우리가 사진 찍듯이 모든 것을 다 본다면 우리의 눈과 머리는 몹시 피곤해질 것이며, 어느 정도 자기 나름의 여과과정이 필수적이기는 하다. 그러나 자신의 인식을 전적으로 믿어서는 안 된다. 다음의 시를 보며 이런 사실을 생각해보자.

당신은　　　　　　　　　제목이　　내 이름 석자로 된 책을
한　　　권　　　　　가지고　　　　　　　　　　　있다.
거기에서　　　나는　　　　　주인공이고
당신은　　　　　　　　　　　　　　　　　　저자다.
......

당신은 종종 내 안에 쓰여진 글씨를 옮겨 적는다.

예를 들면 '나쁜…'이라고

하지만 당신은

'나'와 '쁜' 사이에 많은 글자들을 지나쳤다.

원래는 이랬다.

'나는   당신을   예쁜   사람이라고   생각한다.'

납 ……… (나는 당신을)

좋 …… (예쁜 사람이라고)

행 ……… (생각한다)

당신의 눈은 그것을

뻠 ……… (나쁜)으로 읽었던 것이다.

……

우리는 살아있는 책들을 생생히 마주하면서도

읽고 싶은 페이지만을

골라서 읽는다.

그리고 자기도 모르는 사이에

글자들을 마구 쪼아 먹고

갉아내고

뒤집고

떼어낸다.

…..

……… 내 얼굴이 네모라고? 아니 네 안경이 네모지. 착각하지마! 세상을 보는 당신의 눈에 만화영화 '톰과 제리'에 자주 나오는 치즈처럼 구멍이 숭숭 뚫려 있다. 당신의 안경을 바꿔야만 나를 제대로 볼 수 있겠지만 그 안경이 글쎄 홍체처럼 붙어있는 것이라서…[51]

"죽은 애완동물 때문에 슬픔에 빠진 … 판사는 동물학대 혐의로 고소된 피고인에게 지나치게 무거운 판결을 내린다. 치유할 수 없는 증상을 보이는 자폐아들에게 시달린 정신과 의사는 이미 좌절하고 지칠 대로 지친 그들 어머니들의 양육방식이 비난받아야 마땅하다고 생각한다. … 우리가 타인의 행동을 해석하는 데 이용하는 고정관념이 끊임없이 작동하여 단순화·왜곡·평가절하 조작이 이루어진다. 불의에 분개하여 속을 끓이는 아내는 왜 그리 화를 내느냐는 핀잔을 듣는다 … 주머니의 지갑을 더듬거리던 흑인은 경찰의 총에 맞아 죽는다."[52]

오직 타인에 대한 진정한 사랑만이 타인의 인격 깊은 곳까지 닿게 되는 길이다. 타인에 대한 오해와 증오는 타인을 사랑하지 않는 증거이며 타인을 사랑하지 않음으로써 더욱 치솟게 된다. 누구나 타인이 자기를 이렇게도 볼 수 있고 저렇게도 볼 수 있지만 사랑을 가지고 보아주기를 바랄 것이다. 타인에 대한 피상적 이해나 편견으로 누군가

51) 조정옥의 시, 나는 책이다
52) 코델리아 파인, 『뇌 마음대로』, 송정은 역, 254쪽.

를 바라보는 것은 보는 자나 보여지는 자 모두에게 더욱 큰 증오를 불러일으킬 수 있다. 타인의 지각은 타인의 본질지각의 단계로 올리기야 할 것이다. 메를로 퐁티는 후설철학의 반쪽 면인 감각지각만을 탐구했다. 그가 좀 더 오래 살았더라면 역시 달의 뒷면인 본질지각으로 나아가지 않았을까? 여기서 나는 왠지 본질이라는 전통철학의 유물에 그리고 절대주의에, 객관주의에 본능적으로 자석처럼 끌려가는 느낌이다.

제 5 장

필연인가,
운명인가?

세상은 아주 정교한
자연의 섭리 아래 존재한다

호주대학 연구소의 어느 조사결과에 의하면 젊은 사람보다는
55세 이상의 나이 든 사람, 남성보다는 여성, 미혼보다는 기혼자들이
더 행복한 삶을 누리고 있다고 한다.[53]
아마도 나이 든 사람들은 살면서 이런저런 불행들을 많이 보았기 때문에
지나친 기대를 버렸을 것이다.
여성은 남성에 비해 보다 유연성 있고 적응력이 더 나은 편이다.
기혼자들은 누군가 생을 함께하면서 지지고 볶으며
세상에서 벌어지는 다른 수많은 걱정들을 망각했을 것이다.

53) 이경기, 『앗! 세상에 이런 일이』, 에버그린문고, 35쪽.

운명론의 함정

아무리 노력해도 가난하다. 시험에 떨어졌다. 휴대폰을 잃어버렸다… 내 인생이 왜 이렇게 흘러가는가? 이 모든 세상일이 왜 일어나는가? 자연법칙을 아무리 많이 대입해 봐도 말끔히 풀리지는 않는다. 그럴 때에 사람들은 혹시 미리 정해진 자신의 운명 같은 것이 있지 않은지 의심하게 된다. 자신의 운명을 개척하고 변화시킬 수 있음을 알면서도 사람들은 그 변화의 한계가 있으며 운명의 테두리에서 벗어날 수 없다고 포기하곤 한다. 운명론에 빠짐으로써 인간은 더욱 무력하고 불행하며 나태해질 수 있다.

인도의 힌두교도들은 전생(빠람빠라)에 따라 현재의 운명이 정해진다고 믿는다. 해바라기가 장미가 될 수 없듯이 운명은 벗어날 수 없다는 것이다. 운명론을 믿는 사람들의 생각은 대개 다음과 같다.

"인생이 자기 뜻대로 풀리지 않는 것은 운이나 재수 그리고 생년월일과 사주팔자 탓이다. 우리가 지배할 수 없는 영적인 힘이 작용하여 일을 좋게 혹은 나쁘게 만들어 놓는다. 사주팔자도 하나의 운명으로 별자리나 혈액형 등과 같이 자신의 힘으로 절대로 바꿀 수 없는 것이다. 내가 어떤 선택을 하고 어떤 행동을 하든지 간에 어떤 알 수 없는 힘이 뒤에서 작용한다. 태어날 때부터 미리 짜놓은 내 인생의 시나리오가 있으므로 내가 어떻게 하든지 간에 똑같은 미궁에서 헤맬 수밖에 없다."

사실 자연과학도 백 퍼센트 검증된 것은 아니다. 우리의 생각 가운데에는 검증된 확실한 진리보다도 믿음과 추측과 가설이 더 많은 것이 사실이다. 그러나 우리 인생을 혼란스럽게 만들며 더욱 암담하게 만드는 운명론은 조심해서 다루어야 한다. 정해진 운명을 믿는다면 우리는 자신의 상태를 개선하기 위해서 노력하고 싶지 않을 것이다. 아무리 노력해도 운 때문에 개선이 불가능하다면 더욱 우울하고 억울하게 될 것이다. 불만족 속에서 헤매며 허약해진 사람들은 운명철학관으로 발길을 돌리곤 한다. 답답한 상황에서 털어놓고 대화하고 미래를 다시 생각하기 위한 가벼운 심리치료 용도라면 점을 보는 일이 큰 문제가 되지 않는다. 우주와 인생은 겉껍질 까는 과학으로 다 풀리지 않는 근본적으로 신비스러운 것이며, 히틀러의 출현까지 예언한 노스트라다무스 같이 미래를 내다보는 초능력자가 아주 없는 것은 아니지만, 곳곳에 난립하는 무수한 가짜 예언자들을 너무 과신하지는 말아야 한다. 자기 스스로 자기 인생의 각본을 짜는 것이 아니라 남에게 주워들은 운명이라는 각본대로 행위하는 배우가 되고 말 위험이 있다.

우리는 생각을 바꿀 필요가 있다.

세상 모든 사건은 별안간 하늘에서 떨어져서 생기지는 않는다. 인간의 말과 행위와 감정, 사고도 그렇다. 어떤 일이든지 그럴 수밖에 없는 상황과 배경을 안고 있다. 우리는 자기 관점에 따라서 타인의 행위를 해석하지만 우리의 해석은 대개 틀리거나 오해일 수도 있다. 타인의 행위의 이유를 함부로 추정하지 말아야 한다. 사물과 인간의 상황을 차분히 이해한다면 불쾌감과 분노가 감소하고 사라지게 마련이다.

세상 모든 일은 모두 다 해명할 수는 없지만 나름대로의 어떤 필연성에 의해서 또는 필연적인 법칙에 따라서 일어난다. 어떤 필연성과 필연적 법칙이 그때그때 작용했는지 남김없이 설명할 수는 없지만 세계가 촘촘한 법칙의 그물망 속에 갇혀 있다는 것만은 확실하다. 물방울 하나가 떨어지는 데도 중력의 법칙을 비롯한 여러 가지 법칙들이 작용한다. 물론 수학적으로 계산할 수 있고 결과를 예측 가능하게 해주는 그런 법칙만을 말하는 것이 아니다. 여기에는 양자역학처럼 불규칙한 법칙도 포함한다. 앞장에서 말한 지각의 애매성과 상대성 역시 어떤 필연성에 따라서 일어난다. 별이 보였다가 안 보였다가 하는 것에도 나름의 이유가 있으며 어둠이 있어야 비로소 별도 빛나는 것이다. 철학자 라이프니츠는 법칙에 대한 예외를 기적이라고 부른다. 기적이란 '예상되는 법칙 이외의 사건으로 신이 자연과정을 채우는 것, 틈을 메우는 것'이다. 세상은 아주 정교한 필연성의 씨실과 날실로 짜여 있으므로 기적은 아주 드문 현상일 수밖에 없다. 불규칙한 양자의 움직임으로 인한 사건이라도 그 안에는 나름대로의 필연성이 숨어 있다. 원인과 결과가 일 대 일로 확정된 필연성만이 필연성인 것은 아니다. 불확정적인 원인도 일종의 필연성인 것이다.

나의 세포 하나하나가 필연성, 자연법칙, 인과의 연쇄를 따른다. 원인 1 ⟶ 결과 1 ⟶ 원인 2 ⟶ 결과 2 … 그런 세포들이 움직이면서 내 몸 전체가 또 다른 원인과 결과의 연쇄를 따른다. 내 주위 사람들도 그렇고 이 세상 모든 사람이 그렇고 사람들 위에 있는 별들과 태양, 우주 전체가 그렇다. 그런 속에서 사람들과 마주치고 부딪히고 좋은 기분과 나쁜 기분 사이를 오고 긴다. 사건이 일이난 시간을 거슬러 올라가서 과거에서부터 지금까지 흘러온 과정을 생각해보면 타인의 기분 나쁜 행동도 이해가 갈 것이다. 내가 이해되고 다른 사람도 이해할 수 있고 세상을 이해할 수 있다.[54] 누군가 내게 퍼부은 비난은 그가 나를 특별히 미워해서가 아니라 그의 성장배경과 환경 그리고 그가 겪어온 경험 때문이며 따라서 당연하고 필연적이다. 그는 나 같은 사람을 또다시 본다면 똑같은 비난을 할 것이다.

길에서 넘어졌다. 이것은 신체의 생물학적 상태, 걸음걸이, 길 위의 틈, 날씨… 이 모든 것이 함께 작용한 필연적인 결과이다. 어쩔 수 없었던 것이다. 그것을 인정해야 한다. 나는 잘못이 없는데 단지 운이 내가 넘어지도록 다리를 자극한 것은 아니다. 거기에 나를 방해하는 마귀는 없다. 정해진 운명도 없다. 나는 넘어지지 않을 수도 있었다. 자주 넘어질 만한 상황이라도 넘어지지 않도록 자신을 스스로 훈련시킬 수도 있다. 우리는 운명을 바꿀 수도 있다. 영화 〈넥스트〉를 보면 주인공이 자신의 미래를 미리 예감함으로써 (사람들이 피해갈 수 없는 운명이라고 믿는 것) 미래를 바꾸며 산다. 그렇게 미래를 예언하는 것은 불가능하지만 자신에 대해, 인간의 영혼과 심리에 대해 더 잘 알고 질병의 법칙, 경제법칙, 자연법칙을 더 많이 알수록 불행을 미리 피해

---

54) '세상과 우리 자신의 불안정한 본성을 받아들이는' 케이턴의 불교치료방식은 필연성을 인정하는 스피노자나 운명에 대한 사랑을 말하는 니체와 상통한다. 카루나 케이턴, 『마음은 어떻게 오작동하는가』, 박은영 역, 북돋움, 32쪽.

112

갈 수 있다.

온 세상이 필연으로 가득 차 있다고 해서 선택의 여지, 자유의 여지가 없는 것은 아니다. 필연에는 단 한 가지 길만 있는 것이 아니다. 무수한 필연이 동시에 가능하다. 그 가운데 한 가지를 선택하고 거기에 따라서 필연의 연쇄가 새롭게 진행되는 것이다. 어떤 약초로 만든 영양제가 피부를 젊게 만든다. 내가 그 약을 선택하여 먹는다면 그 약이 만드는 필연의 연쇄사슬은 스스로 선택한 것이다. 그래서 약을 먹지 않았을 때와는 전혀 다른 인과, 연쇄, 필연성의 세계가 전개되기 시작한다.

> **다른 생각**
>
> **스피노자** – 인간은 이성적 존재다. 이성적으로 살라!
> **사르트르** – 인간의 본질은 정해지지 않았다. 스스로 자기를 선택하라!

인간은 여러 필연성의 고리 가운데
하나를 선택한다

　필연성과 연관되는 개념에는 가능성과 현실성이 있다. 가능한 것들 가운데 하나가 필연성을 만나 현실화된다. 땅이 메마르지 않아 싹이 틀 수 있는 가능성이 있었고 씨앗 하나가 날아와 생명의 법칙에 따라서 싹이 튼다. 어떤 길을 가든지 간에 그 길에 놓여 있고 기다리고 있는 필연성의 통로를 거쳐야 한다. '중력의 법칙이 못마땅하다고 해서 공중에 떠다니거나 날 수는 없다.'[55] 모든 것이 필연적이라고 해서 인간의 자유공간이 없는 것은 아니다. 인간은 스스로 선택할 수 있다. 인간은 여러 필연성의 고리 가운데 하나를 선택한다.

　우리는 필연성의 통로에 갇혀서만 사는 것이 아니라 필연성을 이용하면서 살아간다. 낙하의 법칙을 이용하여 전기를 만든다든지, 열에너지의 법칙에 따라 물을 끓인다든지(니콜라이 하르트만의 사상).

---

55) 카루나 케이턴, 『마음은 어떻게 오작동하는가』, 박은영 역, 북돋움, 24쪽.

모든 것이 자연이다 – 니체, 스피노자 그리고 동양의 도가사상

니체에 따르면 모든 것이 자연이며 인간도 자연이다. 물이 위에서 아래로 흐르는 것이 당연하며 그것을 비난하거나 칭찬함은 무의미하다. 인간의 행동도 마찬가지다. 인간도 나름대로의 필연적 법칙에 따라서 행동하는 것이다. 선/악도 마음에 든다/안 든다는 식의 주관적인 평가에 불과하다. 도둑질도 어떤 필연성에 따라 행해진다. 그런 절도행위가 벌어졌을 때 어떤 상황이 있으리라고 이해하고 일처리를 해야 한다. 스피노자 역시 모든 것이 자연이라고 본다. 자연뿐만이 아니라 인간도 필연적인 법칙에 따라서 움직인다. 심지어 신까지도 자유자재가 아니라 반드시 필연적인 법칙을 따른다. 자연에는 우연이 없으며 모든 것은 신의 본성인 필연성에 의해 결정된다. 니체와 스피노자의 견해를 종합하면 타인의 불쾌한 행위는 나름의 필연적 법칙에 기인한 것이다. 그가 나를 특별히 겨냥하여 해를 준 것이 아니라 나와

스피노자(1632-1677)
"의지작용은 다른 원인으로부터 규정되지 않으면 존재할 수도 작용으로 결정될 수도 없으며, 이 원인 또한 다른 원인으로부터 결정되고 이렇게 무한히 진행된다. 그러므로 의지는 자유로운 원인이라고 할 수 없고 단지 필연적이거나 강요된 원인이라고 할 수 있다."[56]

---

56) B. 스피노자, 『에티카』, 강영계 역, 서광사, 49-50쪽.

의 만남 속에서 자기 안의 어떤 필연적 법칙이 작동한 것이다. 불쾌하지만 그 이전에 그를 불쌍히 여겨야 할 것이다. 도가의 노자, 장지 역시 필연적 법칙으로서 만물 속에 도가 들어 있다고 했다. 심지어 쇠똥에도 도가 들어 있다. 마음에 들지 않는 사람 속에도 도가 들어 있을 것이다. 그는 만물의 일부분이다. 도를 바라보는 마음으로 그를 바라보자! 도가는 자연으로 돌아갈 것, 무위 즉 자연처럼 행위할 것, 마치 아무것도 하지 않는 듯이 행할 것을 권유한다. 불쾌감으로 섣불리 대처하지 말고 순리를 따라야 할 것이다.

이 가운데 스피노자를 자세히 살펴보면 우주 전체가 자연법칙에 따라 움직이며, 창조자이며 인격을 가진 신 역시 필연성에 따라서 즉 자연법칙에 따라서 행위한다. 신은 스스로 자기 자신을 만들어낸 (자기원인적) 실체이며 우주에 존재하는 단 하나의 실체이다. 굴러떨어지는 돌이 자유롭게 움직인다고 생각하는 것이 착각이듯이 인간의 자유는 착각일 뿐이며 신만이 자유이다. 즉 신은 '자유인 동시에 필연'이다. 우주 안의 모든 것은 신에 속해 있는 일부분이다. 신은 우주이며 자연이다. 신은 자연이며 자연은 신이다.[57] 여기서 신이 물질을 연상시키므로 많은 파문을 일으켰다. 인간의 모든 행위 역시 자연적이며 필연적인 것이며 본래적으로 선악은 없다. 단지 인간사회에서 인간에게 이로운 것은 선이라 불리며 해로운 것은 악이라 불릴 뿐이다. 스피노자에 따르면 세상 만물에 대해 알면 알수록 평화로우며 행복해진다.

---

57) 나이절 워버턴, 『철학자와 철학하다』, 이신철 역, 에코리브르, 95쪽.

"인간의 비참함은 항상 지식의 결여로 인한 것이고 정신의 평화와 행복은 항상 참된 지식에 비례한다."[58] 스피노자에 따르면 인간의 본질이 이성이므로 이성 안에 머무는 것이 행복이다. 감정은 자기를 벗어나 자기 아닌 상태 속에서 헤매는 것이며 사물에 대한 혼란한 인식 속에 있는 것이므로 빨리 벗어나 이성으로 복귀해야 한다.

스피노자의 신은 완전히 비인격적이며 인간 세상과 인간들의 행위에 대해서 완전히 무관심하다.[59] 스피노자는 유대교의 신개념과 전혀 다른 신개념 때문에 불행했다. 파문을 당하고도 여러 번 암살의 표적이 되었다. 우주와 일체인 그의 신은 그에게 도움의 손길을 주지 못했다. 그의 철학책은 모든 구절에 성경처럼 번호가 매겨져 있고 마치 기하학처럼 구절마다 '증명 끝(Q.E.D)'이라는 말로 끝맺어 이 세상 어느 철학책보다도 강렬한 인상을 준다.

기계론과 목적론

세상이 원인과 결과의 연쇄로 되어 있다는 것이 기계론이다. 할머니는 어머니를 낳고 어머니는 나를 낳았다. 원인 1이 결과 1을 낳고 결과 1은 원인 2가 된다. 원인 2는 결과 2를 낳는다. 온 세상이 그저 자기 안에 내재된 프로그램, 즉 본성에 따라 자동적으로 움직일 뿐이

---

58) 다이아네 콜린슨, 『50인의 철학자』, 박은미·유현상 역, 시공사, 154쪽.
59) 나이절 워버턴, 『철학자와 철학하다』, 이신철 역, 에코리브르, 98쪽.

다. 허파는 자기도 모르게 자기 속에 내재된 자연법칙에 따라서 숨을 쉬고 심장은 펌프질히여 피를 순환시킨다. 기계론은 이 세상이 정해진 목표도 없이 정처 없이 표류한다고 본다. 목적론도 똑같은 인과의 연쇄를 인정한다. 그러나 목적론이 기계론과 다른 점은 인과의 연쇄가 시작되기 전부터, 즉 빅뱅으로 지구가 탄생하고 인간이 생기기 전부터 이 세상이 존재하고 움직이는 목적이 (하나님에 의해) 미리 정해져 있었다고 본다는 것이다. 인과연쇄를 거쳐 세상은 그 목적을 향해서 항해한다.

기계론:

원인 1 ⟶ 결과 1 ⟶ 원인 2 ⟶ 결과 2 ⟶ ⋯

목적론:

원인 1 ⟶ 결과 1 ⟶ 원인 2 ⟶ 결과 2 ⟶ ⋯ ⟶ 미리 예정된 목적에 도달

목적론은 신비주의와 잘 어울린다. 목적론이 전체 우주적 차원의 결정론이라면 운명론은 신비주의의 잔재로 개개인 차원의 결정론이다. 근대의 과학혁명 이후 목적론은 사그라졌다. 완전한 목적론적 세계관 속에서, 즉 신화 속에서 사는 것도 비현실적이지만 모든 것이 과학으로 풀릴 수 있다고 보고 완전한 기계론자가 되어 신비주의를 완전히 버리는 것도 인간의 오만일 것이다. 그러나 자신의 인생길이 미

리 예정되어 있고 예언 가능하다는 운명론은 부주의하고 해로운 믿음이 되기 쉽다. 운명론을 믿지 말고 차라리 자신의 성격이 고치기 힘들고 따라서 인생에서 동일한 사건이 자꾸 반복되며 미래에도 반복될 것임을 믿어라! 그리고 에너지 소비가 이대로 지속된다면 미래 어느날 지구는 황폐한 별이 될 것임을 믿어라!

내셔널 지오그래픽 채널에서 얻은 우주에 관한 귀한 숫자들

250: 베트남 호치민 시 지하터널의 길이는 250킬로미터(파리에서 노르 망디까지의 거리)

440: 세계에서 가장 말이 빠른 사람이 1분에 말하는 영어단어 수

850: 캐나다의 기차 블루스 트레일의 길이는 850킬로미터

140: '맨토레이'라는 물고기가 하루에 먹는 플랑크톤 양은 140킬로그램

10,000: 흙 위에 그린 나스카의 고대 그림의 수

1,000: 일꾼 개미 턱은 1초당 1천 번 진동한다.

20: 가위 개미는 자기 몸무게의 스무 배의 물체를 운반한다.

1,500: 남아프리카 폰도랜드(32평방미터)에는 희귀종 1500종이 산다.

22,000: 카파도키아의 데린쿠유 지구빙하기 도피처에는 지하 85층의 굴이 있고 2만2천 명을 수용할 수 있다.

이 모든 것이 어떤 필연성 때문에 벌어진다. 필연성을 긍정하고 필 연성을 날개 삼아 날아갈 것!

제 6 장

주관주의냐,
객관주의냐?

자기 자신을 펼치라!

빅토르 위고는 '레미제라블'을 출간한 뒤 출판사에 편지를 보냈다.
편지에는 물음표 한 개만 적혀 있었는데 출판사의 편집자는
느낌표 한 개로 답장했다고 한다.
그 의미는 책이 잘 팔리느냐? 잘 팔린다.[60]

– 자신의 주관을 아주 간단명료하게 표현한 예이다.

60) 이경기, 『앗! 세상에 이런 일이』, 에버그린문고, 92쪽.

각자의 주관적 해석은 매력적인 것이다

눈 덮인 들판을 바라보던 사람이 들판을 노랗다고 한다면 우리는 그가 분명히 노란색 안경을 끼고 있다고 판단할 수 있다. 그러나 내면의 안경은 늘 작용하지만 있는지조차도 잘 모르고 지나친다. 우리가 무엇을 보고 듣고 느끼든지 간에 우리는 항상 우리 안의 어떤 렌즈를 통해 보고 듣고 느끼는 것이다. 우리 안에 존재하며 때로 변할 수도 있는 렌즈를 주관적 관점 또는 주관이라고 부를 수 있다.

과연 내가 나의 관점과 입장과 상황을 떠나서 다른 사람의 처지에서 볼 수 있을까? 다른 사람의 상황 속에 서본다고 하면서도 실은 내가 생각하고 해석하는 상황을 가정하고 있는 것은 아닌가? 각자의 몸은 세상을 보는 하나의 렌즈이다. 눈 없이는 볼 수 없듯이 우리는 몸이라는 렌즈 없이는 세상을 볼 수 없다. 내 몸을 통해서 그리고 내 몸에 달려 있는 마음을 통해서 세상을 바라보는 한 내가 보는 세계상에는 나만의 렌즈, 나만의 마음이 개입될 수밖에 없다.

객관적 인식의 이상으로 간주되는 과학에서조차 주관이 개입될 수밖에 없다. 시대에 따라 천동설에서 지동설로 지동설에서 상대성이론으로 과학도 바뀌어가는 것이 그 증거이다. 시대마다 과학자마다 우주와 자연을 바라보는 각자의 눈을 가지고 있다. 과학자의 관심과 가치관에 따라 탐구영역이 달라지며 탐구 이전에 세우는 가설이 달라진다. 심지어는 수학에서도 관점 간의 충돌이 있어 평행선은 만나지 않는다는 유클리드학파와 비유클리드학파 간의 대립이 있다. 철학도 철학자 개인의 인격적 주관의 전개이기 때문에 철학 내용의 전개형식이 비록 딱딱하고 난해하기는 하지만 문학적인 시나 그림과 상통한다.

주관은 인간으로서 불가피하기도 하지만 반드시 필요한 것이며 매력적인 것이기도 하다. 철학이나 예술에서 그리고 인생의 어떤 문제에서 수학 계산처럼 $2+3=5$라는 모두 똑같은 답을 단다면, 인류는 지루한 감옥에 살게 되는 비극을 겪을 것이다. 장미에 대해 "장미여! 비너스여!"라고 모든 시인이 똑같은 시를 쓴다면 이 세상은 얼마나 재미가 없을까? 재미가 없기도 하지만 그보다 더 큰 문제는 그렇게 되면 세상은 큰 혼란에 빠질 것이며 세상에서 벌어지는 문제들을 잘 해결할 수 없다는 것이다. 성공을 위해 누구나 법대만 가려고 든다거나 모든 사람이 일요일에 북한산으로만 몰려간다면 우리는 엄청난 혼란과 불편함 속에서 살아갈 것이다. 갈라파고스 섬에서 번식하는 핀치새는 같은 핀치새이면서도 종에 따라 부리 모양이 다 달라서 찾는 먹이가 다르며 서로 간의 충돌이 별로 없다고 한다. 어떤 새는 나무속의 벌레를, 어떤 새는 열매를, 어떤 새는 흙 속의 벌레를 먹는다.

어찌 보면 정해진 해답은 어느 영역에도 어디에도 없으며 한 영역에서도 각자 다른 해답을 찾아야 한다. 각자의 해답은 바로 각자의 내면적 주관 속에 들어 있다. 정해진 해답이 없다는 것은 특히 철학에 해당되는 말이다. 철학은 각각의 철학자의 인간성과 인격에서 나오는 것이다. 한 철학은 곧 그 철학의 작가인 인간성을 지시한다. 그렇기에 철학을 보면 철학자의 인간성을 알 수 있다.

객관을 존중해야 한다

여기까지 나는 주관의 필수불가결함을 강조하고 주관의 매력을 논했다. 그러나 주관이 좋은 것이라고 해서 주관의 이름으로 자신의 이기주의와 이익을 추구해도 좋다는 것은 아니다. 주관적 관점을 존중하는 것은 이기주의를 밀고 나가기 위한 것이 아니라 각자의 진정한 개성적·내면적 인격을 이끌어내기 위한 것이다. 자신의 진정한 내면을 밀고 나간다면 그리고 오직 그럴 때만이 자신의 내면과 합치되지 않는 주장과 이익을 포기할 수 있다. 어떤 주관도 의미가 있으며, 따라서 사실에 대한 어떤 해석도 옳고 타당하다는 극단적 포스트모더니즘의 의의를 잘 되새겨야 한다. 그리고 그것이 가지는 긍정적인 효과를 인류 전체가 누릴 수 있도록 해야 한다.

주관과 더불어 우리는 객관 역시 존중해야 한다. 객관에 대한 표상 속에는 언제나 주관이 개입되어 있지만 객관을 주관의 의지대로 바꿔 세울 수는 없다. 즉 앞에 나무가 보이는데 주관의 힘으로 나무 대신 굴뚝이 보이게 만들 수는 없다. 객관은 객관 나름의 구조를 가지는 것이다. 객관 나름의 자체 구조와 주관의 눈이 만나서 우리 안에 사물의 상이 맺혀진다. 내가 아는 세계는 '세계 그 자체가 내 안에 비친 상'이다.

눈앞에 나무 한 그루가 서 있고 나는 가슴에 손을 얹고 맹세할 수 있다. "내 앞에 나무가 있다"라고. 그런데 같은 언덕에서 나무를 바라보던 옆 사람이 말한다고 해보자. "저것이 나무라고? 그것은 네 주관적 관점일 뿐이야." 사실 그 사람도 분명히 나무를 보고 있었다. 그 사람은 나에게 불만이 많았던 사람이고 나를 놀리고 싶었던 것이다. 주관적 관점이 있다는 것을 이런 식으로 악용하지 말아야 한다.

때로 한 사람의 사고 내용 및 발언 내용은 그와 연관된 실제에 대한 정보보다는 오히려 그 사람의 사고방식과 인격의 됨됨이를 알려준다. 말은 말하는 사람의 내면적 주관과 인격을 폭로한다.

우리의 인식에 주관적 관점이 작용한다는 사실을 악용하는 예는 일본 정치가에게서 찾아볼 수 있다. 자주 있었던 일이지만 "침략의 정의는 보기 나름이다"라는 최근 일본 정치가의 발언이 그런 예다. 길 가던 사람을 때려눕히고 지갑을 빼앗은 강도가 "절도와 폭력의 정의는 보기 나름"이라고 주장한다면 어떻게 대답해야 할까? 일단 때리고 빼앗은 행위가 폭력이라는 이름이 아닌 다른 이름이더라도(예를 들면 신체의 상호충돌과 지갑이 놓인 장소의 이동) 자신의 행위로 인해 길 가던 사람이 다쳤고 지갑을 잃어버렸다면 벌을 받아야 마땅하고 사과하고 책임지고 배상해야 마땅하다. 심한 경우 그런 행위 자체가 존재하지 않았으며, 그런 증거가 없다고 강도가 발뺌할 수도 있다.

"일본사람들이 단지 우리나라에 들어와 금광에서 광석을 캐내어 자기 나라로 이동시켰을 뿐이다"라고 말하면서 침략을 부정하거나 광석을 운반하기 위해서 도로를 만들었고 항만을 건설했으니 우리나라에 좋은 일을 했다고 둘러댈 수 있다. 심지어는 자신들이 한국 땅에 발 딛은 증거는 어디에도 없다고 주장할 수도 있다. 또한 착취는 주관적 관점과 시대적 관점에 따라 달리 해석되는 것이므로 자신들의 행위는 반드시 착취라는 이름으로 확정적으로 불릴 수 없다고 주장할 수도 있다. 예를 들어서 착취는 한국 사람들의 관점에서 불리는 이름일 뿐이며 다른 관점에서 보면 국익추구 행위일 따름이지 착취가 아닐 수도 있다고 주장할 수 있다. 이는 강도가 자신의 이익을 추구했을 뿐이라고 말하면서 '당한 사람이 오로지 자신만을 생각하여 강도짓을 나쁜 행위라고 비난하는 것이고 이것은 편협하다'라고 말하는 것과 유사한 억지주장이다.

요즘에는 제3의 다른 관점으로 보면, 또는 전문 역사가의 관점으로 보면 일본의 식민지배는 정당하다는 식의 망언도 있다. 제3의 관점이란 지구 상의 다른 강대국의 관점을 말하는 것일 수 있다. 지구 상에 많은 식민지배가 있었다. 영국, 미국, 프랑스, 이탈리아, 덴마크, 네덜란드, 스페인, 독일… 식민지배를 하지 않은 강대국은 거의 없을 정도다. 모두 다 하는 행위는 유행이나 관습 같은 것이므로 부당하다고 비판할 길이 없다고 말하려는 것일까? 강대국들이 과거에 스스로도 다 했으므로 서로 쉬쉬하면서 일본에 대해 바른말을 하지 못하며 반대로 일본은 어느 나라도 다 하는 행위이므로 해도 무방한 옳은 행위라고 스스로의 행위를 정당화하는 것은 아닐까? 누구나 노예를 부리므로 그 행위를 비판할 수 없는 시대가 있었지만 시대가 바뀌고 의식이 깨어 이제 더 이상 노예는 없다. 그와 마찬가지로 식민지와 침략행위도 점차 사라지고 있다. 반식민지주의가 단지 시대적 유행이므로 따라야 한다는 것이 아니라 식민지배의 잔악성을 인정하고 이제 과거에 식민지배를 했던 국가들이 진정으로 반성하고 과거에 대한 책임의식을 가지는 글로벌 양심시대, 새로운 시대가 열려야 할 것이다.

한 사물에 대해 어떻게 말하는가를 들어보고 그것을 바라보는 주관적 관점을 잘 살펴보면 보는 자의 관점을 알 수 있고 인격을 알 수 있다. 자신의 비양심적인 행위를 반성하지 않는 사, 비양심적 행위를 비양심적이라고 부르지 않는 자의 관점이 비양심적 인격의 증거이다. 주관적 관점은 인간으로서 회피할 수 없는 운명이지만 자신의 관점이 우선 자신의 눈으로 볼 때 진정성이 있어야 진정한 자신의 관점이라고 불릴 수 있고 남에게도 존중받을 수 있다.

사실에 대한 완전한 객관적 인식이 불가능한 것이라고 해서 자기 이익에 맞게 사실을 조작해서는 안 된다. 사실이란 무엇인가? 사실이란 주관적 관점에 의해 끝없이 다른 색의 옷이 입혀지는 뼈대이며 다소 불확정적인 실체이다. 우리는 최대한의 노력으로 바깥을 내다보고 뼈대를 구한 뒤에 살점을 붙여야 한다. 객관적 사실을 무시한 주관적인 살점만으로 세워진 주장은 와르르 무너지게 마련이다. 역사는 이미 흘러갔고 눈앞에 없으므로 마음속에서 재구성되고 해석되어야 하며 주관적 관점이 필연적으로 개입하게 마련이다(즉 사건 A와 사건 B 사이의 공백을 상상으로 메우는 것이 요구된다). 그러나 그런 역사 해석의 난점을 국익에 교묘히 이용하여 어느 정도 상식적인 해석이 아니라 허구적 상상을 사실인 듯 조작하는 일은 양심이 결여된 국제적 사기범죄 행위이다. 독도영유권에 대한 허구적 상상을 역사적 진실로 둔갑시키는 사기행위 또는 일제식민지가 존재하지 않은 듯이 말하며 심지어 식민지 개념은 보기에 따라 식민지가 아닐 수 있다는 주장이 그렇다. 빗자루도 방망이로 사용 될 수 있지만 빗자루를 아예 빗자루가 아니라고 한다면 또는 빗자루를 손에 쥔 채 빗자루는 없다고 거짓말한다면 어떨까?[61]

관찰은 생각의 한 형태이고 생각은 관찰의 한 형태다. 결국 관찰행
위의 목적은 감각적 경험과 지적 의식을 가능한 가깝게 연결하는
데 있다. … 예술은 당신 머릿속에 있는 것이고 그것은 당신이 어떻
게 무엇을 생각하느냐의 문제다.[62]

— 로버트 루트번슈타인, 미셸 루트번슈타인

> **다른
> 생각**
>
> **칸트** – 인간의 앎에는 한계가 있다.
> **후설** – 인간은 원칙적으로 무엇이든 인식 가능하다.

....

61) 인간의 자아는 양파껍질처럼 여러 층으로 구성되어 있다: ① 맨 가운데에 유일무이한
개성적 인격 ② 가족의 구성원 ③ 각종 사회와 단체의 구성원 ④ 국가와 민족의 구성
원 ⑤ 세계시민. 우리는 여러 층 사이를 끝없이 움직인다. 자신이 어느 층에 서느냐에
따라서 동일한 사건을 보는 눈과 평가가 엇갈리게 된다. 같은 대학에 다니는 아일랜드
인이 영국인을 구타한다고 할 때, 한 아일랜드인 관찰자가 민족구성원이라는 층에 서
있을 때와 세계시민의 층위에 서 있을 때 느끼는 감정이 전혀 다를 것이다. 독립운동
과정에서 영국인을 살해한 아일랜드인 스미스를 어떻게 평가하는가 역시 어느 층위에
서 있는 영국인인가 어느 층위에 서 있는 아일랜드인인가에 따라 전혀 달라질 것이다.
스미스를 영웅으로 숭배하는 아일랜드인들에 대한 평가 그리고 반대로 스미스를 살인
범으로 처형한 영국정부에 대한 평가 모두가 서 있는 층에 따라 달라진다. 그러나 분
명한 것은 적어도 한 나라의 정치가라면 오로지 자국민의 이익만을 억지를 다하여 대
변하는 작은 자아가 아니라, 즉 국가와 민족의 층위에서만 움직이는 것이 아니라 때때
로 세계무대에서 활동하는 대자아, 즉 세계시민의 층위에 서야 한다는 것이다. 한국과
일본의 관계가 너무 민감하므로 여기서 영국과 아일랜드를 빗대어 설명해보았다.

62) 로버트 루트번슈타인, 미셸 루트번슈타인, 『생각의 탄생』, 에코의 서재, 박종성 역,
74쪽.

후설의 주관주의

후설(1859~1938)
후설은 진리는 존재하며 누구에게나 언제 어디서나 타당하다는 입장을 굳게 밀고 나갔다. 그에 따르면 우리는 원칙적으로 모든 것을 알 수 있다. 본질은 마치 나무처럼 우리 앞에 생생하게 나타난다. 나타난다는 것은 어려운 말로 현상한다고 한다. 빨간 장미를 보면 장미가 우리 앞에 나타나듯이 마찬가지로 빨강의 본질도 우리 앞에 나타날 수 있다. 세상에 대해서 직접 경험하지도 않고 이러쿵저러쿵 떠들지 말고 직접 세상을 보라. 사실 그자체로!

현대의 거의 모든 유럽 철학 속에 씨앗처럼 들어 있는 철학이 있다. 바로 현상학이다. 현상하면 사진을 떠올리는 사람이 많을 것이다. 현상이란 나무나 꽃처럼 우리 앞에 나타나는 사실을 의미한다. 현상학은 사물에 대한 편견을 버리고, 사실 그 자체를 들여다보자는 어찌 보면 너무도 당연한 취지의 철학이다. 현상학은 원래 수학자였던 에드문트 후설이 창시했다. 후설은 수학이 인간에게만 타당한 상대적인 진리, 인간 심리 속에서만 일어나는 심리학적인 진리가 아니라, 전 우주에 보편타당한 진리임을 입증하고 싶었다. 보편타당한 영원한 진리, 그것은 바로 본질로서 플라톤의 이데아를 연상케 하는 단어이다. 본질 역시 인간 의식 속에 나타나는 현상의 일종이다. 그러니까 현상에는 나무, 꽃처럼 감각적·물질적인 것도 있고 본질처럼 이념적인 것도 있다. 후설은 본질을 포착하는 방법으로서 본질직관을 중시했다. 본질직관에 의해서 인간 의식의 본질을 밝히고자 했다. 인간 의식은 다름 아닌 무엇인가를, 즉 대상을 지향하는 지향성이다.

현상학은 천의 얼굴을 가지고 있어 그 정체를 한마디로 말하기 어렵지만, 현상학이 가진 중요한 특징은 주관주의라는 것이다. 후설에 따르면 세계는 주관이 붙인 의미다. 주관이 없으면 세계는 없다. 숟가락은 밥 먹는 도구라는 의미를 가진다. 의미를 부여하는 주관이 없으면 숟가락은 없는 것이나 다름없다. 꽃은 내가 꽃이라고 부른 뒤에 비로소 꽃이 되었다. 후설의 주관주의는 특히 그의 전기사상에서 극에 달하여 내가 없으면 우주도 없다고 선포한다(쇼펜하우어에서는 이와 대조적으로 내가 없으면 세계는 표상될 수 없다). 그러나 사실을 직관하는 주관은 없는 것을 마술사처럼 만들어내어 보고 듣는 것이 아니라 세계에 있는 그대로의 사실을 직관하는 주관이다. 그러므로 주관주의와 마주 대고 붙어 있는 쌍둥이는 객관주의이다. "사실 그 자체로!"라는 캐치프레이즈는 후설 곁에 늘 변함없이 걸려 있는 것이다.

자신의 철학을 상상의 건축물이라고 말하는 철학자는 없을 것이다. 모두가 세계의 사실에 대해 말한다고 생각한다. 그럼에도 사실이 아니라 상상과 동화, 신화 같은 철학들이 많은 것이 사실이다(물질이든 정신이든 모두 삼 단계로 변화한다거나 우주가 조화로 가득 차 있다거나). 후설은 아무 편견 없이 눈앞에, 의식에 나타나는 사실들을 자기주장의 바탕으로 삼을 것을 주장한다. 후설은 자신을 새로운 의미의 실증주의라고 부른다. 본래 실증주의는 감각으로 증명할 수 있는 것만 받아들이려는 입장이다. 내 앞의 꽃이 붉다는 주장은 그것을 눈으로 확인할 수 있을 때만 진리라는 것이다. 후설은 감각뿐만 아니라 의식에 나타나는 의미도 주장의 근거로 인정한다는 점에서 실증주의와 구별된다. 감각뿐만 아니라 의미 그리고 본질도 일종의 사실에 속한다.

후설의 주관주의가 칸트나 쇼펜하우어의 주관주의와 다른 점은 인간이 직관한 사실이 인간에게만 타당한 것이 아니라 보편타당하다는 것이다. 칸트에서 인간이 보는 나무는 인간주관(사고의 틀)이 반영된 나무이고 나무 그 자체(물자체)는 영원히 알 수 없는 어떤 것이었다. 쇼펜하우어에서도 사람들이 보는 나무는 나무 그 자체가 아니었다.

후설이 순수의식만을 주제로 삼고자 했다면 그의 제자들은 완전히 다른 것을 주제화했다. 그 때문에 후설은 배신감을 느꼈고 이들이 자

셸러 – 가치와 감정의 현상학

하이데거 – 존재의 현상학

사르트르 – 자유의 현상학 ⟷ 후설 – 순수의식의 현상학

레비나스 – 타인의 현상학

메를로 퐁티 – (감각적) 지각의 현상학

신의 제자가 아니라고 했으며, 제자들은 스스로 쓴 책의 내용이 다분히 후설적임에도 불구하고 후설에게서 배우지 않았다고 주장했다.

모두 후설이 원치 않는 방향이다.

불확실하기에 인생은 살 만하다

중국의 사상가 임어당은 말했다. 우리의 일생을 미리 들여다볼 수 있다면 생의 의욕이 떨어지게 될 것이라고. 다음 순간에 무엇이 올지 아무도 알 수 없기 때문에 우리는 오히려 편안하게 살아가는 것이다. 시한부 인생을 사는 말기암 환자의 마음은 그가 자신이 어떻게 되리라는 것을 잘 알기 때문에 더욱 불행할 수 있다. 물론 그가 인생을 정리할 수 있도록 의사는 그의 상태에 대해 알려줄 의무가 있기는 하다. 삶은 어떻게 될지 알 수 없다는 신비감을 가질 때 더욱 살 만한 것이 되는 것이다. 자신의 모든 것을 털어놓는 사람보다도 어딘가 모르게 안개에 휩싸인 그래서 늘 퍼즐을 풀게 만드는 사람이 더욱 매력적일 수도 있다.

제 7 장

타인과 나의 이질성,
다른 것인가
틀린 것인가?

타인과 다름을
뼈저리게 깨달으라!

모차르트처럼 어떤 음악을 듣는 즉시 피아노로 옮겨 치며

변주까지 즉흥으로 만들어내는 사람이 있다.

그는 정신장애를 겪는 사람이다.

장애인면서 특출한 재능을 보이는 사람을 장애천재, 즉 서번트라고 부른다.

이들은 장애자이지만 재능 있다는 것이 아니라 특출한 재능을 가지고 있지만

장애를 가지고 있다고 해야 하지 않을까?

사람을 장애와 비장애라는 이분법으로 볼 것이 아니라

연속선상에 있는 것으로 보고 사람마다 개인적인 특징이 있듯이

장애라는 것이 한 사람이 가진 여러 특징 가운데

한 가지인 것으로 바라보아야 할 것이다.

타인과의 조화로운 관계는 인생에서 큰 힘이 된다. 될 수 있으면 타인과 마찰이 없고 평화로우며 친밀한 관계를 유지하는 것이 좋을 것이다. 그러나 그것은 다양한 개성과 다채로운 이해관계에 얽혀 사는 사회에서는 결코 쉬운 일이 아니다. 인간 간의 갈등은 이해관계나 한쪽의 분명한 잘못으로 인해 일어나기도 하지만 대개 개성 간의 충돌에 의한 것이다. 둘 다 좋은 색이지만 한 평면에 놓이면 어울리지 않는 경우가 많다. 인간의 개성도 그와 같다. 이혼을 색안경을 끼고 보며 이혼하는 자들을 성격에 결함이 있다고 추정하는 일이 종종 있다. 그러나 부부간의 불화 역시 개성 간의 부조화라고 보는 것이 보다 객관적일 것이다.

타인에게 감사하는 마음

우리는 타인의 도움 없이는 하루도 살기 힘들 것이다. 사람들은 나날이 알게 모르게 서로 돕는 삶을 살고 있다. 우리는 타인의 덕을 보면서 산다. 우리가 쓰는 물건들 가운데 타인의 노동의 손길이 닿지 않은 물건은 없다. 그러면서도 우리는 그들에 대한 감사의 마음을 망각하며 살아간다. 우리는 자신도 모르는 사이에 남에게 해를 끼칠 수도 있고 도움을 줄 수도 있다. 버스 안에서 내가 내쉬는 공기를 타인이 마시게 된다. 내가 자리를 차지함으로써 누군가 서서 가고 있을 지도 모른다. 거꾸로도 마찬가지다. 아무튼 현재 살아있는 모든 인간은 지구라는 한 배에 탄 셈이다. 살다 보면 타인에 대한 미움도 생기고 무관심과 냉담한 마음도 있을 수 있지만 포용하도록 조금씩 노력할 필요가 있다.

타인을 자신의 가치관으로 판단하지 말라
―타인과 자기의 동일시와 지배

내가 1970~1980년대 대학교와 대학원에 다니던 당시 우리나라는 몹시 어수선했다. 데모로 학교수업이 정상적으로 이루어지기 힘들었다. 나는 후설의 현상학을 전공했는데 현상학 같은 인식론, 소위 순수철학을 하는 사람들은 현실 개혁에 쓸모가 없는 철학을 한다는 비판을 자주 받았다. 그때에는 헤겔철학 같은 사회철학이 유행이었다. 대학교 시절에 어떤 친구가 시간 좀 내서 같이 어디 좀 가자고 한 적이 있었다. 멋도 모르고 따라갔는데 집회 중인 커다란 강당에 도달했다. 잠시 후 전경들이 들어와 둘러쌌다. 그 친구가 말했다. "저것 좀 봐라! 아무런 의미도 없는 모임인데 저렇게 간섭이니 이 나라가 얼마나 잘못 되어가고 있는지 좀 봐라." 나는 그 당시 의식 없는 친구라는 비판을 자주 받았고 그것은 사실이기도 했다. 그러는 사이 언제부터인가 현상학은 사회 개혁과 연관 있는 사회과학을 비롯하여 교육학, 간호학 등 거의 모든 학문의 방법론이 되어버렸다. 사회문제를 해결하는 데에는 직접적인 참여도 있지만 사람들의 행복을 연구하거나 사람들의 마음의 고민을 상담하거나 또는 의학을 연구하는 간접적인 방법도 있다. 심지어는 사회에 전혀 무관심한 채 그림을 그리고 시를 짓지만 그런 작품이 많은 이들을 행복하게 만들 수도 있다. 분명한 사회적 공헌이다. 한편 사회문제 해결에 전혀 무관심하고 부적합한 사람도 있다. 사람은 모두 다르게 태어나며 다르게 자기를 형성해간다. 다를 수밖에 없는 필연성과 다를 수 있는 권리를 망각한 채 자신의 가치관과 잣대로 타인을 판단하고 강요하며 지배하는 것은 부당하다. 영화 〈샤인〉에서처럼 특히 한 가족 안에서 일어날 때 커다란 갈등과 불행의 씨앗이 된다. 개인 간의 다름이 존중되어야 할 뿐 아니라 특히 한 사회에서 대다수의 생각과 다른 생각을 하는 소수가 존중되어야 사회의 진보가 가능하다.

다른 생각

공자－너에게 싫은 일을 남에게 행하지 말라!
레비나스－너의 마음을 남에게 대입시키지 말라!
　　　　　타인은 너와 전혀 다른 비대칭적 존재다.

타인에 관한 철학

내 옆을 스치고 지나가는 사람들이 나와 같이 생명을 가진 인간임을 어떻게 아는가? 후설에 따르면 그들도 나와 같은 몸을 가지고 있음을 눈으로 보고 인간임을 안다. 그에 반해 셸러는 타인을 몸과 자아 간의 그런 유비관계를 통해서 아는 것이 아니라 직접적으로, 즉 직관으로 그냥 안다고 주장한다.

이기적인 인간이 타인을 어떻게 배려할 수 있는가? 늑대와 늑대의 관계가 어떻게 늑대와 신의 관계로 바뀌는가? 타인의 부정적인 측면을 지적한 철학자로는 사르트르와 하이데거가 있다. 사르트르는 인간은 누구나 자유를 추구하며 타인은 나의 자유를 침해하는 자다. 타인은 나의 세계에 구멍을 내고 피가 나오게 하는 존재이며 결국 지옥이다. '타인은 나를 세계의 중심에서 몰아내는 도둑이고 침입자이며 찬탈자이다… 타인의 시선 앞에서 나는 타인을 보는 것이 아니라 나 자신을 본다. 나는 나를 부끄러움을 통해서 인식하게 되고 나에 대한 타인의 판단을 인정하게 된다. 타인의 눈길은 재판관이다…'[63] 하이데거는 본래적인 자기와 반대되는 상태를 세인이라 불렀다. 세인이란 유행과 수다에 휩쓸려 너나 구분도 없고 책임감도 없는, 자기실존을 상실한 상태의 사람들이다. 붓다의 부모는 붓다가 세상의 어두운 구석을 접하지 못하도록 19세까지 궁 안에서만 살게 했다. 부족함 없는 삶을 살다가 세상구경을 하려고 몰래 바깥으로 나온 붓다는 병자와 빈자를 보고 단번에 인생의 본질이 고통임을 깨달았다. 그 뒤 그는 가족을 버리고 출가 고행을 했다. 붓다는 인간이 모두 고통받는 존재이며 서로 동정하며 살 것을 주장했다.

레비나스

레비나스는 유태인이다. 2차 대전 때 그의 가족은 모두 가스실에서 몰살당했다. 전쟁의 충격은 레비나스로 하여금 철학의 제1주제를 존재가 아니라 타인 및 인간관계로 설정하게 했으며 제1철학은 형이상학이 아니라 타인을 배려하는 윤리학이라고 규정하도록 만들었다. 레비나스는 타자를 환대하고 영접하는 철학, 타자의 비대칭성을 인정하는 철학을 만들려고 시도했다.

레비나스에 따르면 전쟁의 원인은 잘못된 서양철학에 있다. '전쟁은 사람을 전체에 복종시키며 복종하지 않는 사람은 무참하게 제거해 버린다. 그런데 서양철학은 모든 것을 통일하고 포괄하고자 하는 노력이었고 다름 아니라 전체주의적이었다.'[64] 플라톤 이래 데카르트,

....

63) 발터 비멜,『사르트르』, 구연상 역, 한길사, 77-81쪽.

레비나스(1906-1995)

"고독이 비극적인 것은 타자가 없기 때문이 아니라 자기 동일성 안에 포로로 갇혀 있기 때문이고…"[65] "신체적 고통은 그 자체가 … 존재의 순간으로부터 해방될 수 없는 불가능성이다… 고통의 내용은 고통으로부터 해방될 수 없는 불가능성과 일치한다."[66]

칸트 등 서양철학의 주류는 자아의 철학이고 다름을 허용하지 않는 동일성 전체성의 철학이다. 이것은 전쟁의 철학이고 타인에 대한 폭력의 철학이다. '전체성의 철학은 이기주의, 나치즘, 제국주의, 자민족중심주의, 인종중심주의, 인간중심주의, 이성중심주의, 남성중심주의, 백인중심주의 등으로 나타난다.'[67] 레비나스는 전쟁의 철학으로서의 전체성의 철학에 대항하여 타인에 대한 책임을 촉구하는 평화의 철학을 만들고자 시도했다.[68] 이를 위해서는 끝없이 자기를 뻗어나가며 자기를 실현하려는 전체성을 우리가 완전히 파악할 수 없는 무한의 지평으로 전환하고 전체주의에 제동을 거는 것이 필요하다. 타인의 얼굴은 나와는 완전히 다른 존재를 제시하며 그가 내가 설정하는 전

64) 레비나스, 『시간과 타자』, 강영안 역, 문예출판사, 120쪽.
65) 엠마누엘 레비나스, 『시간과 타자』, 강영안 역, 문예출판사, 51, 54쪽.
66) 엠마누엘 레비나스, 『시간과 타자』, 강영안 역, 문예출판사, 51, 54쪽.
67) 김연숙, 『레비나스 타자윤리학』, 인간사랑, 176-177쪽.
68) 레비나스, 『시간과 타자』, 강영안 역, 문예출판사, 120쪽.

체에 내포될 수 없다는 것을 암시해준다. 그가 무한의 지평에 속하는 존재임이 드러나는 것이다. 타인의 얼굴은 하나의 상처받을 수 있는 가능성으로 나타나며 내가 그에게 무관심하거나 그에 대해 나쁜 짓을 하지 말라는 명령으로 다가온다. 타자는 내가 완전히 파악할 수 없는 무한성이며 완전히 낯선 이로서 내가 전체성에서 벗어나 그를 향해 초월할 것을 얼굴을 통해서 말없이 명령한다. 우리는 타인의 얼굴을 통해서 나의 전체주의를 극복하고 무한으로 초월할 것을 요구받는다. 자아에서 타아로의 초월을 통해서, 자아가 타자[69]를 대상화하여 지배하고 동일시하는 태도에서 벗어나 타자의 근본적인 이질성이 존중될 수 있다.[70] 타인의 완전한 다름과 낯설음, 완전한 비대칭성을 깨닫고 타인에 대한 태도를 전환하는 것이 평화의 길이다.

그러나 문제는 언제 어디서나 누구나 초월할 수 있는 것은 아니라는 점이다. 타인의 얼굴의 출현에도 불구하고 인간 역사에서 타인에 대한 무수한 잔인한 폭력과 부정의가 저질러졌다. 인간이 본래적으로 그리고 현실적으로 초월하는 존재라면 인간 세상의 역사는 시작부터 끝까지 폭력과 전쟁 없는 영원한 유토피아일 것이다. 그러나 현실은 그렇지 못하다. 레비나스의 철학은 타인의 얼굴이 주는 강력한 암시를 무시하고 저질러진 폭력 행위들이 얼마나 잔인한가를 절절히 느

---

69) 레비나스에서 타자란 자아 밖에 존재하는 모든 것을 총칭한다. 따라서 타자는 다른 사람뿐만 아니라 사물세계와 신까지도 포함한다. 김연숙, 『레비나스 타자윤리학』, 인간사랑, 207-208쪽.

70) 김연숙, 『레비나스 타자윤리학』, 인간사랑, 216쪽.

끼게 해줄 뿐이다. 안타깝게도 레비나스의 철학으로 폭력을 방지하기는 힘들다. 철학의 폭력성도 마찬가지나. 폭력적인 철학이 폭력적 인간성의 원인이 아니라 거꾸로 폭력적 인간성이 폭력적 철학의 원인인 것이다. 철학만을 바꾼다고 인간성이 바뀌는 것이 아니다. 인간성이 바뀌어야 철학이 바뀐다.

친구의 내면[71]

네가 영화 한 편을 보다 말고 아이스크림을 사러간 사이 놓친 줄거리
처럼
너도 친구의 숨겨진 부분들을 알 수 없을 거야.
네가 네 멋대로 상상해서 영화의 앞뒤를 연결하여 붙이듯이
너도 친구에 대해 이리저리 상상할지도 몰라
그것은 너의 자유지.
하지만 친구의 본래 모습은 네 생각과는 아주 다를 수 있음을 잊지 마.

---

71) 조정옥의 시, 친구의 내면

제8장

높은 가치이냐, 강한 가치이냐?

인생에서 추구해야 할
올바른 가치는 무엇인가

자기의 생존을 위해 남의 생존을 가지고 장난치는 사람들이 있다.

바로 말도 안 되는 식재료를 사용하는 사람들이다.

종종 논란이 되는 중국음식 이야기다.

얼마 전 가짜 달걀과 가짜 만두 이야기를 들었는데 더욱 황당한 이야기가 있다.

돼지고기에 양고기 향료를 뿌려 가짜 양고기 꼬치를 만든다고 하는데

한층 더 황당한 것은 양고기 향료를 뿌린 쥐고기도 판다는 것이다.

장어에게 약을 먹이면 몸이 크게 부풀어 오르는데 그 약이 피임약이란다.

약이 잘 팔려나가 자신에게 이득이 되어서 그런지

약사는 그럴 수도 있고 별문제 없다고 말한다.

삶은 선택의 연속이다. 산다는 것은 곧 매 순간 무엇인가를 선택한다는 것이다. 동으로 가든 서로 가든 움직이지 않고 가만히 있든지 간에, 그 모든 것이 선택이다. 어떤 상황에서는 두 갈래 길이, 다른 상황에서는 세 갈래 길이 놓여 있다. 어떤 길을 가느냐에 따라 실현되는 가치가 달라진다. 일요일에 운동을 하느냐, 아르바이트를 하느냐, 독서를 하느냐에 따라 나는 다른 가치를 실현하게 된다. 운동으로는 생적 가치를, 아르바이트로는 돈이라는 도구적 가치, 독서로는 정신적 가치를 실현하게 된다. 단순한 욕구에 이끌려서 무엇인가를 선택한다고 해도 여전히 그 안에는 가치를 보는 안목이 숨어 있다. 맛있다, 향기롭다, 재미있다… 등등. 한 번 지나가면 오지 않는 시간의 엄격한 질서 속에서 이왕이면 후회가 적은 삶을 살기 위해 최대한 노력해야 할 것이다. 그러자면 사물들의 가치를 알아야 하고 가치를 올바르게 선택해야 한다.

가장 중요한 가치—생명의 가치와 인간의 가치

철학에는 만장일치가 없다고들 한다. 하지만 시공간을 불문하고 인간의 공존과 안녕을 위해 반드시 보호되어야 할 가치는 있다. 다름 아닌 생명과 인격의 가치다. 생명(무엇보다도 인간생명)의 존엄성과 인간 존엄성이 배려되지 않고서는 개인도 안전하게 살 수 없고 역사도 올바로 흘러갈 수 없다. 생명 가지고 뭘 그렇게 지나치게 집착하느냐는 발언은 무지한 것이다. 생명을 경시하는 순간 인류 전체의 안전이 흔들린다. 육식과 동물실험도 인간생명과 유사성을 고려해 신중히 접근해야 한다. 사형, 안락사, 낙태, 방어 같은 폭력을 불가피하다는 이유로 선하다고 할 수는 없다. 생명의 파괴, 인간의 제거는 최선의 경우 불가피한 필요악일 수는 있어도 어떤 경우라도 그 자체로 선일 수는 없다.

다른 생각

셸러 – 언제든지 높은 가치를 지향하라!

하르트만 – 낮은 가치도 절대로 무시할 수 없다.

바위와 같은 물질은 그 자체로 존재하는 반면에 인간은 존재하기 위해 육체와 육체를 유지시켜주는 영양분, 정신활동을 필요로 한다. 이런 의미에서 바위는 인간보다 더 자립적이라고 할 수 있다. 반면에 바위는 자유롭지 못하다. 정신은 새로움과 자유가 높은 존재로 만들어준다. 물질과 정신 같은 존재들 간에도 높낮이가 있듯이 가치에도 높고 낮음이 있다. 물론 존재든 가치든 그 높고 낮음의 기준은 모든 철학적 문제와 마찬가지로 결정적으로 풀기는 어려운 문제이다. 빵은 여럿이 공유하는 데에 한계가 있지만 음악은 쪼개지 않고서도 여러 사람들이 듣고 즐길 수 있다. 셸러에 따르면 이러한 불가분리성이 정신적 가치를 물질적 가치보다 높은 가치로 만든다.

가치의 세계는 넓고 심오하며 속속들이 다 알 수는 없다. 하지만 지금까지의 철학자들이 밝힌 가치들을 보자면 도구적 가치, 즉 유용성의 가치와 쾌·불쾌의 감각적 가치, 살아있는 모든 생명체들이 갖는 생명적 가치 그리고 진선미성의 정신적 가치로 구분할 수는 있다.

가치 – 정신적 가치/생적 가치/감각적 가치/도구적 가치

    정신적 가치

        진

        선: 선, 고귀, 순수, 성숙,

            지혜, 용기, 절제, 정의

            이웃 사랑, 원인애(먼 이웃에 대한 사랑)…

        미

        성

            순수(부정적 가치의 배제),

            고귀(윤리적 현실에 없는 새로운 가치의 발견),

            성숙(긍정적 가치의 포용),

            지혜, 용기, 절제, 정의

            사랑: 이웃 사랑(아가페), 에로스, 인격에 대한 사랑

    진: 진리인식과 연관된 행위와 도구의 가치; 책, 학교, 연구소 등

    선: 타인을 배려하는 행위의 가치; 쓰레기 줍기 등

    미: 미를 추구하는 예술적 행위와 그 산물의 가치; 미켈란젤로의 작품

       들, 미술관 등

    성: 성스러움과 연관되는 가치 종교적 가치; 교회, 절, 성당, 성경, 불

       경, 기도 등

높은 가치의 실현이 선이다

막스 셸러에 따르면 가치마다 높고 낮음에 차이가 있으며 보다 높은 가치를 선택하는 것이 선이다. 아르바이트보다는 운동이 선이며 운동보다는 독서가 선일 것이다. 이 세상 모든 물건과 행위가 실현하는 가치를 알고 높은 것을 선택함으로써 선을 실현할 수 있을 것이다. 자연적·무의식적 상태에서의 인간은 자연스럽게 낮은 가치로 향하게 되어 있다. 즉 인간은 가만히 놓아두면 자동적으로 먹고살며 자기생명을 보존하려고 한다. 그러므로 철학자가 사람들에게 굳이 낮은 가치, 물질적 가치, 도구적 가치를 추구하라고 말할 필요는 없다. 철학은 자연 상태를 초월하여 보다 인간다운 정신적인 삶을 요구한다. 철학자라면 보다 높은 가치를 추구하라고 말할 것이다.

그러나 낮은 가치는 강하므로 채워져야 한다

우리는 어느 상황에서나 무조건 높은 가치만을 추구하고 실현할 수는 없다. 생존이 위협받는 상황이라면 먼저 생존을 돌보아야 한다. 물질이나 생명은 정신보다 낮은 가치를 갖지만 생존을 위해 보다 긴급한 실현을 요구한다. 하르트만에 따르면 낮은 가치는 낮은 대신에 강하기 때문에 먼저 돌보아야 한다. 가치가 강하다는 것은 보다 긴급한 실현을 요구함을 의미한다. 수개월 독서나 음악감상을 하지 않아도 생존에는 지장이 없지만, 사흘만 굶어도 생명이 위태로워질 수 있다. 정의는 이웃 사랑보다 낮지만 인간의 생명과 재산을 보호하라는 의미의 정의는 이웃에게 자선을 베풀라는 이웃 사랑보다 훨씬 더 긴급한 실현을 요구한다. 그런 의미에서 정의가 이웃 사랑보다 낮고 이웃 사랑은 정의보다 높은 것이다. 정의가 없는 사회처럼 위험한 것도 없다. 남에게 나의 것을 함부로 빼앗기고 아무 이유 없이 얻어맞을 수도 있기 때문이다.

강한 가치와 약한 가치를 심리학 용어로 바꾸면 다음과 같다. 인간에게는 생리적 욕구, 안전욕구, 사랑욕구, 자아실현의 욕구 등 여러 욕구가 있다. 이런 욕구들은 생물학적 욕구인 하위단계의 욕구와 상위단계의 욕구로 나눌 수 있는데 하위단계의 욕구는 생명을 유지하는 데 필수적인 것으로서 상위단계의 욕구보다 강렬하다.[72] 하위단계 욕구의 충족은 낮은 가치이지만 강한 가치이다. 반면에 상위단계의 욕구는 생존과 직접적인 관계는 없지만 매우 높은 가치로서 인간의 특징을 나타낸다. 상위단계의 욕구가 만족되면 정신적 안정과 내면세계의 충족감 그리고 큰 행복감을 느낀다.

생존이 문제가 되는 상황이라면 당연히 낮은 가치를 채워 넣어야 한다. 그러나 생존이 순조로운 일반적인 상황에서는 원칙적으로 높은 가치를 쌓아가야 한다. 단순한 생존만의 삶은 공허하며 생존의 위협을 무시한 높은 가치의 추구는 무의미하기 때문이다. 가치를 바로 알고 높은 가치를 지향하는 것이 원칙이다. 그러나 그와 동시에 낮은 가치가 무너지지 않게 배려해야 할 것이다. 가치의 높낮이 질서와 강약

---

72) 마틴 셀리그만 외 공저, 『심리학의 즐거움 2』, 유진상 외 공역, 휘닉스, 376쪽.

질서는 서로 반대된다.[73] 삶은 단순하지 않다. 고가치와 저가치 양방향을 모두 바라보고 배려해야 하기 때문이다.

윤리적 가치의 강약

고 ─────────── 약
저 ─────────── 강

높은 윤리적 가치: 사랑

낮은 윤리적 가치: 정의(생명재산의 보존과 연관)

- 낮은 윤리적 가치는 생존에 필수적이다. 이 가치의 위반은 심각한 비난과 처벌의 대상이다. 그러나 낮은 가치를 위반하지 않는다고 해서 칭찬의 대상이 되는 것은 아니다.
- 높은 가치의 실현(적선)은 칭찬의 대상이다. 그러나 높은 윤리적 가치를 실현하지 않는다고 해서(적선하지 않음) 비난의 대상은 아니다.

고가치와 저가치의 토대관계 – 니콜라이 하르트만

하르트만에 따르면 낮은 존재가 높은 존재에게 지배받는 전통적인 목적론처럼 높은 가치가 낮은 가치의 토대가 되지 않는다. 반대로 낮은 가치가 높은 가치의 토대가 된다. 돈이 가치가 없는 것이라면 돈

....

73) 조정옥, 『감정과 에로스의 철학』, 철학과현실사, 228-231쪽.

을 훔치는 것이 악이 아니며, 기아대책위원회에 매달 기부하는 것이 선이 아닐 것이다. 즉 도덕적 가치는 재물가치를 전제로(토대로) 한다. 이런 식으로 낮은 가치는 높은 가치의 성립을 위한 질료이거나 또는 전제이다. 그러나 높은 가치의 특수성질인 새로움은 낮은 가치에 대해 여전히 독립적이다. 몸과 정신의 관계처럼 생명가치와 정신적 가치의 관계에서는 생명가치는 정신적 가치의 (질료나 토대가 아니라) 단순한 존재론적 전제에 불과하다. 생명가치를 실현하고 있음이 정신적 가치 실현의 조건임에 불과하며 질료적 조건은 되지 않는다. 고가치의 토대가 저가치라는 말은 고가치의 자율성이 없다는 것이 아니다. 이러한 토대 지음은 고가치의 가치성질에 관계하는 것이 아니라 단지 그 질료의 구성요소에 관계할 뿐이다.[74]

고가치 = 저가치의 토대 또는 전제 + a(새로움)

정신은 높고 물질은 낮은 존재다. 그러나 정신은 높은 대신에 자신의 존재를 유지하기 위해 물질과 동식물 등에 의지해야 한다. 물질은 낮은 대신에 자신의 존재를 위해 아무것도 필요로 하지 않는다. 이런 점에서 볼 때 높은 존재일수록 약하고 낮은 존재일수록 강하다.

---

74) 하르트만, 『윤리학』, 하기락 역, 형설출판사, 166-169쪽.

어느 혹독하게 추운 겨울날 티베트의 성자가 센바람을 헤치며 숲속 길을 걷고 있었다. 마침 방향이 같은 사람이 있어 함께 동행했다. 어디쯤 갔을까, 그들은 낭떠러지에서 떨어져 신음하는 사람을 발견했다. 동행하던 사람은 혼자 걷기도 힘든데 다른 사람을 부축하고 가는 것은 불가능하다면서 먼저 가버렸다. 그러나 성자는 다친 사람을 등에 업었다. 고개 너머 또 한 고개 힘겹게 길을 가는데 성자의 발에 얼어 죽은 사람이 걸렸다. 자세히 보니 혼자 살겠다고 도망간 그 사람이었다. 성자는 등에 사람을 업고 이동하느라 땀까지 흘릴 정도였고, 그 덕에 얼어 죽지 않고 살아남을 수 있었던 것이다. 바로 인도의 성자 선다싱에 관한 실화다. 때로 남을 돕는 일이 자기를 돕는 일이기도 하다. 인도에서는 거지들이 돈을 받으며 이렇게 말한다고 한다.

　"선행의 기회를 준 내게 감사하라!"

제 9 장

동기냐, 결과냐?

선한 동기에 악한 결과?
악한 동기에 선한 결과?
먼저 자기의 마음을 관리하라

유태인을 가스실로 옮겨 학살하는 일을 총체적으로 지휘한 아이히만은
재판에서 칸트적인 도덕적 의무를 다했을 뿐이라는 변명을 했다고 한다.[75]
칸트의 도덕법칙은 어디까지나 이성에 나온 것이고 인격을 수단으로 대하지 말라는
인간존엄사상에 기반을 둔 것이다. 칸트의 정언명령은 이성이 내리는 명령이지
국가가 내리는 명령은 아니다. 아이히만과는 반대로 이성적 판단으로 명령에
복종하지 않은 예가 있다. 유대교, 기독교, 이슬람교 성전이 맞붙어 있는
예루살렘 시칠리아의 현명한 황제 프리드리히다. 그는 교황의 십자군원정 명령에
복종하지 않았고 이슬람 왕과 우정을 맺었으며 이슬람을 존중했다.
피 한 방울 흘리지 않고 협상을 했으며 기독교와 이슬람교가
서로를 존중한다는 내용의 협약과 함께 예루살렘을 넘겨받는다.
프리드리히 왕은 서로 다름을 존중하고 우정을 맺을 수 있는
지혜, 평화를 사랑하며 옳지 않은 권위에 저항하는 용기를 가진 놀라운 인간이다.

....

75) 나이절 워버턴, 『철학자와 철학하다』, 이신철 역, 에코리브르, 256쪽.

선에 대하여

선악은 기준에 따라 다르게 정의된다. 한 행위가 행복에 기여하는가? 법칙에 부합하는가? 보다 높은 가치를 실현하는가? … 등. 그렇다면 '선악의 기준의 타당성은 어떻게 입증되는가?'라는 문제가 일어난다. 여기서는 선악을 행위의 결과를 가지고 논하는 것이 과연 올바른가를 잠시 살펴보고자 한다. 누군가로부터 보상이나 보험금 같은 이득을 취하기 위해 일시적으로 그를 돕는다고 하자. 도움받은 이는 집과 동거인이 생겨 편하게 살게 되었다. 도움을 준 행위가 과연 선인가? 결과주의 관점에서 보면 그것은 선이다. 그러나 동기주의의 관점에서 보면 진정한 선이 아니다.

진정한 의미의 윤리학이라면 의도를 중시하는 동기주의가 되어야한다. 타인에 대한 배려 이외의 다른 목적을 가진 선행, 우연히 좋은 결과를 가져온 행위를 칭찬할 수는 없다. 실제로 자기 집에 데려다 놓고 도와주는 척하다가 결국 살인을 저지르고 보험금을 탄 예도 있다(우리 사회에선 보험금을 목적으로 유아를 입양하여 악용하는 사례도 종종 일어나고 있다). 진정한 의미의 윤리학이라면 동기주의일 수밖에 없다. 인간은 누구나 행복을 욕구하며 따라서 결과를 아주 무시할 수는 없고 어느 정도 배려해야 하지만 결과가 선악의 기준일 수는 없다. 결과주의는 윤리학의 부차적인 도구일 뿐이다. 만일 결과를 일차적인 것으로 놓는다면 전쟁도 살인도 도둑질도 식민지도 비난할 수 없다. 전쟁이 일어남으로써 의학이 발달했고 산업이 발달했으며 도둑질의 결과로 빈부 차이가 좁혀졌으며 식민지의 결과 야만이 문명화되었다고 한다면 어떻게 반박할 것인가? 우리가 의도한 대로 결과가 주어진다는 법은 없지만 그림에도 우리는 언제나 최소한 좋은 의도를 실현하려고 해야 한다. 나쁜 의도와 동기가 좋은 결과를 가져오는 경우가 간혹 있을 수도 있지만 그렇다고 나쁜 의도를 실현할 것을 권장할 수는 없다. 좋은 의도가 좋은 결과를 가져오기도 힘든데 하물며 나쁜 의도는 어떨 것인가?

인간이 남을 돕는 이유는 자신이 선한 사람이 되기 위해서가 아니라 어려움에 처한 사람이 보다 나은 삶을 살도록 하고자 함이다. 행위자 자신의 도덕적 선함을 의도하는 것이 아니라 타인의 행복을 의도함이 도덕적 의미의 선이다. 오로지 도덕법칙에 대한 존경심에서 도덕법칙을 지키라는 칸트의 형식주의 윤리학은 이 점을 혼동한 것이다. 반면에 결과주의 윤리학은 의도에다 선악가치를 부여하는 것이 아니라 의도가 지향하는 사태(=결과)에다 선악가치를 부여한다. 행위의 목적은 보통 타인이 궁지를 벗어나는 사태이고, 행위가 가지는 가치, 즉 도덕적 가치는 그를 도우려는 나의 의도가 가지고 있는 것이다.

타인이 행복하게 된 것에 선의 가치가 있는 것이 아니라 바로 나의 마음가짐과 의도가 선한 것이다. 행위에서 행위의 목표, 목적, 외부 사태의 가치가 도덕적 가치를 갖는 것은 아니다. 도덕적 가치는 사태에 있는 것이 아니라 행위하는 인간의 마음과 의도 결정 등에 있다.[76] 선악이라는 도덕적 가치는 행위자 외부에 존재하는 물질이나 사태가 아

---

76) 하르트만, 『윤리학』, 하기락 역, 형설출판사, 171-173쪽 참고.

니라 행위자 자신에게 부여되는 가치이다. 결과주의나 목적론적 윤리학은 이런 근본원리를 오해하고 행위자의 외부에 존재하는 사태에다 도덕적 가치를 부여하는 오류를 범하는 것이다. 예를 들면 행위가 초래한 외부세계의 쾌락과 행복을 선이라고 착각한 것이다. 그래서 공리주의자들은 "선은 쾌락의 양에 비례한다"고 말하곤 한다.

우리는 일상생활에서 어떤 사람이 선하다는 말을 자주한다. 그러나 과연 인간인격의 선악을 말할 수 있을까? 성선설·성악설은 인간 본성의 선악을 논한다. 그러나 인격이 선 또는 악이라면 인격의 선악이 선천적인가 후천적인가? 선한 인격은 악한 일을 하지 않는가? 악한 인격은 선한 일을 하지 않는가? 인간인격은 가치관·가치안목과 관심·사랑의 복합체다. 개인의 선악, 더 나아가서 인류 전체의 인간성의 단적인 선과 악을 논할 수 없다. 그러나 선하려는 의지를 가지려는 지속적인 노력을 하는 사람과 그렇지 못한 사람의 구분은 있다. 그리고 선하려는 노력은 권장되어야 하며 가치 있는 것이다.

여기서 잠시 우주의 선악에 대해 생각해보자. 엄밀한 의미에서 보면 물질과 존재가 선악 가치를 담지하는 주체일 수는 없다. 그러나 우주의 선악이 전통철학에서 논의되어 왔으므로 한번 짚고 넘어가기로 한다. 우주의 선악에서 선과 악은 우선 긍정적인 것과 부정적인 것이라고 정의할 수 있다. 기독교적 관점에서 보면 십계명을 지키는 것은 선이며 어기는 것은 명백한 악이다. 철학에서도 그와 마찬가지로 악은 배제되어야 할 대상으로 간주되었다. 신의 선함에도 불구하고 어떻게 세상에 죄악과 전쟁 같은 악이 존재하는가가 논의되기도 했다.

철학사에서는 선악을 극단적 대립으로 보는 입장이 주를 이룬다. 반면에 셸링은 악을 우주의 필수적 요소로 간주한다. 셸링 이전에 스피노자는 이미 선악이 본래부터 존재하는 것이 아니라 인간의 감정과 욕구를 기준으로 인간이 만든 것일 뿐이라고 했다. 자연과 우주 전체는 필연적 자연법칙의 운행일 뿐이다.

"라이프니츠는 악을 완전성의 결핍으로 본 반면에 셸링은 악을 그 자체로 적극적으로 인정하며 그 근거를 밝히려고 한다. 셸링에 따르면 신 속에는 두 가지 원리가 있다. 선행하는 어둠이 없이는 어떠한 창조도 실재할 수 없으며 어둠이야말로 창조가 실재하기 위한 필연적 부분이다. 모든 탄생은 어둠으로부터 빛에로의 탄생이다. 이런 셸링의 사상은 '죽음은 삶의 뿌리이며 어두운 세계는 밝은 세계의 근거이며 원상태이고 악은 선의 근원이 된다'는 뵈메의 영향이다. 셸링에 따르면 신 속에서는 밝은 의지와 어두운 의지가 불가분리적이지만 인간에서는 이 둘이 분할 가능한 것이다. 인간에게서 악의 근거가 되는 아집은 원초적인 악에 뿌리를 두고 있는 반면에 모든 아름다운 것과 이성적인 것은 신의 밝은 의지에 뿌리를 두고 있다. 선악, 빛과 어둠 그리고 보편적 의지와 개별적 의지의 투쟁 속에서 신은 자신을 펼쳐나가고 자기를 계시한다. 인간은 죄책감 속에서 밝은 빛을 그리워하며 빛으로 나가고자 하고 보편적 의지로 나가야 한다는 것을 알고 있으며 그런 노력으로 인해 인간은 구원 가능하다."[77]

....

77) 김혜숙,『셸링의 예술철학』, 자유출판사, 132-134쪽.

인간적인 선 개념, 즉 밝은 빛과 사랑 그리고 따스한 온기만으로는 자연과 우주와 신은 완전히 파악될 수 없고 이해될 수 없다. 인간적 선 개념으로 본다면 우주에는 너무나 많은 악이 끼어 있기 때문이다. 우주에는 선과 악이 동시에 존립한다. 우주의 절반이 선이고 절반이 악이다. 선과 악은 마치 삼쌍둥이처럼 앞뒷면을 이루고 있다. 빛이 있어 어둠과 그림자가 있듯이 모든 사물에는 어둠이 있다. 자연 속에는 늘 먹고 먹힘이 있다. 자신이 먹으면서 또한 더 힘센 자에 의해 먹히는 것이다. 잡아먹으면서 새끼에게 먹이를 준다. 먹히지 않고 살아남은 자는 결국 검은 죽음에게 먹히고 만다. 인간적인 선의 개념으로 본다면 그리고 신이 인간적 의미의 선한 자라면 먹힘은 없어야 한다. 그러나 그렇지 않다. 신은 스피노자나 니체의 견해처럼 엄밀한 필연성일 뿐일지도 모른다.[78] 인간의 눈에 의해 필연성이 선 또는 악으로 해석되고 분류될 뿐이다. 이익의 뒷면은 손해와 노고이며 손실의 뒷면은 마음의 가벼움, 즉 편안과 휴식이다. 인생에서 이익 보는 자가 따로 있는 것이 아니다. 총계산은 제로이다. 결국에는 자연법칙과 섭리밖에 남는 것이 없다. 이런 내용을 담은 나의 시가 다음의 것이다. (절대자의 문제는 너무나도 예민한 문제이다. 특정한 종교를 갖게 되면 거의 자동적으로 다른 종교

---

78) 여기서 나는 상상을 다하여 절대자에 대해 생각해본다. 만일 세상에 신이 존재하고 그 신이 선하다면 이 세상에 전쟁도 질병도 죽음도 없어야 할 것이다. 아름다운 노루가 한순간에 호랑이 이빨에 찔려 숨이 끊기고 잡아먹힌다. 무슨 이유 때문인가? 그렇게도 아름답고 신비로운 존재가 왜 그런 무참한 죽임을 당해야 하는가? 질병과 죽음은 선도 악도 아닌 자연의 순리일 뿐이며 신은 선하지도 그리고 악하지도 않다. 신은 자연법칙을 행하는 냉철한, 담담한 존재일지도 모른다.

를 적대시하게 된다. 인류 역사에서 종교갈등으로 비극을 겪어왔고 지금도 그렇다면 우리는 종교를 좀 더 다른 마음으로 대해야 한다. 그것은 보다 열린 태도와 보다 관용적인 태도이다. 에리히 프롬의 주장이 가슴에 다가온다. 그것은 일신론과 무신론은 싸울 필요가 없는 두 견해라는 것이다.[79] 에리히 프롬에 따르면 참으로 종교적인 사람은 신에게 무엇을 바라면서 기도하기보다는 신에 대해 알 수 없음을 깨닫고 겸손하다. 신을 말로 떠벌이기보다는 신이 바랄 만한 원리, 예를 들면 사랑, 정의, 진리를 위해 살 뿐이다.[80])

선과 악에 대하여

－스피노자에게 바치는 시

빛 뒤에 그늘이
빛에 연이어 그늘이
빛의 반대편에 그늘이
빛 속에 그늘이 있다.

낮 뒤에 밤이
낮에 연이어 밤이
낮의 반대편에 밤이

---

79) 에리히 프롬, 『사랑의 기술』, 문예, 2006, 99쪽.
80) 에리히 프롬, 『사랑의 기술』, 문예, 2006, 98쪽.

낮 속에 밤이 있다.

선 뒤에 악이

선에 연이어 악이

선의 반대편에 악이

선 속에 악이 있다.

문명의 발달은 좋음과 더불어 인구과잉과 오염을 낳고

파괴는 창조와 건설을 낳는다.

이 세상에 절반이 선이고 절반이 악인데

정말 신이 세상 절반을 악의 존재로 창조할 수 있을까?

과연 신이 창조한 세계의 절반이 악일 수 있을까?

세상에는 선도 악도 없고

오직 엄밀한 자연법칙만 불가피한 필연성만 있다.

선도 악도 모두 필연성일 뿐이다.

이 세상에 순수한 선도 순수한 악도 없다.

그리고 절대적으로 보면 선도 악도 없다.

선악은 인간적 시각으로 만들어낸 것일 뿐.

그러나

선악을 알고 선악을 구분하는 인간이기에

인간은 인간의 눈으로 보는 선을 선택하며 살아야 한다.

선을 권장하는 종교의 신

선한 신은

바로 신을 위한 신이 아니라

인간을 위한 신이고 인생의 지침서이다.

악의 필연성을 말한다면 선의 권유가 설득력을 잃는다.

그래서 종교에서 악은 이해될 것이 아니라 저주의 대상이고 지옥의

대상이다.

선악이 연이어 있고 연결되어 있고 서로가 서로를 잉태한다고 해서

함부로 악으로 뛰어들어서는 안 된다.

악은 단지 이해의 대상일 뿐 추구와 선택의 대상은 아니다.

인간을 넘어서서 보면

악을 이해하게 되고 악을 선의 뒷면으로서 이해하게 된다.

어둠은 빛이 덮는 부드러운 이불

어둠을 악이라 배척하면

빛은 딱딱한 찬 바닥에 거주한다.

인간이기에 빛과 어둠을 구분하고

빛을 열망한다…그러나

인간을 넘어서면 어둠을 이해하게 된다.

빛만을 안다면 우주의 반쪽밖에는 알지 못한 것.

빛만을 인정하는 것은

우주의 반쪽만 인정하는 것.

어둠을 이해하면 세상의 소외받았던 또 다른 절반이 따스해진다.

그리고 비로소 세상 전체를 받아들이게 된다.

그러나 언제든 어둠은 이해받을 것이지 추구될 것은 아니다.

어둠으로 빠지는 인간은 언제나 두려워하고 후회하고 괴로워한다.

악을 즐기는 인간은 없다.

선악개념이 철학자마다 시대마다 다르기는 해도

악은 언제나 추구대상이 아니다.

다만 어쩔 수 없이 악에 빠질 뿐이다.

인간이기에

빛과 어둠이 뒤엉킨 세상에서 혼돈을 풀고

빛을 꺼내야만 한다.

폐쇄적 영혼과 열린 영혼이 있다. "전자는 배타적이며 분쟁을 일으킬 수도 있으며 증오를 배제하지 않는다. 그러나 후자는 사랑일 뿐이다. 전자는 그의 관심을 끄는 대상에게로 가서 곧바로 그 대상에 정착한다. 후자는 자신의 대상의 유혹에 굴복하지 않는다. 그것을 그 대상을 목적으로 하지 않고 더 멀리까지 돌진하며 대상을 거슬러 지나치면서 인류에 이른다."[81] – 앙리 베르그송

....

칸트의 윤리학

합리주의

칸트의 윤리학은 이성을 중심으로 하는 합리주의이다. 선의 인식과 선한 행위는 오로지 이성에서 비롯된다. 이성이 도덕법칙을 인식하고 충동을 절제하는 주체라는 점에서 칸트와 아리스토텔레스는 서로 상통한다. 칸트의 이성에는 순수이성과 실천이성[82]이 있다. 순수이성은 순수이성의 틀(형식)로 (감성적으로 직관된 것인) 무질서한 인식재료, 질료를 제압한다. (거기에다 질서를 준다. 판단 내린다.) 실천이성은 도덕법칙으로 무질서한 욕구를 제압한다. 칸트는 자연, 감각세계, 감정, 충동, 욕구, 더 나아가서 세계 전체 등 본래적으로 주어진 것에 대한 부정적인 안목을 가져 그 모든 것을 이성으로 지배해야 한다는 의식이 있었던 것이다. 칸트는 우리의 욕구와 감정을 동물적이고 이기적인, 악의 근원으로 간주하여 억압할 것을 권유한다.

---

82) 실천이성이 이론이성보다 우위이다. 실천이성은 도덕법칙을 통하여 의지를 규정하는 원인이다. 프리틀라인, 『서양철학사』, 강영계 역, 서광사, 287쪽.

그러나 우리 삶에서 욕구 충족처럼 즐거운 일이 없다면 사는 것이 무슨 의미가 있는가? 자신이 원하는 대로 자신을 만들고 실현하는 데에 삶의 의의가 있지 않는가? 우리가 원하는 모든 것을 억압한다면 우리는 자기실현을 어떻게 할 것인가? 아리스토텔레스는 욕구는 삶의 재료이므로 절단이나 금욕이 아니라 잘 다듬고 건설해야 한다고 보았다. 그것이 중용이다. 아리스토텔레스가 BC 4세기 사람이고 칸트는 18세기 사람이지만 아리스토텔레스가 훨씬 더 성숙한 생각을 했던 것 같다. 칸트철학의 의의는 우리가 때로 우리의 욕구를 아주 철저히 절대적으로 억제해야 할 때가 있고 스스로를 다스려야 하기 때문에 생겨난다. 자신을 철저히 관리하고 욕구를 억제한다면 극단적인 범죄는 일어나지 않을 것이다.

칸트의 법칙주의

• '행위의 준칙이 동시에 만인의 보편적 법칙이 되기를 염원할 수 있도록 행위하라.

• '사람을 수단이 아니라 목적으로 사용하도록 행위하라'와 같은 도덕법칙은 정언명령, 즉 절대적인 명령으로서 유일무이한 것인 반면에 다른 목적을 실현하기 위한 명령은 가언명령으로서 여러 가지가 가능하다. 친구를 원한다면 약속을 지켜라, 외모를 청결히 하라, 친구를 배려하라 등.[83]

준칙과 법칙의 구분[84]

준칙 — 개인적, 주관적, 경험적

법칙 — 객관적, 보편타당(모든 이에게 구속력), 선천적 = 모든 경험
     에 선행하여 타당

준칙 — 가언명법

도덕법칙 — 정언명법

의지의 자유는 증명될 수 없다

도덕이 성립하려면 세 가지 조건이 필요하다. 의지의 자유, 영혼불
멸, 신의 존재 등. 내가 하는 행동이 나의 의지에 의해서가 아니라 내
몸에 달린 끈을 누군가 조종하여 행하는 것이라면 나의 행동의 선악
을 말하는 것이 무의미하다. 그러므로 의지의 자유는 윤리세계가 성
립하는 기본전제이다. 그리고 살았을 때 했던 행위의 잘잘못에 대해
심판하고 벌줄 수 있는 존재, 즉 신의 존재가 필요하며 행위에 대한
상벌을 받을 수 있도록 나의 영혼이 죽은 뒤에도 계속 존재해야 한다.

그런데 이 세 가지 가운데 그 어느 것도 확실히 존재한다고 증명될
수 없다. 칸트는 의지의 자유를 확인 가능하다, 느껴진다 등으로 표현

83) 램프리히트, 『서양철학사』, 김태길 외 공역, 을유문화사, 508쪽.
84) 프리틀라인, 『서양철학사』, 강영계 역, 서광사, 303쪽.

했지만 증명은 불가능하다고 했다. 여기서 증명이란 과학적인 증명을 의미한다. 칸트는 과학을 좋아했고 과학적 지식만이 진정한 지식이라고 보았다. 칸트는 의지의 자유가 증명될 수는 없지만 도덕이 성립하는 것으로 보아, 즉 사람들이 도덕적으로 행동하는 것으로 보아 의지의 자유가 있음을 확인할 수 있다고 했다. 신의 존재도 증명이 불가능하다. 신이 존재한다는 것도 빈틈없이 증명할 수 있지만 반대로 신이 존재하지 않는다는 것 역시 빈틈없이 증명할 수 있기 때문이다. 이것은 이율배반이다. 신의 존재를 증명한다고 해서 없던 신이 생겨나 존재하는 것도 아니고 신의 부재를 증명한다고 해서 있던 신이 사라지는 것도 아니다. 신의 존재나 부재는 증명에 의존하는 것이 아니다. 그것은 알 수 없는 세계다. 우리는 함부로 신이 존재한다고 말해서는 안 되며, 신이 존재하지 않는다고 말해서도 안 된다. 신이 존재한다고 해도 우리가 알 수 없는 부분을 남겨두었을 것이다. 성경의 선악과 같이 인간이 알지 않았으면 하고 신이 바랐던 부분이 있을지도 모른다. 우리가 세계를 다 알 수 있고 신까지 알 수 있다면 얼마나 허무할까? 칸트는 마치 신이 존재하는 듯이 살라고 했다. 동물인 체하라는 말은 당신은 동물이 아니라는 것을 전제로 한다. 신이 존재하는 척하라는 것은 신이 존재하지 않는다는 것이다. 칸트의 발언은 그 당시 위험한 것이었다. 16세기의 스피노자도 신개념 때문에 암살당할 뻔했다. 칸트가 살아남았던 것은 칸트철학이 너무나 어려워서 사람들이 이해하지 못했기 때문이라고 한다.

위의 세 가지 가운데 윤리학의 가장 핵심이 되는 의지의 자유에 대해 좀 더 자세히 살펴보자. 의지의 자유는 도덕이 성립하기 위한 전제인데 순수이성비판을 보면 경험세계는 인과의 사슬로 빼빼하게 들어차 있으며 신, 자유, 영혼불사에 관한 인식이 불가능하다.[85] 경험세계는 철저한 결정론적 세계이므로 자유선택이나 도덕적 책임이 들어설 여지가 없다. 자유는 착각이다.[86] 이성이 도덕적 행위의 가능조건이라면 자유는 도덕행위가 산재하기 위한 조건이다. 칸트는 도덕세계가 존재하기 위한 여러 가지 요청을 제시하면서 의지의 자유도 요청한다. ① 도덕존재로서의 인간은 자유롭다. ② 영혼의 불사(선하도록 끝까지 노력 가능). ③ 선한 자가 행복해야 하므로 신이 존재해야 한다.[87] 그런데 과연 요청은 누구한테 하는 것이며 과연 요청하면 얻게 되는 것일까?

의지의 자유는 경험적으로 인식 불가능하다. 경험세계를 초월해 있는 것, 즉 물자체계에 있는 것으로 가정되며 학적인 증명이 불가능한 것이다. 칸트는 '의지 자유는 보증된다… 실천적으로, 즉 행위 속에서 확인된다… 느껴진다… 의식된다'는 용어를 사용한다. 그러나 자유가 있음은 결코 증명될 수 없었다. 자유는 직관적·절대적·실천적 확실성일 따름이다.[88] 도덕 내지 도덕법칙이 있는 것으로 보아 자유가 있

---

85) 이념은 인식 불가능하지만 탐구와 행동의 지침으로 봉사한다. "우리는 마치 세계의 전체성이 존재하는 것처럼 탐구해야 하며 마치 영혼이 불멸인 듯이 마치 신이 존재하는 것처럼 행동해야 한다." 영혼, 우주, 신은 각각 오류추리, 이율배반, 가상에 해당된다. 프리틀라인, 『서양철학사』, 강영계 역, 서광사, 302쪽.

86) 램프리히트, 『서양철학사』, 김태길 외 공역, 을유문화사, 507-510쪽.

87) 램프리히트, 『서양철학사』, 김태길 외 공역, 을유문화사, 511-512쪽.

다고 말하는 한편 자유가 있으니 도덕이 성립한다고 말한다. 이는 돌고 도는 순환논법이다. 칸트는 윤리학이 성립하기 위한 토대가 전혀 확실하지 않은 상태에서 윤리학체계를 세웠다. 이것은 건물의 일층을 확고히 짓지 않고 그 위에다 이층을 얹어 놓은 것과 같다. 공중에 떠 있는 화가 마그리트의 〈피레네 성〉과 같이. 칸트의 윤리학도 공중누각과 같지만 아직도 떨어지지 않고 있다.

동기주의

"도덕법칙을 지켰는가?"
도덕법칙에 대한 경외심이 행위의 동기여야 한다. – 칸트

"보다 높은 가치를 실현했는가?"
한 상황에서 선택할 수 있는 가치들 가운데 보다 높은 것을 선택해야 한다. – 막스 셸러

"행위가 행복에 기여했는가?" – 공리주의 행복주의
인간은 이성적 존재, 고로 이성의 발휘가 행복이다 – 아리스토텔레스

칸트에서 행위의 도덕적 가치는 오로지 동기에 달린 것이다. 행위

---

88) 프리틀라인, 『서양철학사』, 강영계 역, 서광사, 305쪽.

의 결과나 목표 달성 여부에 따라 도덕적 가치가 획득되는 것이 아니다. 한 사람이 선한 동기로 도로 위의 돌을 지우려 했으나 기운이 모자라서 성공하지 못했고, 다른 사람은 선한 동기로 그것을 시도하여 성공했다. 만일 이처럼 목표에 도달한 행위와 목표에 도달하지 못한 행위의 동기가 동일하다면 두 행위의 도덕적 가치는 동일하다. 돌을 치우지 못한 사람도 선한 동기를 가졌으므로 돌을 치우려고 했던 행위는 돌을 치운 사람과 똑같이 선하다.

칸트에서 선으로 판단될 수 있는 행위는 동기가 선한 행위이다. 그리고 동기에 내재된 의무에 대한 존경심이 행위를 진정한 선으로 만든다. 욕망, 성향, 모성애, 동정심, 사랑, 결과에 대한 기대, 처벌에 대한 두려움, 행복 추구 등 감정적인 요인이 동기라면 도덕적으로 무의미하다. 선의지는 지능, 용기, 부를 지향하는 의지가 아니라 의무를, 즉 도덕법칙을 존경하는 마음에서 지능, 용기, 부를 사용하려고 하는 의지이다. 행위의 결과를 고려하지 않고 오로지 동기만을 검토하며 동기 가운데에서도 도덕법칙에 대한 경외심이 있는가를 고려하므로 행위의 내용이 아니라 행위의 방식과 태도만을 문제시하므로 칸트의 윤리학은 형식주의라고 불린다.

동기주의의 교훈

칸트의 동기주의는 약간 경직된 듯하지만 본받을 만하다. 행복도 그렇듯이 세상 모든 것의 근원은 인간의 마음이고 의지다. 지금 세상의 모습은 사람들의 마음이 만들어낸 것이다. 세상은 사람들의 손발에 의해서 만들어지는 것이 아니다. 움직이려는 마음과 생각이 있기 때문에 손발이 움직이는 것이다. 우리는 무엇보다도 마음을 잘 먹고 잘 다스려야 한다. 여러분의 친구가 여러분에게 행한 결과가 나빴더라도 그가 좋은 마음으로 한 것이라면 감사하고 칭찬해야 한다. 결과가 아주 나빴더라도 여전히 그렇게 해야 한다. 반대로 결과가 아무리 좋았더라도 그가 좋지 않은 마음으로 한 것이라면 비난해야 한다. 낙태도 그 결과에 따라 좋거나 나쁘거나 선하거나 악한 것이 아니다.

낙태는 생명을 죽이는 것이므로 낙태행위 자체의 가치가 악인 것이다. 낙태는 어떤 마음으로 했든지 간에 이미 악이고 불가피한 경우 가장 좋게 평가해봤자 (선이 아닌) '어쩔 수 없는 필요악'일 뿐이다. 우리는 수정란도 인간이라는 엄격한 가톨릭 입장을 지키기 힘들고, 낙태는 종기를 짜는 것이라는 자유주의를 따를 수도 없다. 둘 사이에서 진지하고 신중하게 타협점을 찾아야 한다. 자유주의 입장에 서서 타협한다면 생명 경시에 빠지게 된다. 최대한의 생명 존중의 관점에서 어렵게 타협해야 하고 끝까지 생명을 존중해야 한다. 인간은 최선을 다할 뿐이고 결과까지 미리 보증될 수는 없다. 그러므로 결과를 기준으로 한 행위의 평가는 옳지 않다. 물론 우리는 결과에 대한 책임을 져야 하고 상벌을 받아야 한다. 결론적으로 윤리의 근본은 언제나 어디까지나 동기이고 마음이다.

칸트의 윤리학은 지나친 엄격주의이며 형식주의라는 비판을 받지만 인간이 근본적으로 자기를 다스리고 절제해야 한다는 점과 마음,

즉 동기를 올바로 갖도록 스스로를 돌봐야 한다는 점은 동기주의의 교훈이다. 칸트의 이성주의를 뒤엎고 삼성주의 윤리학을 세운 셸러도 칸트의 윤리학을 비판할 가치가 있을 정도로 아주 가치 있는 철학이라고 높이 평가했다. 그래서 셸러는 칸트학회 회장이 되었다.

> **다른 생각**
>
> **칸트** - 물자체는 절대로 알 수 없다.
> **쇼펜하우어** - 물자체가 무엇인지는 내가 안다.
> 물자체란 바로 맹목적 의지다.

생활 속의 윤리 – 층간소음문제

행복은 마음먹기에 달려 있고 사고방식에 달려 있지만 소음의 고통
은 질병처럼 어떤 마음과 생각으로도 사라지지 않는다.
"개인의 안전에 대한 기본적인 위협 즉 만성 감기, 음식 부족 또는
과도한 환경소음에는 결코 적응할 수 없다."[89]

소음은 단순한 심리적인 불쾌감이 아니라 생명 메커니즘에 대한 침
해이다(물론 모든 심리적 불쾌감이 생명체의 상태에 영향을 준다). 비행기 소
음으로 인해 가축이 폐사하는 예가 이를 입증한다.

층간소음 문제는 복잡해지는 도시 속에서 나날이 증가하고 있으며
고통받는 사람들의 목소리가 점점 더 커지고 있다. 소음문제가 이제
야 사회적 이슈로 크게 부각되는 것은 그동안 우리나라에서 정신과
영혼의 가치가 경시되었기 때문이다. 즉 물질적 피해에는 민감하지만

---

89) 대니얼 네틀, 『행복의 심리학』, 김상우 역, 와이즈북, 127-128쪽.

소음으로 입는 피해 같은 정신적 피해가 진정한 피해이고 심각한 피해라는 것을 산파했기 때문이다. 아래위 층 간의 소음을 막지 못하는 부실한 비인간적인 건물이 한반도에는 너무도 많다. 여기에는 경제적·도덕적·사회적 요인이 작용하고 있고, 부정의한 우리 사회의 일면이기도 하다. 부실한 건물을 뜯어고치기는 너무 어렵다. 그러면 어떻게 이 문제를 해결할 것인가?

우선 소음으로 피해를 주는 가해자들을 설득하는 일이 중요하다. 조용히 하라는 단순한 명령은 설득력도 없고 사생활에 참견한다는 항의와 더불어 분노를 살 수도 있다. 인간의 마음을 바꾸려면 사실에 대한 정확한 인식을 심어주어야 한다. 가해자가 피해자의 피해 사실을 명확하게 인식한다면, 그리고 그 인식이 단순한 지식이 아니라 가슴 깊이 파고들어 깊은 깨달음이 된다면, 그 인식은 행동의 변화로 이어질 것이다. 알면 감정이 바뀌고 행동이 바뀌게 마련이다. 상대의 고통을 진정으로 깨닫게 되면 가해를 하지 않을 것이다. 우선 소음이 무서운 고통의 요인임을 인식하도록 설득해야 한다. 물리적 상해를 입히는 것도 잘못이지만 소음도 피해를 주는 것임을 깨닫도록 해야 한다. 소음 발생이 잘못임을 인식한다면 가해자도 진정으로 뉘우치고 소음에 대한 항의에 분을 품지 않을 것이다. 자기 집에서 자기 마음대로 살 권리가 있다고 하는 이기주의와 자기중심주의에서 벗어나도록 해야 한다.

이런 깨달음을 과연 누가 제공할 수 있는가? 갈등관계에 있는 한쪽이 다른 쪽을 설득하기는 힘들다. 우선 양쪽이 부정적인 감정에 차 있기 때문에 아무리 바른말이라도 상대방에게 제대로 전달되기 힘들고 흡수되기 힘들다. 그러므로 상황을 전달해줄 수 있는 누군가 다른 제삼자가 필요하다. 공적 기관이 나서서 중재를 해준다면 더 이상 바랄 나위가 없을 것이다. 상대의 고통을 단순한 지식이 아니라 깨달음의 상태가 되도록 알려주는 전도사 헤르메스가 필요하다. 가해자에 대한 분노의 표현이나 공격적 행동보다는 '층간소음 이웃사이센터'의 도움으로 상대에게 자신의 상황과 문제를 알리는 것이 효과적이다.

사람마다 입맛과 취향이 다르듯이 소음도 마찬가지다. 각자가 싫어하고 예민하게 반응하는 소음이 따로 있다. 윗집에서 아무리 시끄러워도 그 소음이 아랫집이 싫어하는 종류의 소음이 아니라면 분쟁과 갈등이 전혀 없을 수도 있다. 소음 피해를 호소하는 사람에게 지나치게 민감하다는 비판은 부당하다. 각자 민감한 소음은 다를 수 있기 때문이다. 층간소음분쟁과 갈등에서 대화가 필요한 이유도 그 분쟁과 갈등이 보편적인 이유라기보다는 개개인의 감각의 특성과 생활스타일로 인해서 벌어지는 것이기 때문이다. 소음으로 인한 피해를 상대가 호소한다면 불가피한 소음이더라도 사과는 필수적이다. 예를 들면 유아는 통제할 길이 없으므로 아이가 내는 소음은 당연히 참아야 한다는 논리는 맞지 않다. 타인에게 어쩔 수 없이 끼치는 피해도 피해임에는 변함이 없으므로 당연히 사과하고 이해를 구해야 하며 방음매트를 깔고 방음장치를 하는 등 적극적인 해결책을 찾아야 한다.

과거에는 흡연이 자기 돈으로 산 담배를 피워 자기 몸 안에 연기를 흡입하는 흡연자의 자유 권리로 오해되어 막을 길이 없었다. 이제는 흡연이 법으로 통제되고 흡연이 범죄라는 식으로 모두의 의식이 변하고 있다. 이제 층간소음도 미찬가지다. 층간소음을 발생시키는 것이 범죄라는 의식이 모두 안에 자리 잡는다면 모두가 보다 편안하게 살 수 있을 것이다. 그에 따라 건축방식도 달라질 것이다. 소음 피해자도 법을 통해 보호받고 평안한 삶을 누릴 수 있을 것이다. 소음 피해가 피해임을 인식하고, 소음 가해가 흡연처럼 자유권의 행사가 아니라 타인에 대한 가해 내지 범죄라는 인식이 확산되고, 사회적 인식과 대중의 의식수준이 높아져야 소음에 대한 법이 제정될 수 있고 법으로 규제될 수 있다.

무조건 참는 것이 미덕이 아니다. 누군가 자기 것을 훔치는데 참는 것은 옳지 않다. 소음 피해는 마음의 평화를 탈취당하는 것이다. 소음 문제는 반드시 해결되어야 하며 평화와 행복을 찾고 자신의 정신적인 권리를 회복해야 한다. 초월은 문제해결의 좋은 방법이 아니다. 나는 서양철학을 했고 동양적인 초월에 조금 회의적이다. 물론 거리를 두고 바라보는 것은 문제를 다시 보게 하므로 거리두기도 필요하기는 하다. 그러나 초월은 거리두기의 의미가 있을 뿐 문제에 대한 해답은 아니다. 초월 후에는 앙금이 두텁게 남아 없어지지 않는다. 인간인한 완전한 초월은 없다. 소음에 대한 서양적인 해결방식은 소음문제로 깊이 파고들어 가서 해결책을 얻어내는 것이다. 침묵으로 초월하고 무조건 타인을 포용하고 용서하는 것이 아니라 대화나 소통으로, 즉 언어로 문제를 곱게 갈아서 풀이하고 마음을 풀고 문제를 푸는 것이다. 진정한 이해 뒤에는 행동의 변화가 오게 마련이다.

충간소음문제는 현재는 아파트에서 자체적으로 규제하도록 권장되고 있다. 한 아파트의 소음관리위원회가 만든 다음 규정은 우리 사회의 진보의 증거이다.

"밤 12시에서 오전 5시에 샤워와 배수 자제. 밤 10시에서 오전 6시 음향재생기 사용 금지. 문을 세게 닫는 행위와 아이들이 뛰는 행위 등은 평소 자제한다."[90]

---

90) 중앙일보. 2013. 2. 13. 14면.

먹이냐, 거미줄이냐?

먹이를 잡기 위해
거미줄을 찢는 거미가 되어야 하는가

피터싱어는 아프리카에서 굶어 죽어가는 아이를 모른 체하는 것은
우리 앞에서 물에 빠져 죽는 아이를 모른 체하는 것과 다르지 않다고 본다.
"만일 우리가 무엇인가를 하지 않는다면 무엇인가를 했을 경우
살았을 아이들이 어려서 죽을 것이 확실하다."[91]

91) 나이절 워버턴, 『철학자와 철학하다』, 이신철 역, 에코리브르, 287쪽.

전통윤리와 응용윤리의 차이점

응용윤리는 현대에서 과학기술, 의료기술의 발달과 더불어 새롭게 태어난 분야이다. 플라톤 이래 칸트를 거쳐서 현대의 공리주의에 이르기까지 윤리학의 중심주제는 '선악의 원리는 무엇인가'였다. 어떤 행위를 선으로 만드는 것은 그것이 행복을 가져다주는 것이라는 관점도 있고 타인을 배려하는, 즉 선하고자 하는 순수한 동기라는 관점도 있다. 아무튼 전통윤리에서 선악이란 어디까지나 한 개인이 행하는 행위의 선악을 의미한다. 그러나 현대의 응용윤리는 전쟁 행위와 같은 집단적 행위의 선악까지도 다룬다. 더불어 성차별 같은 집단적 행위와 제도의 잘잘못을 논의한다. 전통윤리는 행위가 미치는 즉각적인 결과를 윤리적으로 고려하지만 응용윤리는 몇 백 년 후의 결과까지도 고려한다. 예를 들면 캔을 버리는 행위의 결과는 수백 년에 이르기까지 영향을 미친다. 전통윤리는 인간이 다른 인간에게 가하는 행위의 선악에 관심을 두지만 응용윤리는 육식이나 동물학대처럼 인간이 동물에게 가하는 행위, 더 나아가서 땅, 물, 공기, 식물에게 미치는 행위의 결과까지 고려한다.

과거의 전통윤리에서는 남을 때리면 그가 아파하고 불쾌해할 것이라는 상식이 올바른 행위의 토대가 되기에 충분했지만 응용윤리에서는 종이컵을 버렸을 때 자연 속에서 얼마 동안이나 잔존하며 어떤 부작용을 낳는가와 같은 과학적 지식이 필요하다.

과거의 전통윤리에서는 동기의 올바름이 무엇보다도 중요했지만 동기의 올바름과 행위 자체의 선악뿐만 아니라 인간에게 미치는 결과에 보다 강하게 주목한다. 응용윤리를 주제로 발표수업을 하다 보면 많은 학생들이 미래에 나쁜 결과 또는 불행을 초래할 것 같은 예측을 근거로 낙태, 사형 등이 얼마든지 용납된다는 결론을 내리곤 한다. 그러나 이익과 행복 등 좋은 결과만을 행위의 기준으로 한다면 '노예제도도 비판 불가능하게 만드는' 공리주의의 난점에 빠지게 된다. 선과 올바름에 대한 엄밀한 판단력을 잃지 않을 때 인간존엄성이 존중되고 인류의 행복도 유지될 것이다.

> **다른 생각**
>
> **기독교** – 이 세상은 인간을 위해 하나님이 만든 것이다. 인간에게는 번성을 위해 동식물 등 모든 것을 이용할 권리가 있다.
> **생태주의자** – 이 세상은 인간뿐만 아니라 모든 존재를 위해 존재하는 것이다. 나무의 존재권리도 인정해야 한다.

전통윤리와 응용윤리

인격성의 기준을 합리적이고 자의식 존재인가, 자신이 과거와 미래를 가지는 자의식적 존재임을 아는가에 둔다면 인간 가운데에도 인격체가 아닌 인간이 있고 동물 가운데에도 인격체인 동물이 있다고 해야 한다. 어떤 침팬지는 바나나를 손에 넣기 위해서 숨어서 동료가 떠나기를 기다리는 등 주의 깊은 계획을 세우고 절제할 수 있다. 따라서 침팬지를 죽이는 것은 인격체가 아닌 심각한 결함이 있는 인간을 죽이는 것보다 더 나쁜 일이다.[92] – 피터 싱어

	전통윤리	응용윤리(환경윤리)
행위자	개인	개인, 집단, 제도
행위대상	인간	인간, 동식물, 무생물, 땅, 물, 공기
고려되는 행위결과(시간)	현재에서 가까운 미래	현재에서 가까운 미래, 먼 미래, 불확정적 미래
고려되는 행위결과(공간)	동시대의 시공간	동시대의 시공간, 불확정적 공간
지식의 필요 여부	상식으로 족하다	보다 전문적·과학적 지식 필요

응용윤리의 예에는 생명윤리, 의료윤리, 성윤리, 성차별, 빈부차이, 직업윤리, 전쟁윤리, 환경윤리 등이 있다.

생명윤리: 쥐피부 세포로 난자를 배양해서 새끼를 낳게 할 정도로 과학이 발전하고 있다.[93] 사람의 피부세포로도 난자를 만들어 사람을 낳게 할 수도 있다는 이야기다. 살아있는 생명체를 어떻게 다루어야 하는가? 인간이 아닌 동식물을 죽이는 것은 정당한가?

의료윤리: 자궁 속 태아는 인간인가? 어떤 존재가치를 가지는가? 어떤 불가피한 상황에서 낙태가 정당화될 수 있는가? 회복 불가능으로 판정된 환자의 안락사는 정당한가? 그 외에 대리모, 장기이식, 인간복제, 인간의 유전자조작, 수정란 실험 등은 어떠한가?

성윤리: 성윤리는 문화상대적인 것이며 옳고 그름의 판단은 문화에

92) 피터 싱어, 『실천윤리학』, 김성동·황경식 역, 철학과현실사, 134-139쪽.
93) 중앙일보, 2012.10. 6. 6면.

제10장 먹이냐, 거미줄이냐?   189

따라 다를 수밖에 없는가? 인류 공통의 성윤리가 있는가? 자유로운 성관계는 어떤 섬에서 부당한가? 원숭이에게 일부일처제를 도입하는 것은 쉽지 않을 것이다. 본성에 맞지 않기 때문이다. 최근 연구결과에 따르면 인간 역시 일부일처제의 본성을 가진 동물이 아닌 것으로 밝혀졌다. 그렇다면 일부일처제는 존속되어야 하는가? 그것만이 올바른 결혼제도인가?

성차별: 여성성과 남성성의 본질은 무엇인가? 둘 간의 본질적인 차이가 있는가? 있다면 선천적인 생물학적인 근거인가, 문화적인 근거인가? 남녀 간의 우열을 가릴 수 있는가? 남녀차별은 정당한가?

빈부 차이: 출신과 능력의 차이로 빚어진 가난이 누구의 잘못도 아니라고 해서 방치할 수 있는가? 빈부 차이는 왜 부당한가?

직업윤리: 직장 내의 상하관계와 동료관계에 따라 그리고 직업의 성격에 따라 윤리는 달라질 수 있는가?

폭력: 이 세상에 정당하고 선한 폭력이 있는가? 범죄자에 대한 사형은 공적인 권력에 의한 폭력은 아닌가? 다수의 행동을 따르는 것은 군중심리이며 판단력의 부족으로 잘못이 확대될 수 있다. 여러 친구들이 놀리고 미워하는 친구가 있다고 할 때, 나도 그들과 함께해야 하는가?

전쟁윤리: 인구감소, 의학의 발달 등 전쟁이 유익한 결과를 가져온다고 해서 좋은 것이라고 할 수 있는가? 방어 목적의 전쟁이라고 해서 정당하다고 할 수 있는가?

환경윤리: 개인적 또는 사회적 이익과 편의와 공익을 위해서 자연을 훼손하는 것은 정당한가?

환경윤리

현대과학·기술문명의 발달과 더불어 자연환경의 훼손과 오염이 심각해지면서 현대에서 자연에 가하는 인간 행위의 옳고 그름의 기준을 학문적으로 연구하는 분야가 생겼다. 당장의 눈앞의 이익만을 염두하고 행하는 개발과 자연 훼손은 마치 거미줄을 찢고서라도 먹이를 취하려는 거미의 어리석음과 유사하다. 자연은 인류의 집과 같기 때문이다. 오늘 아침에 이 글을 수정하면서 핸드폰 배터리에 대해 생각해 보았다. 회사마다 기종마다 전 버전과는 달라지는 배터리 형태로 인해 무수한 핸드폰과 배터리 그리고 충전기가 이 순간에도 버려지고 있다. 다른 회사가 흉내내지 못할 새로운 제품으로 사람들을 현혹시켜 이익을 챙길 욕심에 환경을 죽이고 있다.

눈앞의 이익만을 노리고 환경문제를 도외시한다면, 자신뿐만 아니라 인류에 해를 입히는 것이다. 환경 오염으로 인간이 생존의 위협을 받는다면 이 세상 어떤 가치도 더 이상 있을 수 없으며 더 이상 의미가 없을 것이다.

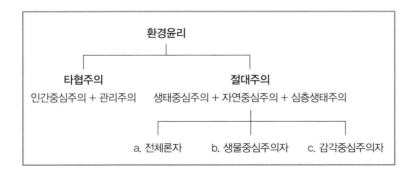

a) 전체론자(Holism)들은 생명을 가진 존재자들뿐만이 아니라 무기물과 자연에서의 아름나움, 실서, 나양성, 목적론직 세계 등 자연 전체가 고유한 내재적 가치를 갖는다고 주장한다(레오폴드만, 마이어-아비쉬).

b) 생물중심주의자(Biocentrism)들은 생명을 가진 모든 것의 내재적 가치를 인정하는 동시에 생명 존재가 도덕적인 배려의 대상이 되어야 한다고 주장한다(네스, 드볼, G. 세션, 폴 W. 테일러, Holmes 롤스톤). 여기서 모든 생명의 동등성을 인정할 것인가 아니면 생명을 가진 존재들의 가치를 차등화할 것인가에 따라 입장이 달라진다.

c) 감각중심주의(Pathocentrism)는 감각과 감정을 가진 생명존재들을 우선적으로 배려하고 그것들의 고통을 최소화하는 데 중심적 노력을 기울인다(피터 싱어, 톰 리건). 특히 동물에게 불필요한 고통과 불안을 주지 않고 학대를 금지하는 동시에 생명에 대한 연민과 경외심을 갖도록 유도한다(슈바이처).

자연·생태·환경

자연(natur physis): 원래의 뜻은 본성이다.

광의의 자연: 자연에는 속하지 않는 것이 없다. 예를 들면 철학자 스피노자의 자연개념은 우주 전체가 자연이며 신도 자연이다. 광의로는 인간도 자연에 포함된다. 인간의 몸은 자연이다. 인간의 이성도 인간의 본성이며 그런 의미에서 자연이다.

협의의 자연: 인간이 인위적으로 만든 문화에 반대되는 개념이다. 인간의 손이 닿지 않은 상태 그대로의 자연을 가리킨다.

환경과 생태: 환경은 인간에, 생태는 모든 생명체에 초점을 둔다.

생태계: 유기체와 유기체의 환경세계 간의 상호작용체계, 또는 생물적·무생물적 구성 부분을 포함한 전체 체계로서 체계 내 에너지와 자양물질들의 사이클에 초점을 둔 개념으로 이해되곤 한다. 생태계가 인간보다 살아있는 모든 유기체를 염두하고 있다면, 환경은 다른 생명체보다도 특히 인간에 초점을 맞추어 인간을 둘러싼 자연을 가르킨다.

생각을 바꿔야 습관이 바뀐다.

습관을 바꿔야 숲이 산다.

숲이 살아야 인간이 산다.

환경윤리학자
한스 요나스[94]의 말

칸트의 정언명령이 개인적 차원이고 순간적인 것인 반면에 환경문제를 위한 정언명령은 사회적, 전 인류적 차원이며 미래인간들을 지향한다.

너의 행위의 효과가 지상에서의 진정한 인간적 삶의 지속과 조화될 수 있도록 행위하라.

너의 행위의 효과가 인간생명의 미래의 가능성에 대해 파괴적이지 않도록 행위하라.

지상에서 인류의 무한한 존속을 가능하게 하는 제 조건을 위협하지 말라.

---

94) 요나스의 환경윤리는 『책임의 원칙』이라는 저서에 집약되어 있으며, 요나스의 『생명의 원리』는 20세기 철학의 분야에서는 유일하게 생물학·인공지능학적 체계이론 등의 자연과학과 대화하면서 생명을 포괄적으로 탐구하고 있다.

이것은 증명 불가능한 공리이다. 우리 생명을 버릴지라도 인류의 생명을 위태롭게 해서는 안 된다. 현세대의 존재를 위해서 미래세대의 비존재를 선택할 권리, 미래세대를 위태롭게 할 권리는 없다.

아름다운 시골길을 위한 좋은 생각

나는 지금 아담한 산들로 빙 둘러 싸인 작은 도시 외곽에서 살고 있다. 산을 가로막는 건물 같은 것이 전혀 없어 밤이면 달이 살찐 소 같은 산등성이 위로 두둥실 떠오른다. 논 위를 걷는 황새도 좋고 논둑의 산딸기 오디도 좋다. 택시를 타고 들어오면 나는 버릇처럼 마을 광고를 한다. "이 마을 이름을 고향리라고 고치고 고향처럼 꾸며 산책코스로 만들면 좋겠지요? 논길, 밭길 구불구불한 언덕 위의 골목길 오르내리면 정겹겠지요. 개발이 아니라 관광수입으로 살면 되지 않겠어요?"

그러나 딱 한 가지 눈에 거슬리는 것이 있다. 무분별하게 뿌려지는 제초제로 누렇게 삭아가는 논둑, 밭둑의 풀밭이다. 지나가다가 보아둔 예쁜 꽃이나 희귀종 식물이 하루아침에 폭탄 맞은 듯이 노란색으로 변해 오그라들 때 여간 섭섭한 것이 아니다. 논밭에서 일하는 농부들과 여러 차례 대화를 해보았고 제초제 사용을 자제할 것을 권유도 해보았지만 헛수고였다. 그들은 하나같이 제초제는 전혀 해가 없으며 제초제 없이는 소득이 없어 농사짓는 의미가 없다고들 했다. 그리고 정부에서 제초제 사용을 권장하고 공장에서 제초제를 생산해내도록 허락하는데 농부들이 무슨 잘못이 있겠느냐고 항변했다.

많은 사람들이 돈의 논리에 지배되고 있다. 물론 먹고 사는 생존이 무엇보다 중요하기는 하다. 그러나 땅은 영원한 개인 소유가 될 수 없다. 땅은 후손에게 물려주어야 할 유산이다. 만일 인간의 수명이 천 년이라면 사람들의 행동이 지금과는 다를 것이다. 지금은 잘 먹고 잘 살지만 오백 년 후에는 농약으로 흙이 오염되어 농사지을 수 없다면, 절대로 농약을 쓰지 않을 것이다. 농약은 흙을 오염시켜 사람들을 병들게 할 뿐만 아니라 땅속 미생물과 지렁이 등을 죽게 만들어 통기성을 떨어뜨리고 물도 품지 못하게 한다. 그러면 결국 지하수도 고갈되고 홍수로 인한 토양침식을 피할 수 없다. 또한 농토 주변의 풀밭은 습도와 온도를 유지해주고 해충을 잡아먹는 익충의 서식지 역할도 한다. 진정으로 수확과 소득에 관심이 있다면 농약 사용을 자제해야 할 것이다. 철학자 요나스는 생태 보존을 위한 절대적인 명령을 만들었다. "네가 죽을지라도 절대로 자연을 오염시키지 말라! 후손에게 해가 될 일은 절대로 하지 말라!"

도시 사람들은 시골을 동경하고 휴가를 내어 겨우 시골로 떠나곤 한다. 그러나 농약 덩어리인 시골은 녹색 유토피아와는 전혀 거리가 멀다. 도시는 도시대로 시멘트로 뒤덮이고 매연으로 오염되고, 시골은 나날이 농약 범벅이 되고 있다. 생명을 다루는 농사꾼들이 생명과 생명의 보금자리인 흙을 함부로 다루는 것은 안타까운 사실이다. 만일 농사를 짓지 않고 농토를 몇 년 정도 묵힌다면 온갖 희귀식물과 동물이 몰려들어 생태친국을 이루게 될 것이며, 생태관광지로 만들어 관광수입을 올릴 수도 있을 것이다. 『야생초 편지』라는 책도 있지만 들판 위에 피어나는 모든 생명 그 자체가 신비스럽고 아름답다. 잔디밭에서 퇴출되는 대개의 야생초가 사실 잔디보다 귀중하고 희귀한 가치를 갖는다. 중국농산물이 농약 덩어리이고 더럽다는 편견이 있다. 나 역시 중국식품에 대한 혐오감에서 벗어나지 못하고 있다. 그러나 위와 같은 시골 풍경을 접한 나로서는 국산식품에 대해서도 역시 과연 그것을 맘 놓고 먹을 수 있는지 의문이 든다.

문제는 농약뿐만이 아니다. 농토 주변의 쓰레기 문제도 심각하다. 논둑에 나뒹구는 농약병을 보면 아찔해진다. 등산객은 먹다 남은 음식물과 일회용품들을 산에 묻고 내려오고 낚시꾼들은 그들대로 강 속에 그물이나 가스레인지, 술병 등을 버리고 떠난다. 야외에서 그리고 도시 거리에서 쓰레기를 버리는 행위는 절대로 근절되어야 한다.[95] 쓰레기는 지저분하기도 하지만 하수구를 틀어막아 침수의 원인이 되기도 한다. 해마다 장마 뒤에는 어마어마한 쓰레기가 바다와 강으로 밀려온다. 심지어 대한민국 국민 누구나 애지중지 생각하는 독도 주변도 어부들이 버린 어망 등 쓰레기로 몸살을 앓는다. 환경 오염 문제를 떠나서 이것은 양심 오염의 문제이다. 자연의 건강과 인간의 건강 없이는 진리도 행복도 무의미하다.

---

95) 바닥 딛기를 두렵게 만드는 야만적인 가래침 뱉기도 자제되어야 한다.

제 11 장

생존에 급급한 삶인가,
아름다움을 추구하는
삶인가?

시와 음악…,
문화가 있는 삶의 의미

위대한 미술의 시대에는 항상 과학과 마찬가지로
이론과 지식이 존재했지만 그것은 결코 직관을 대신할 수 없다.
이론과 지식은 재료와 방법을 제공하는 임무에 만족해야 한다.
반대로 직관은 수단으로서의 재료와 방법을 이용해서
목적에 도달할 수 있기 때문에 직관만으로는 예술이 이루어질 수 없다.
재료와 지식 없는 직관은 무력하다.[96]

– 추상화가 칸딘스키

96) 하요 뒤히팅,『바실리 칸딘스키』, 김보리 역, 마로니에북스, 75쪽.

들꽃들이 조화롭게 어우러진 숲을 바라보면 어떤 생각을 하게 될까? 생물학자는 숲의 지질과 고도, 기후 등을 곰곰이 떠올리며 식물의 종 이름을 기억하려고 애쓸 것이다. 농부라면 숲의 잡초들이 자신이 농사짓는 밭에까지 퍼지지 않을까 걱정할 수도 있다. 부동산 판매업자라면 이 부근의 땅값에 대해 생각할지도 모른다. 그러나 숲과 꽃의 아름다움에 순수하게 몰입하는 사람들도 있을 것이다. 그 사람들은 세상을 미적 태도로 바라본다고 할 수 있다. 예술가들은 바로 미적 태도를 가지고 사물을 바라보는 사람들이다. 똑같은 시대와 똑같은 땅에 살아도 사람마다 관심의 방향에 따라서 전혀 다른 세상을 보고 있는 것이며 다른 가치를 추구하며 아주 이질적인 삶을 살아가는 셈이다. 생존에 대한 걱정 때문에 아름다움 같은 것은 도대체 신경 쓸 틈이 없다고 말하는 사람도 많을 것이다. 그러나 아름다움은 바로 우리의 걱정과 불안을 완화시켜주고 마음을 달래주는 귀중한 것이다. 삶이 고달플수록 더욱 열심히 들꽃으로 눈을 돌리며 음악을 듣고 그림을 보며 시를 읽어야 할 것이다.

도시의 외관과 체계가 일부러 미술관이나 콘서트를 방문하지 않아도 아름다움을 즐길 수 있도록 만들어져 있다면 더욱 좋을 것이다. 도시 공터를 이용한 콘서트나 전시회도 좋고 건물이나 벽을 만들 때 미적인 측면을 충분히 고려해야 할 것이다. 비어 있는 땅을 가만히 놓아두지 않고 건물 세우기에 바쁜 매몰찬 현실 속에서 우리는 살아가고 있다. 아파트를 짓더라도 기존에 존재하는 나무와 숲을 보존하는 방향으로 계획하면 더욱 건강하고 조화로운 삶을 만들 수 있을 것이다. 역 앞 커다란 나무를 무참히 자르고 들어선 대형마트 주변에 여름에는 지독한 열이 끓어오르고 겨울에는 혹독한 냉기가 팔을 휘두르며 가로막고 있다. 나는 환경을 배려하지 않고, 따라서 인간을 배려하지 않는 상점에는 가지 않으리라 다짐한다.

독일의 작가 괴테는 하루 한 편의 좋은 시와 그림과 음악을 접할 것을 권유했다. 십 원짜리가 쌓여서 일억이 될 수도 있듯이 작은 습관이 쌓이면 인간성도 완전히 변할 수 있다. 오늘부터라도 게임만 하지 말고 휴대폰으로나마 검색해서 그림도 보고 음악도 들어보자. 칸트, 쉴러, 베르그송, 쇼펜하우어가 입을 모아 똑같이 말한 것처럼 아름다움에의 몰입이 일상적인 근심의 세계를 떠난 순수한 상태이다(물론 미에 대한 욕심과 집착 또한 하나의 속세적인 근심이 될 수 있다. 마찬가지로 도에 대한 지나친 집착도 근심의 하나이다. 플라톤의 말에 따르면 아름다운 예술은 감각적인 아름다움에 넋을 빼앗기게 만들어 영원한 이데아를 망각하게 할 수도 있다).

예술철학이란 무엇인가?

철학을 한마디로 정의할 수는 없지만 대개의 철학자들이 세계에 대한 보편적인 본질과 원리를 찾아내고자 시도했다. 한마디로 지금 여기의 개체를 떠나 영원한 본질로 이행하려고 했다. 철학을 '본질의 추구'라고 잠정적으로 정의하면 사회철학이란 사회의 본질을, 문화철학이란 문화의 본질을, 경제철학이란 경제의 본질을 말하고자 한다. 예술철학은 바로 예술의 본질에 대한 탐구라고 할 수 있다. 예술철학은 감성에 관한 학문 에스테틱스esthetics의 번역어로서 때로 미학으로도 번역된다. (셸링은 예술을 절대자의 현시라고 보아 단순한 '감성의 학'의 의미를 지닌 미학 개념을 거부한다.) 한국어에서 예술철학은 자연의 미가 아니라 인간의 작품만을 대상으로 하며, 미학은 아름다움에 관심을 가지는 것 같은 인상을 풍기지만 실제로 그렇지 않다. 미학과 예술철학은 에스테틱스에 대한 서로 다른 번역일 뿐이며 실제로는 철학의 동일한 분야를 가르킨다. 미학, 곧 예술철학은 자연의 미와 더불어 인간이 만든 예술작품 모두의 본질을 밝히려는 시도이다.

예술은 멋진 작품의 창작이 이루어지는 영역이다. 그러나 예술철학은 이름 안에 예술은 들어 있지만 예술과는 구분되는 작업이 중심이 된다. 즉 예술철학은 그것이 철학인 한 어디까지나 이성적·논리적 사고의 영역이다. 예술철학은 예술을 관찰 대상으로 삼아 예술의 본질을 알아내고 개념화하고자 하는 시도이다. 예술은 아름답지만 안타깝게도 예술철학은 건조하다. 아마도 서점에서 미학책을 흘깃 들춰보고 곧바로 달아나지 않는 사람은 없을 것이다.

셸링(1775–1854)
"자연은 눈에 보이는 정신이고 정신은 눈에 보이지 않는 자연이다. 자연과 정신 모두 신적인 것이다. 모든 것이 자기 나름대로 창조한다. 자연은 무의식적으로 창조하고 인간은 예술을 창조한다."

예술이란 무엇인가?

예술철학이 관심대상으로 삼는 예술은 무엇인가? 예술이라고 하면 떠오르는 것이 예술작품뿐만 아니라 그림 그리고 있는 예술가, 콘서트홀의 감상자… 등 한두 가지가 아니다. '예술을 한다'는 말도 있고 '그것은 예술이다'라는 말도 있다. 예술이라는 영역 안에는 대상으로서의 예술작품뿐만 아니라 예술창작과 예술가, 감상자의 감상행위, 그 모든 것이 들어 있다. 예술철학은 작품과 작품의 미 그리고 창작과 감상의 본질 모두를 다룰 수 있는 철학의 분과이다.

예술철학을 복잡하게 만드는 것은 바로 예술개념이 시대마다 다르기 때문이다. 우리가 오늘날 상식적으로 예술이라고 부르는 것이 고대 그리스에서는 예술로 대접받지 못했다. 그 시대에는 배 만드는 기술 같은 것이 예술이었다. 뒤샹의 변기나 온통 빨간색 한 가지로 칠해진 단색조 그림 같은 오늘날의 예술작품을 사실주의 고전주의시대로 가지고 가서 화가들에게 보여준다면 어떤 반응을 보일까? 예술모독죄로 당장에 처형될지도 모른다.

그러나 철학자의 오지랖은 너무도 넓다. 철학은 그 모든 시대의 그 모든 예술을 포괄할 수 있는 예술의 정의를 만들고자 한다. 날이 갈수록 마구 쏟아져 나오는 알 수 없는 작품들에도 불구하고 과연 영원한 예술개념을 성공적으로 정의할 수 있을까? 철학에 단적인 완성이란 어차피 존재할 수 없다. 철학은 '예술은 이것이다'라고 말한 뒤에 계속 예술의 영역을 확장하고 주석과 예외에 대한 변명을 붙여가야 할 것이다.

쉴러의 미적 교육에 관한 서한

쉴러(1759-1805)
"이성과 감성의 적절한 조화가 예술이고 아름다움이다. 아름다운
예술을 접하면 인간은 영혼의 조화를 회복하고 선하게 된다."

현대에도 인류는 이성주의에 중독되어 있다. 교육현장을 보면 거의
책들만이 바람에 나부끼고 글씨들만 검은 연기처럼 자욱하다. 아동의
감각과 감정이 침묵하며 퇴화되어 간다. 우리 몸 안에는 심장, 허파,
위, 창자 등 여러 가지 기관들이 있어서 각자의 일을 한다. 심장은 피
를 펌프질하고 허파는 호흡을 하고 창자는 소화 작용을 한다. 우리의
영혼도 마찬가지다. 우리 영혼은 무엇인가를 생각하기도 하고 기분을
느끼며 뭔가를 먹고 싶고, 하고 싶다는 충동이나 욕구를 가진다. 이성

은 주로 수학계산을 할 때나 독서할 때 관여하고 일의 옳고 그름을 따진다. "이렇게 먹다가는 배탈 나겠는걸, 그만 먹어야지." 그때 그때의 사랑과 미움, 유쾌, 불쾌의 감정을 느낀다.

이성이 멀리 내다본다면 감정은 즉각적으로 눈앞에 있는 것에 대한 느낌을 파악해낸다. 집을 지을 때 오래 버틸 수 있는 집을 설계하는 것은 멀리 내다보는 이성이 작용했기 때문이며, 보기에 아름다운 집을 지을 수 있는 것은 아름다움을 느낄 수 있는 감정이 있기 때문이다. 이성과 감정, 둘 다 아주 중요한 기능이다. 조물주가 인간을 만들었다면 이성뿐만 아니라 감정도 필요하기에 덧붙였을 것이다. 감정을 오로지 해로운 절제의 대상으로만 보는 것은 합리주의적 편견이다. 흔히 이성이 감정보다 높다고 하는데 그것은 오해다. 이성과 감정 각자가 빨강과 파랑처럼 서로 다른 개성을 가진 것이다.

철학사에서 대개의 철학자들이 영원한 이데아의 인식기능으로서의 그리고 충동의 절제기능으로서의 이성을 찬양했지만 독일 질풍노도 시대의 작가 쉴러는 이성의 과잉과 감정의 결핍이 조화로운 인간성에 해롭다는 것을 알아차린 지혜로운 예술가이다. 쉴러는 '미적 교육에 관한 편지'에서 이성과 감성의 조화를 인간의 이상적인 상태로 본다. 인간에는 이성적 인간과 충동적 인간 두 극단이 있다. 둘 다 바람직하지 못하다. 보통 이성은 좋은 것이라고 생각되지만 이성도 지나치면 해가 될 수 있다. 지나치게 이성적인 인간은 메마르고 경직되어 있으며 타산적일 수 있는 반면에 지나치게 충동적 인간은 무절제할 수 있다. 이성은 잘라내는 기능이고 지나치게 작용하면 나쁜 것뿐만 아니라 좋은 것도 잘라낼 위험이 있다. 이상적인 인간은 충동과 이성, 감정이 조화를 이룬 인간이다. 아름다움은 바로 감성과 이성의 조화이며 이성과 충동의 조화이다. 아름다운 것을 접하기만 해도 우리 영혼은 조화를 찾을 수 있고 저절로 선해질 수 있다. 하루 한 편의 아름다운 시를 읽고 그림을 보며 음악 한 곡을 들을 것!

  쉴러에 의하면 인간은 사유할 뿐만 아니라 느끼는 존재이기도 하다. 곧 인간다움은 사유와 감정 중 어느 한 영역에서만 아니라 두 영역 모두에서 드러난다. 그러므로 인간다움은 자연스럽게 일어나는 감정들을 도덕적 법칙이라는 쇠사슬로 억눌러버림으로써는 완성될 수 없다. 오히려 의무와 충동은 상호조화를 이루어야 한다. 즉 사유와 감정 모두 동등한 권리를 누려야하는 것이다.[97] 쉴러는 이성뿐만 아니라 감정이 없는 상태도 야만이라고 부른다. "일체의 원칙을 무시하고 느낌에 따라서만 사는 사람은 야만인(Wilder)이다. 반면에 감정을 완전히 무시하고 원칙에 따라서만 사는 사람은 미개인(Barbar)이다."[98] "물리적 상태에 있는 인간은 단순히 자연의 힘을 짊어지고 버티며 견딜 뿐인데 반해서 도덕적 상태에서는 자연의 힘을 지배한다. 그러나 미적인 상태에서는 자연의 힘에서 벗어난다."[99] 자연과 이성의 압박 모두 떠난 제3의 왕국이 유희의 왕국이며 정신적 초연함과 자유가 있

97) 미카엘 하우스켈러, 『예술이란 무엇인가』, 이영경 역, 철학과현실사, 63쪽.

98) 미카엘 하우스켈러, 『예술이란 무엇인가』, 이영경 역, 철학과현실사, 63쪽.

99) 프리드리히 쉴러, 『미학편지』, 인간의 미적 교육에 관한 쉴러의 미학이론, 안인희 역, 휴먼아트, 177쪽.

는 미적인 세계이다.

세 가지 충동

1. 인간 속의 질료 충동: 항상 새로운 것을 다양하게 경험하고자 함.
2. 형식 충동: 경험들을 통일하여 인격적 동일성을 유지하려 함.
3. 유희 충동: 앞의 둘 다를 결합하여 자연의 강제성과 이성을 강제
   성을 모두 벗어나는 것 이것이 미적 상태의 특성이다.[100]

감성과 이성의 조화와 협력이 이상적 인간을 만들 수 있다. 감성과
이성뿐만 아니라 인간이 가진 다양한 능력들이 조화롭게 발휘되는 상
태가 되도록 자신을 이끌고 다듬어야 한다. 교육 역시 그런 점을 반영
하도록 기획해야 한다. "감각적 체험이 이성과 결합하고, 환상이 실재
와 연결되며, 직관이 지성과 짝을 이루고, 가슴속의 열정이 머릿속의
열정과 연합하고, 한 과목에서 획득된 지식이 다른 모든 과목으로 가
는 문을 열어젖히는…"[101] 경지에 누구나 도달해야 할 것이다.

플라톤 – 이성만이 선하다.

쉴러 – 이성도 지나치면 해롭다. 이성과 감성을 조화시켜라.

---

100) 미카엘 하우스켈러, 『예술이란 무엇인가』, 이영경 역, 철학과현실사, 65-67쪽.
101) 로버트 루트번슈타인, 미셸 루트번슈타인 , 『생각의 탄생』, 박종성 역, 에코의서재,
    429쪽.

"직관을 통해 세상을 경험할 때 우리는 끊임없이 사물의 새로운 차이를 발견할 수 있다. 반면 전적으로 이성을 통해 세상을 이해할 때 기존의 사고와 경직된 범주는 더 확고해진다. 예술가들은 우리와 같은 세상에 살지만 이런 사고틀에 구속되지 않고 세상을 바라보기에 우리에게 사물의 새로운 면을 보여준다."[102]

"화가의 눈은 예술가에게만 천부적으로 주어진 것이 아니라 모든 것을 신기하게 보는 어린이와 같이 애초부터 우리들 누구에게나 잠재해 있었고 지금도 엄연히 잠재해 있는 것이다. 단지 경험해서 확실하고 아는 것에만 익숙해진 우리의 맹목적인 지식이 이러한 화가의 눈을 가리고 있을 뿐이다. 우리가 만약 세잔느의 말처럼 남에게 빌려오지 않는 거짓 없는 자기 자신의 눈으로 이 세상을 바라보기 시작한다면 세상은 그야말로 빛나는 비밀로 가득 차 있어 모든 사

---

102) 앨렌 랑거, 『마음챙김』, 이양원 역, 동인, 7장.

물이 우리의 끊임없는 숨바꼭질을 기대하고 있을 것이다."[103]

어떤 유명한 조각가가 산책길에서 마음에 드는 바위를 발견했다. 그는 그 바위가 마음에 들어 캐낸 뒤에 전혀 손대지 않고 그대로 전시회에 출품했다. 제목은 '길에서 주운 바위'. 과연 이 돌을 진정한 예술 작품이라고 할 수 있을까? 그의 말에 따르면 그가 다른 돌을 재료로 하여 일주일 걸려 다듬는다면 그 돌과 똑같은 모양이 나올 것이란다 (이 이야기는 픽션이다).

여기에 진짜 이야기 한 가지를 더 보태고자 한다. '노래를 불러서 와인 잔을 깰 수 있다. 와인 잔을 바라보며 특정한 음높이(와인 잔을 두드릴 때 나오는 음과 같은 높이)의 음을 크게 노래하면 와인 잔이 깨진다. 소리가 잔을 휘게 만들기 때문이다. 와인 잔이 휘어짐을 감당하지 못하고 깨지는 것이다.'[104]

103) 김해성, 『현대미술을 보는 눈』, 열화당, 17쪽.
104) 존 파웰, 『과학으로 풀어보는 음악의 비밀』, 장호연 역, 뮤진트리, 94쪽.

제 12 장

사랑이냐, 삶이냐?

종족보존의지에 속지 말라!

합리주의적 관점에서 사랑과 미움은 눈이 먼 것처럼 보인다.
애증의 눈을 통해서 볼 때 이성보다는 가치를 높이거나 낮추어서 보고
보다 높거나 낮은 가치들을 본다. 이것이 곧 이성의 눈으로 더 잘 볼 수 있는
동일한 것을 애증에서는 잘못 본다는 것을 증명하지는 않는다.
눈이 들을 수 없듯이 이성은 가치에 대해 전적으로 무지하다.
사랑과 미움에는 이성의 명증성과는 비교될 수 없는 고유의 명증성이 있다.[105]

– 막스 셸러

105) 막스 셸러, 『동감의 본질과 형태들』, 조정옥 역, 아카넷, 313-314쪽.

사랑이란 무엇인가?

사랑을 철학적으로 정의하자면 사랑과 연관된 것과 사랑 그 자체를 분명히 구분해야 한다. 우선 남녀가 사귀는 행위, 즉 연애와 마음속에서 타오르는 불꽃을 구분해야 한다. 철학은 사랑에서 비롯된 현상들, 즉 연애의 행동이나 인간관계 그리고 심리가 아니라 사랑의 본질인 마음 안의 움직임을 정의한다. 사랑할 때 우리 마음 안에서 어떤 현상이 벌어지는가? 한 사람의 좋은 점들이 좀 더 많이 보이기 시작하고 점차 그가 이상적인 인간상으로 부각된다. 마음 안의 조각상이 점점 더 아름답게 다듬어진다. 이런 현상을 셸러는 '가치상승운동'이라고 불렀다.

사랑은 상대방을 부분부분으로 나누어 쪼개지 않는다. 착한 것은 좋은데 너무 어리숙하고 허점이 많다. 머리는 좋은데 너무 까다롭게 따진다…, 사랑은 대신에 대상을 있는 그대로의 전체로서 받아들인다. 이 점은 남녀 간의 애정뿐만 아니라 친구 간의 우정에서 그리고 부모자식 간의 사랑에서도 나타난다. 남들의 눈에 띄는 단점을 가진 사람도 사랑을 가지고 바라보는 친구, 연인, 부모에게는 한 사람이 하나의 전체로서 보인다. 단점을 이해하며 단점을 단점이라고 생각하지 않는다. 단점은 사랑하는 인간의 필연적인 일부분일 뿐이다. 사랑하는 자가 눈이 멀었다고 하지만 반대로 사랑하지 않고 단점을 지적하는 자가 눈이 먼 것일 수도 있다. 한 사람의 깊은 곳에 숨어 있는 보물을 간과하기 때문이다.

사랑의 충족은 어렵다

인간의 배고픔은 언제 어디서 어떤 음식을 머든지 간에 어느 정도 쉽게 충족이 된다. 반면에 가슴속의 열정과 사랑의 충족은 매우 미묘하고 까다로운 과정을 거친다. 음식은 내가 일방적으로 선택하면 되지만 사랑은 그렇지 않기 때문이다. 내가 아무리 진정한 열정과 배려하는 따스한 마음을 갖는다고 해도 상대방이 원치 않는다면 사랑은 이루어질 수 없다. 아메바처럼 일생의 시기에 따라 변하는 가치관과 감정의 흐름 속에서 두 사람의 마음이 동시에 서로의 존재와 가치를 알아보고 요구하는 일은 매우 어려워 보인다. 그럼에도 세상은 사랑하는 사람들로 넘치고 있다. 세상에 뒷면이 없는 것이 없듯이 사랑도 마찬가지다. 기쁨과 더불어 절망과 괴로움, 안타까움이 언제나 뒷면에 도사리고 있다. 마음의 번민과 열정은 인간이 평생 헤치고 나가야 하는 바람과 파도이다. 사랑의 문제도 행복과 연관된 모든 문제와 마찬가지로 자신과 상황을 바라보는 눈에 달려 있다. 사랑의 문제로부터 기쁨의 열매를 많이 거둘 수 있도록 다방면의 노력을 해야겠지만 가장 중요한 것은 사랑 문제를 대하는 마음가짐이다.

사랑의 본질 - 정신주의와 생물학주의

남녀 간의 사랑의 감정은 왜 일어나는 것일까? 상대방의 인간성이 마음에 들기 때문에 나의 정신 속에서 감동과 전율이 지속적으로 일어나는 것일까? 아니면 인간 종족이 번식하기 위한 하나의 전략으로서 종족 본능이 자신도 모르게 작용하여 어떤 이성에 홀리게 만들기 때문에 일어나는 것일까? 감정철학의 대가 막스 셸러는 사랑을 한 대상의 가치가 이상적인 모습으로까지 상승하는 동안 내 안에서 일어나는 심적인 동요라고 보았다. 한마디로 사랑은 정신적인 원인에서 비롯된 정신적 동요로서 가치상승운동이라고 요약된다. 다른 한편으로 철학자 쇼펜하우어에 따르면 종족 보존 의지가 작용하여 애정이 일어나며 우리는 애정을 인생에서 가장 중대한 것으로 착각하게 된다.

정신주의는 사랑의 현상에 주목하는 반면에 생물학주의는 사랑의 배후에서 사랑의 감정을 움직이는 힘에 주목한다. 왜 가치상승운동이 일어나는가? 왜 나는 특정한 이성을 이상으로 보고 가슴 설레게 되는가? 저마다 이유를 대지만 셸러는 그것은 진정한 이유가 아니며 진정한 이유는 알 수 없다고 한다. 사랑은 설명과 해명이 불가능한 현상이다. 따지고 보면 이 세상에서 완전히 설명되는 현상은 없다. 특히 감정이 작용하는 분야가 그렇다. 감정에서는 수학적 계산과 반대되는 계산이 작용한다. 예술도 그렇다. 그 점을 셸러 자신이 말하고 있다. 그렇다면 셸러가 해명할 수 없다고 본 사랑의 원인이 과연 쇼펜하우어가 말한 종족 보존 의지일까? 단순한 종족 보존 의지가 작용한 것이라면 왜 인간은 아무나 무분별하게 사랑하는 것이 아니라 대상을 고르고 또 고르는 것일까? 셸러가 말하듯이 단순한 종족 보존이 아니라 종족의 질을 높이려는 의지가 작용할지도 모른다.

사랑 때문에 괴로워 말라

철학자 쇼펜하우어는 인생의 성패가 연애의 성패에 달려 있다고 말했다. 실연은 종족보존의지가 좌절된 것으로 그보다 더한 비극은 없는 것이다. 우리 안의 깊은 곳에서 작용하는 종족보존의지는 세계의 본질로서의 의지이기도 한 것이다. 종족보존이란 인간의 막대한 의무이며 실연은 그 의무를 실행하지 못했음을 의미한다. 그러나 인간은 생명메커니즘의 꼭두각시가 아니다. 종족보존의지의 전략과 (사랑에 빠지게 만드는) 속임수를 자각하고 미리부터 사랑에 무게중심을 쏠리지 않게 하면서 사는 것이 얼마든지 가능하다.

"우리는 행복한 사랑을 누릴 수 있도록 최대한 노력할 필요가 있다. 사랑을 통해서 얻는 행복은 인생의 행복 가운데 아주 중요한 핵심을 차지하기 때문이다. 하지만 인생의 진정한 행복 그리고 지속적이며 안정적인 행복을 누리기 위해서는 세상과 타인, 자신 그리고 사랑을 바라보는 긍정적인 시각이 필요하다. 똑같은 상황과 사물도 보는 시각에 따라서 다른 기분을 만들어주기 때문이다. 그리고 사랑에 모든 것을 거는 일(올인)은 자제되어야 한다. 사랑은 소망과 노력에 비례해서 주어지는 것이 아니기 때문이다. 감정은 합리적인 계산이나 논리와는 다른 논리에 따라서 일으켜진다. 오히려 아무런 노력도 기울이지 않는 편이 보다 정열적인 사랑을 가져다주기도 한다. 사랑과 감정은 1+2 = 3과는 반대로 1 − 2 = 3이라는 알 수 없는 논리를 따른다. 그렇게 알 수 없는 논리를 따르는 타인의 감정에다 내 인생의 모든 행복을 거는 것은 불안정하고 위험하다. 인생의 행복은 타인이 주는 것이 아니라 인생을 보는 나의 긍정적인 시각에 의해 주어지며 무엇보다도 나의 자기실현에 의해서 주어지는 것이다."[106]

결혼은 사랑과는 다른 문제이다. 사랑이 결혼의 계기가 되지만 결혼은 사랑의 실현에 반드시 도움이 되는 것은 아니다. 거리를 둠으로써 좋은 이미지를 갖는 사랑은 밀착된 공동생활로 부서지기 쉽다. 결혼은 사랑보다도 안정된 삶과 자기실현, 각자의 자아실현을 위한 상호협조에 도움을 주는 것이다. 결혼은 이성 간의 그리움과 환상을 상실하는 대신에 마음의 평안을 얻고 공동적 유대관계를 통해 튼튼한 삶의 지지대 위에서 효과적인 자기발전을 꾀하며 자녀를 낳고 기르는 새로운 체험과 인류 보존에의 공헌을 할 수 있다.

진화생물학자 피셔가 제시하는 실연에서 벗어나는 방법은 다음과 같다. "무엇보다도 사랑의 중독에서 벗어나려면 사랑하는 사람의 모든 자취를 제거해야 한다. 카드와 편지를 없애고 어떤 상황에서도 전화나 편지를 삼가야 한다. 옛 애인을 마주치는 즉시 현장을 떠나라. 사랑 그것은 매우 적은 양의 음식으로도 상당 기간 살아갈 수 있기 때문이다. 그리고 스쳐가는 아주 작은 접촉도 낭만적 열정을 충분히 자극할 수 있기 때문이다. 애인의 부정적인 특징을 떠올리고 종이에 적어 주머니에 넣고 다녀라. 이상적인 애인과 사귀는 자신의 모습을 상상하라. 마음을 딴 데로 돌리고 친구에게 전화하고 이웃을 방문하라. 카드놀이를 하거나 악기를 연주하고 음악을 들어라. 애완동물을 키워

106) 조정옥, 『행복한 성 사랑 남녀』, 철학과현실사.

라. 휴가를 내라. 관심을 집중시키고 신기한 무엇인가를 한다면 좋은 기분을 느끼는 물질을 높이고 그 결과 에너지와 희망을 돋우게 된다. 운동은 진정시키는 물질인 엔도르핀과 세로토닌을 향상시킨다."[107] 사랑에서 독립하라! 그것이 사랑을 얻는 확실한 길이다.

실연의 상황에서 기억해야 할 것들

1. 사랑 때문에 괴로워말라.
   - 사랑의 가변성을 인정하라. 영원한 사랑은 없다.
   - 실연의 원인은 내가 못났기 때문이 아니라 상황과 서로의 부조화, 나에 대한 상대의 눈이 열리지 못함에 있다. 개성적인 색깔들처럼 누구나 사랑받을 만하다.
   - 인간은 본래 혼자다. 인생은 홀로 왔다가 홀로 가는 것이다.
   - 사랑 이외의 다른 행복을 얼마든지 만들어낼 수 있다.
2. 인간을 있는 그대로 이해하고 받아들이자. 사랑은 대상의 있는 그대로를 받아들임이다.
3. 집착하지 말라.
4. 10년 뒤를 생각하라. 전체를 보고 멀리 보자.
5. 영원한 적도 영원한 친구도 없다. 옛날의 적도 나의 은인이 된다. 친구도 적이 될 수 있다. 헤어졌다고 해서 적대시할 필요는 없다.

---

107) 헬렌 피셔, 『왜 우리는 사랑에 빠지는가』, 생각의나무, 281-283쪽.

오페라 속 사랑이야기

푸치니의 오페라 〈투란도트〉는 이국적이고 화려한 중국의 황실을 배경으로 한 러브스토리이다. 〈투란도트〉는 신화를 각색한 것이고 수수께끼를 푸는 자가 공주를 차지한다는 동화적인 모티브가 들어 있어 많은 재미와 강한 호기심을 자아낸다. 잠자는 공주를 깨어나게 할 것, 웃지 않는 공주를 웃게 만들 것… 동화는 사랑을 얻으려는 남자들이 대단히 어려운 난관에 부딪히게 하고 도전욕구를 불태우게 만든다. 게다가 〈투란도트〉를 한층 더 극적으로 만드는 요인은 수수께끼를 풀지 못하는 자는 곧바로 죽임을 당한다는 것이다. 타국으로 도피 중에 있는 페르시아 왕자 칼라프는 공주 투란도트의 미모를 보고 한눈에 반해버리고 수수께끼에 도전하기로 결심을 굳힌다. 세 명의 늙은 도인 핑, 팡, 퐁이 제아무리 말려도 그리고 부친 티무르와 칼라프 왕자를 몰래 사랑하는 류가 아무리 설득해도 칼라프의 결심을 흩트리지 못한다.

사랑하는 투란도트 공주가 살아있는 한, 칼라프 왕자의 삶의 의미는 오로지 투란도트 공주와의 사랑을 이루는 것뿐이다. 핑, 팡, 퐁의 말처럼 몸매 좋고 향기롭고 다정한 여자들이 온 세상에 널려 있고 그런 여자들을 만나서 그저 그렇게 즐기며 살다가도 인생은 잘 흘러간다. 그러나 칼라프 왕자는 절대로 자신의 진심을 땅에 묻어두고 허위의 삶을 살지 않는다. 그는 수수께끼에 도전하여 '희망' '피' '투란도트'라는 세 가지 답을 맞힌다. 투란도트는 놀라서 기겁하고 자신의 선조를 죽인 이방인의 자손에게 자신을 내어주는 것은 죽는 것과 다름없다고 비탄에 빠진다. 이때 칼라프 왕자는 날이 새기 전에 공주가 자신의 이름을 맞힌다면 기꺼이 목을 내놓겠다고 호언한다.

여기서 칼라프 왕자는 〈공주는 잠 못 이루고〉라는 아름다운 아리아를 부른다. 공주가 온 백성에게 남자의 이름을 알아내라고 명하자 사람들은 티무르와 류를 의심하고 이름을 대라고 고문한다. 잠 못 이루는 것은 공주뿐이 아니라 사실은 나라 전체이다. 칼라프 왕자를 사랑하는 류는 갖은 박해에도 왕자의 이름을 말하지 않고 죽임을 당한다. 류는 자신을 바쳐 칼라프 왕자와 공주를 이어준 것이다. 이것은 온 세상 남녀 간에 이루어지는 그 모든 사랑 가운데 가장 숭고한 사랑의 행위다. 소유하기 위한 사랑이 아닌 사랑하는 이의 행복을 비는 사랑.

칼라프 왕자의 이름을 알아냈음에도 투란도트 공주는 칼라프 왕자를 죽이지 않고 그 불같은 사랑에 굴복한다. 불같은 칼라프 안에 얼음 같은 분별력과 자제력이 들어 있었듯이, 얼음 같은 투란도트 공주 안에 사랑의 불꽃이 살아있었던 것이다. 사실 투란도트 공주는 왕자를 처음 본 순간부터 예사롭지 않은 남자임을 예감하고 조금씩 매혹되어 갔다. 사랑의 심리학을 보면 남자는 여자의 미모에 반하기 시작하고 여자는 남자의 지성에 반하기 시작한다. 칼라프 왕자는 투란도트 공주의 아름다움에 그리고 투란도트 공주는 칼라프 왕자의 지성에 이끌려 이 오페라의 러브 스토리는 남녀 간의 사랑의 공식에 정확히 들어맞는다.

"칼라프 왕자는 자기를 바쳐서 사랑을 이루려고 한다."

"류는 자기를 바쳐서 사랑하는 이의 사랑과 행복을 이루게 한다."

"투란도트 공주는 모든 사랑을 제물로 희생시켜 자기를 보존하고 완성하려고 한다."

리하르트 슈트라우스의 오페라에 나오는 살로메는 "온 세상을 다 바쳐서라도 사랑을 이루려고 한다."

살로메는 요한을 죽여서라도 요한의 볼에 키스하고자 한다….

남녀는 어떤 이유로 이끌리게 될까? 최근의 과학적 견해에 따르면 남녀 그리고 암수가 상대의 매력이라고 생각하는 특징들이 반드시 생존에 유리한 특징이 아니라 오히려 위험한 특징일 때가 많다. 예를 들어서 공작의 화려하고 커다란 꼬리는 포식자의 눈에 쉽게 띄어 잡아먹히기 쉽다. 적자생존에서 벌어지는 생존선택과 짝짓기에서의 선택, 즉 성선택은 서로 별개이다. "자연선택은 생존경쟁을 통해 이루어지는 진화과정이고 성선택은 번식경쟁을 통해 이루어지는 진화과정이다."[108] 언어솜씨와 도덕성, 창의성, 그림, 노래 부르는 실력 등은 생존

108) 제프리 밀러, 『연애 – 생존기계가 아닌 연애기계로서의 인간 –』, 김영주 역, 최재천 감수, 동녘사이언스, 2004, 19쪽.

에 유리한 특징이라기보다는 짝을 유혹하는 데 유리한 특징으로서 진화되어 왔다.[109]

109) 여기에 대한 상세한 내용은 다음의 책을 참고하기 바란다. 제프리 밀러, 『연애 - 생존 기계가 아닌 연애기계로서의 인간 - 』, 김영주 역, 최재천 감수, 동녘사이언스, 2004.

하르트만의 인격적 사랑[110]

인간에 대한 사랑에는 특정한 인격에로 향하는 것이 아닌 단순한 이웃 사랑과 특정한 인격에 매혹되는 인격 사랑이 있다. 앞서 말한 연애나 남녀 간의 사랑은 인격 사랑의 한 종류이다. 인격 가치는 그 복잡성 때문에 본래는 파악 불가능하며 단지 인격 가치의 유형만 파악될 뿐이다. 인격적 사랑은 인격적 가치와 배타적인 특유성을 갖는 개인으로 지향하는 심오한 사랑이다. 이웃 사랑은 비인격적인 사랑으로서 인간의 일반적 가치로 지향하며, 주는 덕(남에게 주는 것을 좋아하는 행위의 덕)은 정신적 선의 공유·분배·참여하는 것인 반면에 인격적 사랑은 인간의 최고 심오한 내적 본질에 참여하는 사랑이다.

모든 인격 사랑은 유일하고 개별적이며 그 대상도 마찬가지로 각자가 고유한 이상적 존재를 갖는다. 그리고 그것은 영원하다. 자기의 인격 가치를 타인이 함께 향유하기를 바라고 이 갈망을 채우는 것이 사랑의 비밀이다. 타인은 자기를 비추는 거울이다. 사랑 없이는 자기도

---

110) N. Hartmann, *Ethik*, Berlin, 1962, 529-543쪽.

자기 내부를 발견할 수 없다. 사랑하는 자만이 인격 가치의 인식자이다. 우리는 자기 인격을 비추는 타인의 의식, 즉 가치 의식을 필요로 한다. 사랑은 대상의 본질을 사랑하는 것이며 경험적 인격을 통해 인격성의 본질적 성향 속에 놓인 것을 사랑하며 인격의 이상적 가치로 뚫고 나가려는 것이다. 사랑은 눈에 보이는 것을 넘어서서 실재하지 않는 것, 즉 이상 존재를 본다. 사랑은 절대적·긍정적 지조이며 호의와 헌신으로 자기가 달성할 수 없는 도덕적 본질과 인격 가치를 지향하고 추구하고 그것을 사랑의 대상 속에서 창조함이다. 인격 사랑은 행동으로 내보이지 않아도 그 자체로서 도덕적 행위이고 진정한 창조 작용이다. 인격 사랑의 작품은 사랑받는 대상의 도덕적 존재라고 할 수 있다.

사랑은 모든 감정 가운데 최고로 긍정적이고 인생의 최고 내용을 담으며 최고로 순수, 최고로 높은 기쁨과 행복이다. 사랑하지 않는 자에게는 믿기지 않는 것이 사랑하는 자에게는 단순한 참이 된다. 사랑은 단순한 행복이 아니라 희비가 함께하며 구분되지 않는다. 사랑은 행불행을 초월하여 존재하는 높은 감정이므로 사랑하는 자에게는 고통도 행복이다. 사랑은 고통을 견딜 수 있는 능력이다. 소유 의지가 지배적인 사랑은 불행하며 결핍과 포기의 중압감 속에 있다. 반면에 깊은 사랑은 사랑의 대상을 위해 전적으로 추구하며 보답하는 사랑 없이도 지속된다. 사랑의 행복은 받는 것이 아니라 주는 데 있다. 정의가 표면적 연결이고 이웃 사랑, 원인애(미래인간에 대한 사랑), 주는 덕은 일면적 연결인 반면에, 인격 사랑은 인간 간의 최고로 깊은 유대이고 갈등을 넘어서 존립 가능하며 가장 내적인 깊은 곳끼리를 직접적으로 묶어준다. 사랑의 삶은 인간의 최고 부분에 대한 인식이다.

행복한 사랑[111]

사랑의 행복은 내 안에서 오는 것이 아니라 바깥의 다른 누군가로부터 오는 것입니다. 내가 아무리 그것을 절실하게 소망한다 해도 그가 그것을 줄 마음이 없다면 가질 수 없는 것입니다. 내가 나를 아무리 아름답게 꾸민다고 해도 그가 내게 만족하지 못하고 무관심하다면 그의 사랑은 소유할 수 없는 것입니다.

만일 행복의 닻을 사랑에, 즉 내가 아닌 다른 이에게 걸어 놓는다면 불행은 불가피한 것입니다. 그의 마음은 내 마음대로 잡아둘 수 없는 불확정적인 흐름이며 그런 그의 마음에 따라 나의 행불행이 결정되기 때문입니다. 비록 그가 지금 현재 나를 사랑한다고 해도 10년 뒤에 어떻게 될지 아무도 알 수 없고 변치 않겠다는 약속 또한 지켜진다는 보장이 없는 것입니다.

그러므로 삶이 행복하고 평화롭기를 원한다면 자기 스스로 만들어

---

111) 조정옥, 『사랑은 미친 짓이다』, 소피아, 189-193쪽.

낼 수 있는 행복의 길을 찾아야 합니다. 예를 들면 에피쿠로스가 말한 호수처럼 잔잔한 영혼 상태, 즉 무욕의 길이나 아리스토텔레스가 말한 지적 사색의 즐거움 말입니다. 그것은 타인이 내게 줄 수도 없는 것이고 빼앗아 갈 수도 없는 것입니다. 그리고 그것은 내가 원한다면 언제라도 내 안에서 스스로 샘솟는 물처럼 솟게 만들 수 있는 행복인 것입니다.

사랑은 인생을 극도로 생기 있고 기쁨에 가득 차게 해주는 귀중한 것입니다. 그러나 그렇다고 해서 사랑을 인생의 중대한 목표로 삼아서는 안 되는 것입니다. 사랑은 우리의 인생을 좌지우지할 수도 있는 것이지만 우리는 우리 인생이 결코 사랑에 지배당하도록 내버려두어서는 안 됩니다. 우리는 주체적으로 우리 인생을 지배하고 그다음에 성과 사랑은 인생을 활기차게 촉진시키는 양념으로 사용해야 할 것입니다.

특히 청년기에는 넘치는 시간과 정신적 여유와 자유로움 때문에 저절로 사랑의 추구에 많은 힘과 시간을 할당하게 되며 그럴수록 더더욱 사랑의 회오리바람 속으로 강하게 휘말려 들어가게 됩니다. 특히 신중함이 부족한 사람일수록 더욱더 자주 이성에게 매혹되고 사랑에 빠지게 되고 뒤를 쫓게 됩니다.

사랑은 아름다운 폭풍입니다. 그리고 사랑은 아름다운 물거품입니다. 사랑은 사랑하는 이의 모습을 내 마음속에 아름답게 새겨 놓습니다. 그 모습이 결코 허상이나 환영은 아니지만 있는 그대로의 현실도 아닌 것입니다. 종족을 보존하려는 자연적 본능이 그, 그녀의 모습을 내게 극도로 아름답게 비춰주고 홀리게 만드는 것입니다. 그 아름다운 모습은 언젠가는 반드시 물거품처럼 흩어지고 동시에 사랑하는 마음도 바람처럼 사라져버릴 것입니다.

삶에서 진정으로 중요한 것은 사랑이 아니라 나의 일입니다. 내가 가치를 두는 작업입니다. 어떤 이에게는 그림 그리는 일이고 어떤 이에게는 꽃을 가꾸고 동물을 돌보는 일일 수도 있습니다. 어쨌든 자기 자신이 좋아하고 가치 있게 여기는 어떤 일을 훌륭하게 잘 해내는 것이 인생의 핵심입니다.

흔히 남자에게는 일이 전부고 여자에게는 사랑이 전부라고들 합니다. 그러나 우리는 이제 남녀 모두 자기 일을 찾아야 할 시대에 살고 있습니다. 나날이 순간순간 하고 있는 일을 즐거워하고 거기에서 행복을 찾는 것만큼 확실한 행복의 길은 없습니다. 마치 파랑새를 찾으러 다니던 동화 속 아이들처럼 사랑을 얻기 위해 이리저리 뛰어다니고 그의 마음에 들기 위해 나를 이렇게 저렇게 바꾸려고 노력하는 동안 긴 세월이 헛되게 흘러갑니다. 얼마나 쓸데 없는 짓이었던가!

자, 이제부터 확실한 기쁨과 평화가 있는 자기 삶 속으로 걸어들어갑시다. 사랑, 그 아름다운 혼돈 저 너머에는 맑은 하늘이 기다리고 있습니다.

제**13**장

여성과 남성

팔레트 위의 서로 다른 물감

바울은 여성이 높은 교양을 갖는 것에 반대하면서 다음과 같이 목청을 높였다…

"여자는 조용히 복종하는 가운데 배워야 합니다.

나는 여자가 남을 가르치거나 남자를 지배하는 것을 허락하지 않습니다.

여자는 침묵을 지켜야 합니다"

또한 철학자 아퀴나스는 다음과 같이 말했다.

"여성은 불완전한 인간으로 재빨리 성장하는 잡초와 같다.

여성의 육체가 매우 빨리 발육되는 것은 그녀의 몸이 보다 적은 가치를

지니고 있으므로 자연이 그녀의 몸을 완성시키는 일에

그다지 힘을 들이지 않기 때문이다."[112]

112) 아우구스트 바벨, 『여성론』, 이순예 역, 까치, 68-69쪽.

이 세상에는 성을 비롯하여 인종과 출신, 나이, 학력, 신분에 따른 여러 가지 의식적·무의식적 차별이 아직 남아 있다. 그 가운데 성차별은 인류의 절반이 나머지 절반에 대하여 받게 되는 차별이라는 점에서 가장 범위가 크고 심각한 문제이다. 여성을 불완전한 인간이라고 보았던 플라톤도 이미 성차별의 부당함을 언급했다. 플라톤에 의하면 수캐만 밖으로 데리고 나가고 암캐는 암캐라는 이유로 집 안에만 묶어두는 것이 부자연스럽듯이 여자도 능력만 있으면 얼마든지 정치에 참여토록 해야 한다.

얼마 전, 노년 여성이 남성에 비해 생활고가 크다는 언론 보도가 있었다. 노인복지가 대체로 부실하기는 하지만 평생 차별 속에서 살아온 노년 여성의 삶은 더욱 불안정할 수밖에 없다. 여성에 대한 차별 행위는 생존 불안정과 인간적 품위 상실로 이어지는 잘못된 대우이다. 현재 우리 사회의 남녀의 법적 지위는 동등하기는 하지만 사람들의 성차별 의식은 아직 완전히 지워지지 않고 있으며, 은연중에 암묵적으로 작용하고 있다. 그래서 여성은 육아와 가사, 남성은 직장과 노

토마스 아퀴나스(1225~1274)
"모든 것은 형상과 질료의 합이다. 하느님과 천사는 순수형상이다. 하느님은 세상을 있게 한 최초의 원인이다."

동이라는 이분법과 성차별이 아직도 악순환되고 있다. 동남아시아 국가들 가운데 우리나라 여성국회의원의 비율이 하위에 속하고 OECD 국가 가운데 우리나라의 여성의 사회적 지위가 아주 낮은 편에 속한다. '여성은 우리나라 전문기술직, 행정관리직의 6.9퍼센트에 불과하며 3급 이상의 공무원 가운데 여성은 2.9퍼센트에 불과하다.'[113]

남녀의 특징은 칼로 두부 자르듯이 구분되지 않으며 인간 간의 차이는 남녀 차이라기보다도 개개인의 능력과 성격의 차이라고 할 수 있다. 남녀의 차이는 예외 없는 법칙처럼 타당한 것이 아니라 여자는 여성적인 특성을 가질 확률이 높다는 의미일 뿐이다. 성차별이란 개개인의 능력과 특성을 고려하지 않고 성 간의 차이에 대한 편견을 먼저 작용시켜 남녀를 다르게 대우하는 것이다. 여성에 대한 차별은 남성에게 가족 부양이라는 부담과 압박을 부여하며 그런 의미에서 여성 차별은 동시에 남성 차별이기도 하며 여성해방은 곧 남성해방이기도 한 것이다. 결과적인 이익이나 부담, 만족 불만족을 떠나서 성차별은 인생에서 선택의 폭을 좁히고 자유를 억압한다는 의미의 부당한 대우이다. 성차별은 남녀 모두를 떠나서 인류 전체가 저지른 오류이며, 남녀이분법을 적용해 남성이 가해자이고 여성이 피해자라고 말할 수는 없다. 남성들 역시 성차별의 피해자이지만 긴 역사 속에서 성차별로 인해 고통을 당해온 여성에 먼저 주목할 필요가 있다.

남녀의 육체와 정신의 차이를 비교하고 거기에 우열이 있는지를 검

---

113) 우리교육출판부, 『세상의 절반 여성 이야기』, 우리교육, 2006, 121쪽.

토하고 여성은 열등한 약자이므로 차별받아 마땅하다는 전통적 관념의 모순을 밝힘과 동시에 남녀차별의 부당함을 입증할 필요가 있다. 거기에서 더 나아가 성차별을 완화하고 제거하기 위해 우리 사회의 사고방식이 어떻게 변해야 하는가를 살펴보아야 한다.

남녀 차이

보봐르(1908-1986)
"여자는 약자로 태어나는 것이 아니다. 여성은 교육과 환경에 의해서 약자로 만들어지는 것이다."

이 세상의 인간은 남자와 여자 두 집단으로 분류된다. 남자와 여자의 능력의 비교 더 나아가서 우열 비교는 어떻게 가능한가? 인간은 지성, 감성, 창조력, 물리적 힘 등 다양한 능력을 가지고 있다. 그리고 과학적으로 아직 밝혀지지 않은 능력들도 있을 것이다. 이 모든 능력을 수치화하고 종합할 수 있어야 답을 내릴 수 있을 것이다. 게다가 엄청난 수의 인간이 과거에 살아갔고 현재 지구상에 생존하고 있으며 미래에 출현할 것인데 그 모든 남녀의 능력을 어떻게 다 측정하여 합산할 수 있을 것인가 의문이다. 그것이 가능하다고 해도 남녀집단에서 임의적으로 어떤 특정한 남자와 어떤 특정한 여자를 뽑아냈을 경우에 남자가 인간적 능력 전체의 관점에서 볼 때 여자보다 언제나 우월하다고 단정 짓기는 힘들다. 간단히 말하자면 남자가 여자보다 언제나 높은 지능을 가졌다고 단언하기 힘들다. 백인과 흑인, 한국인과 중국인, 서울대 학생과 단국대 학생 등… 어떤 집단 간의 비교라도 언제나 이와 똑같은 문제를 일으킨다.

그럼에도 불구하고 과학적 연구를 토대로 하여 남녀의 차이에 대한 잠정적인 결론을 내리고자 한다. 사람들의 편견과 마찬가지로 과학적 연구도 어쩔 수 없이 대상 전체를 관찰하는 것이 아니라 몇몇 샘플을 기초로 전체에 관한 보편적 판단을 내린다. 그러나 과학적인 판단은 막연한 편견이 아니라 증거를 토대로 한다는 점에서 일반적인 편견보다 믿을 만하다.

남녀의 육체적인 차이

남녀의 육체는 우선적으로 생식적인 역할로 인해 생물학적·해부학적으로 구분된다. 남녀의 성염색체는 XX, XY로 서로 다르며 서로 다른 성호르몬에 의해 남녀로 분화되고 성장된다. 그 대표적인 호르몬이 에스트로겐, 테스토스테론이다. 태내에서 남성이 되기 위해서 그리고 성장기에 남성적 특징을 발화시키기 위해서는 특정 시기에 테스토스테론이 분출되어야 하며 여성도 마찬가지다. 두뇌의 성욕중추도 남성의 것이 여성의 두 배라고 한다. 남성은 좌뇌가 여성은 우뇌가 우세하게 발달하는 경향이 있다. 그러나 남녀의 육체의 특징이 흑백논리로 갈라지는 것은 아니다. 개인에 따라 차이가 있을 수 있으며 성욕중추가 남성보다 큰 여성이 얼마든지 있을 수 있다. 호르몬 역시 개인 차이가 있으며 나이에 따라 함량이 달라진다. 사십대 이후의 여성 체내의 남성호르몬은 남성보다 더 많다.

남녀의 정신적 차이

남성은 수학을 잘하며 여성은 감정적이라는 생각은 매우 널리 퍼져 있는 편견이다. 육안으로 어느 정도 관찰 가능한 남녀의 육체적인 차이도 단언하기 힘든 상황을 염두한다면 남녀의 정신적 차이가 어떤지를 말하는 것은 더욱 어렵다고 할 수 있다. 그리고 정신적 차이가 있다고 하더라도 그 차이가 육체적·생물학적 차이, 즉 선천적인 차이에 기인하는 것인가 아니면 양육과 교육 그리고 문화의 영향인가 판단 내리는 일도 간단하지 않다. 남녀의 정신적 능력의 차이와 그 근원에 관한 세 가지 입장은 다음과 같다.

첫째, 남성은 선천적으로 강하고 우월하며 여성은 약하고 열등하다는 유교, 기독교, 유대교 등 세계적으로 공통적인 성차별적 관념이 있다. 이 관념은 인류의 먼 과거로부터 여성에 대한 성차별을 야기했고 정당화시켜 주었다. 우리 사회에도 '남자는 하늘, 여자는 땅'이라는 남존여비사상이 존재한다. 이것은 전통적 본질주의 입장으로서 생물학적 결정론이라고도 불린다.

둘째, 전통적 본질주의에 대립되는 페미니즘의 반론이다. 이는 남녀는 선천적으로 다를 바 없으며 남녀의 차이는 오직 교육과 양육에서 비롯된 후천적인 것이라는 입장이다. 예를 들면 시몬느 드 보봐르는 여성은 태어나는 것이 아니라 만들어지는 것이라고 했다. 이것은 여성은 태어날 때부터 약자인 것이 아니라 사회에 의해서 약자로 길러진다는 것으로서 문화적 결정론이다. 요즘에는 남자도 태어나는 것이 아니라 남자로 길러진다는 이론이 등장하고 있다. 보봐르가 그런 사상을 전개하기 전에 아도르노도 이미 같은 생각을 전개했다. 아도르노에 따르면 자연적 존재라고 여겨지는 여성은 사실 역사의 산물이며 바로 역사가 여성을 탈자연화시켰다. 여성의 자연성은 남성사회에 의해 강요되고 주조된 자연성이다.[114]

셋째, 전통적인 성관념도 아니고 일반적인 페미니즘적인 관념도 아닌 제3의 관점으로서 남녀가 선천적으로 어느 정도 다른 성향과 능력을 타고나기는 하지만 남 또는 여, 어느 한쪽이 우월한 것은 아니라는 입장이 있다. 이것은 성차별의 오류를 지적하는 본질주의로서 진화생물학자 헬렌 피셔의 입장이다. 피셔는 후천적·문화적·교육적 요인의 영향을 긍정하면서 다른 한편으로 남녀가 생물학적으로 다름을 인정한다. 즉 남성과 여성의 정신적 차이는 어느 정도 선천적·생물학적 차이에 기인하는 것이며 타고나는 것이다. 그러나 남녀의 특징은 마

---

114) 이종하, 『아도르노의 문화철학』, 철학과현실사, 96-98쪽.

치 다른 색깔처럼 서로 다른 개성일 뿐이며 우열은 없다. 한국 철학자 김상일 역시 이와 유사하게 남녀의 선천적인 차이를 인정하면서도 남녀 간의 우열이 있다는 입장을 거부한다. 즉 여성의 본성은 자연이고 남성의 본성은 논리이다. 그러나 인간은 자기를 초극할 수 있다. 노력하기에 따라서 남성도 자연적일 수 있고 직관적일 수 있으며 여성도 논리적이고 이성적 일 수 있다. 그리고 논리와 이성 간에 어떤 우열이 있는 것도 아니다.

인간이 전적으로 생물학적 요인에 의해 결정되는 것도 아니며 전적으로 후천적인 양육과 교육의 영향으로 만들어지는 것도 아니므로 첫 번째 전통적인 본질주의와 두 번째 페미니즘의 문화적 결정론은 모두 모순을 내포하며 절반만이 진실이라고 할 수 있다. 그리고 전자와 후자 모두 "남자는 선천적으로 우월하다", "여자는 후천적 요인에 의해서 열등하게 된다" 등등 남녀의 인간 능력 전체의 우열을 속단하는 오류를 범하고 있다. 남녀 간의 우열은 결코 단정 지을 수 없으며, 그러므로 차라리 색깔들처럼 동등하다고 보는 것이 타당하다. 생물학적 요인과 더불어 후천적 요인을 인정하며 남녀 차이를 동등한 가치를 갖는 개성으로 바라본 세 번째 입장이 지지할 만하다.

> **다른 생각**
>
> **남성**–신문을 볼 때는 신문만 본다. 남자가 신문을 볼 때에는 말을 시키지 마라. 한 번에 한 가지씩밖에 못 한다.
> **여성**–TV를 보면서 문자도 하고 요리도 할 수 있다. 여러 가지를 한꺼번에 해도 좋다.

238

여성 마인드와 남성 마인드

피셔에 따르면 여성과 남성의 사고방식은 어느 정도 남녀의 선천적 생물학적 요인에 기인하는 것이다. '남성의 사고방식이 계단식이라면 여성의 사고방식은 거미집식이다. 남성은 초점을 한 곳에 집중하고 항목별로 차곡차곡 처리하는 계단식 사고이다. 남성은 한 번에 한 가지씩 단계적으로 해결하는 반면에 여성은 한꺼번에 여러 가지 일을 처리하며 한 가지 문제를 해결하기 위해서도 과거, 현재, 미래의 다양한 자료를 끌어들여 종합한다. 여성은 일직선이 아니라 거미집 식으로 연관된 요소들을 통합적으로 생각하는 성향이 있으며 보다 많은 변수를 수집하고 저울질한다. 남성의 계단식 사고가 논리적·체계적·단계적 사고방식이라면, 여성의 거미집식 사고는 종합적·직관적이다. 남성은 한 가지에 집중하는 반면에 여성은 여러 가지 일을 처리하므로 산만하다. 남성은 분명한 것을 선호하며 애매 모호성에 관대하지 않다. 남성의 사고가 법칙주의적이고 경직되어 있다면 여성의 사고는 상황에 따라 유연하고 융통성이 있으며 애매모호한 것과 예외에 대한 포용력을 가지고 있다.'[115] 관점에 따라 상황에 따라 남녀의 사고방식에 대한 평가는 달라질 수 있으며 각기 장단점을 가지고 있다고 할 수 있다. 여성은 언어능력에 있어서 유리한 생물학적 요인을 가지고 있다. X 유전자 위에 언어결정인자가 있는데 여성은 남성보다 X를 하나 더 가지고 있으며 여성의 좌우뇌의 연결부위상의 뉴런이 남

---

115) 헬렌 피셔, 『제1의 성』, 생각의나무, 2000년.

성보다 12퍼센트가 더 많기 때문에 좌우뇌의 연결이 원활한 것이다. 반면에 남성의 공간시각능력은 대개 여성보다도 탁월한 편이다.[116]

남녀의 마인드 차이는 인류학적 기원을 갖는다. 수십만 년 전 인류 집단에서는 남녀가 서로 다른 일을 해왔고, 그런 장기적인 성적 분업에 의해서 남녀가 서로 다른 사고방식을 가지게 된 것이다. 남성은 주로 집중력을 요구하는 사냥을 했고 여성은 위험한 짐승들에 둘러싸인 가운데 채집과 육아를 담당하면서 한꺼번에 다방면을 주시하고 동시 다발적인 사고를 하게 되었다.

남성마인드도 많은 장점을 가지지만 인류 역사 속에서 차별받아온 여성의 입장을 강조하기 위해 피셔가 밝혀낸 인류가 망각해온 여성의 장점들을 열거하자면 다음과 같다.[117]

1. 언어의 재능: 여성호르몬인 에스트로겐은 언어의 주광맥이라고 할 수 있다. 에스트로겐은 신경세포 간의 연결고리 수를 늘린다.

2. 타인의 몸짓 표정 읽기: 여성은 예민한 오감과 직감으로 타인의 마음을 파악하는 능력이 있다. 남성이 상대의 언어에 집중하는 반면에 여성은 언어 이외에 얼굴 표정과 몸짓을 읽어낸다.

3. 섬세한 감수성, 우수한 촉·후·미·청각, 인내력과 섬세한 손놀림

4. 여러 가지를 한꺼번에 처리하고 생각하는 능력

116) 헬렌 피셔, 『제1의 성』, 생각의나무, 2000년, 36쪽.
117) 헬렌 피셔, 『제1의 성』, 생각의나무, 2000년.

5. 문제를 넓게 전후맥락으로 보는 폭넓은 시각

6. 장기적 기획 선호: 미래에 아이를 양육해야 하는 여성으로서는 장기적 안목으로 판단하는 성향이 있다.

7. 협상의 재능: 언어재능과 미소의 능력을 갖춘 여성은 외교와 협상에 적합하다.

8. 보살핌의 충동

9. 평등주의 원칙 옹호

피셔에 따르면 인간은 누구나 전적으로 남성이거나 여성일 수 없으며 모두 남녀 특성의 복잡한 혼합이다. 인간은 극단적 여성성과 극단적 남성성의 연속선상 어딘가에 위치한다. 남성도 극단적인 여성 마인드를 가질 수 있으며 여성도 극단적인 남성 마인드를 가질 수 있다. 그리고 인간은 DNA의 꼭두각시가 아니라 자아실현의 방향 선택과 기술 습득에 의해 선천적인 품성을 초월할 수 있다.

"장기적 사고는 아득한 영겁의 세월을 거쳐 오면서 여성들에게 적응되었을 것이다. 동물사냥은 남자들로 하여금 동물과 새들의 습관, 달의 주기, 별들의 위치… 그리고 지금으로부터 한 달 혹은 일년 후 그 동물들은 어디로 향할 것인지에 대해 생각하게 만들었다. 틀림없이 남성들은 몇 달, 몇 년 후에 일어날지도 모르는 사건들에 대해서 생각해야 했다. 그렇지만 아기들을 기르고 교육시키는 일은 여성들에게 앞으로 수십 년 동안 일어날 수 있는 긴박한 사태들에 대비할 것을 요구했다."[118]

성차별의 부당성

여성과 남성은 각기 다른 장단점을 가지고 있으며 단적으로 어느 한쪽이 우월하다고 말할 수 없다. 사실 인간의 어떤 특징이 장점이라고 단언하는 것은 부당하다. 어떤 색이 단적으로 아름다운 색이라고 말할 수 없으며 단지 그 색이 어느 평면상에 놓였는가에 따라서, 즉 주변 형태들의 색이 어떤가에 따라 판단될 수밖에 없는 것과 마찬가지다. 용감함이 험한 일을 할 때에는 장점이지만 섬세한 일을 할 때에는 방해가 될 수도 있다. 보통 장점이라고 말하는 것은 평범한 상황을 전제로 한다. 보통의 상황에서는 지능이 높은 것이 장점이지만 범죄자의 지능이 높은 것은 고도의 지능적 범죄의 도구가 되므로 위험한 단점이 될 수도 있는 것이다.

여성에 대한 성차별이란 오로지 어떤 인간이 여자라는 이유만으로 불리한 판단과 평가를 하고 불공정한 대우를 하는 것이다. 성차별이 부당한 이유는 우선 앞서 밝힌 바와 같이 남녀 집단의 우열을 비교하는 것이 무리이기 때문이다. 한 인간을 객관적으로 평가하기 위해서는 그가 속한 집단이 어떤가를 참고할 수는 있지만 그것을 전적인 근거로 삼아서는 안 된다. 집단 간의 인간적 능력 전체의 비교는 어려우

---

118) 헬렌 피셔, 『제1의 성』, 정명진 역, 생각의나무, 53쪽.

며 어떤 비교도 완전할 수 없다. 도처에 존재하는 남녀의 우열 비교 역시 편견에 오염되어 있으며 한 인간이 여자라거나 남자라는 이유로 인해 열등하다는 판단을 하는 것은 부당하다. 인간에 대한 평가는 어디까지나 개인 그 자체를 대상으로 해야만 한다. 성차별은 여성이 열등한 존재라는 편견에 기초하며 그러한 편견은 부당하다. 여성과 남성은 피셔의 견해처럼 개성적인 특성을 갖는 존재들이므로 남녀의 우열을 가리는 것은 부당하며 성차별 역시 부당한 것이다.

만일 미래시대 과학측정기구의 발달로 남녀의 객관적인 비교가 가능하여 여성이 남성보다 열등하다는 결정이 난다고 하더라도 마찬가지로 인간에 대한 차별은 부당하다. 한 사회에 속하는 모든 구성원들이 똑같이 행복을 누릴 권리가 있기 때문이다. 이것은 가난한 자의 굶주림을 좌시할 수 없는 것과 마찬가지다. 높은 지능을 요구하는 직장에서 사람을 선발할 때 당연히 지능을 기준으로 사람을 뽑을 수는 있지만 남성의 지능이 높다는 편견 아래 여성의 지원을 애초부터 배제하거나 여성에 대한 불리한 취급을 하는 것은 부당하다. 그리고 사회는 여자이든 저능아이든 빈곤층이든 능력이 부족하여 직업을 갖지 못하는 사람들이 기본적인 생활을 할 수 있도록 조처해야만 한다.

여성에 대한 차별은 곧 남성에 대한 차별을 낳기도 한다. 이것은 남성이 우월하다는 편견이 남성에게 부담을 부과한 결과이다. 가장으로서 가족의 생계를 책임져야 한다거나 군복무의무를 이행해야 한다는 것이 그런 예이다. 여성에 대한 성차별이 사라짐으로써 남성에 대한 성차별도 사라질 것이다.

성차별의 제거를 위해 도입되어야 할 사고방식

세상을 바꾸는 것은 행위이고 제도지만 행위와 제도를 조종하는 것은 바로 보통사람들의 사고방식이다. 생각의 전환만이 세상을 바꾸고 성차별문제도 해결한다. 성차별을 근절하고 여성의 인간적 삶을 위해 근본적으로 어떤 사고방식이 필요한가? 사고방식의 범위가 너무나 광대하므로 여기서는 여성 차별과 직결되는 두 가지 사고방식, 즉 수직적 사고방식과 평등적 사고방식을 중심으로 그와 연관되는 사고방식을 논하기로 한다. 피셔의 견해에 따르면 평등주의적 사고방식이 여성 마인드와 직결되는 반면에 수직적 사고방식은 계급적 사고방식이며 남성적 마인드와 직결된다. 우리 사회의 성차별을 심화시킨 사고방식, 즉 계급주의적 사고방식이 어떤 것인가를 살펴본 뒤에 성차별을 줄이기 위해서 우리 사회와 국가가 어떤 유형의 사회 및 국가로 나아가야 하는지를 판단하기로 한다.

우리 사회의 성차별의식의 근원
- 여성적 사고방식과 남성적 사고방식

누가 아래이며 누가 우위인가에 대한 관심사는 우주를 계급주의적으로 바라보는 수직적인 사고방식이다. 성차별은 바로 인류의 수직적 사고방식에 기인하며 성차별을 없애기 위해서는 평등주의적 사고방식이 도입되어야 한다. 수직적 사고방식은 남성적 사고방식이기도 하다. 반면에 평등주의적 사고방식은 여성적 사고방식이다. 우리 사회에 큰 영향을 끼친 대표적인 수직적 사고방식은 바로 유교이다. 하나의 종교적 교리체계 또는 사상체계가 전적으로 그르다는 것은 증명하기 힘들다. 유교가 가진 인생의 교훈과 지혜의 가치는 무시할 수 없지만 그것이 내포한 오류와 모순을 간과해서는 안 된다. 공자에서 비롯된 유교사상은 군신유의, 부부유별, 장유유서 등, 사물들 간의 우열과 계급을 구분하는 분석적 논리이고 흑백논리이며 남성우월주의와 가부장제도의 지지이다. 공자의 중심사상은 인과 의로서 인이란 자기를 억제하고 예로 돌아가는 것이며 예란 봉건사회의 계급적 차별과 구분을 의미하는 것이다.[119] 신분의 상하에 따른 복종관계를 최고의 덕으로 가르친 유교는 분명한 인간차별의 논리다. 상보적이며 서로가 상대를 머금는 관계라는 음양의 관계가 곧 남녀관계인 것은 아니다.[120] 우주의 원리로서의 음양이 곧 실제적 개별적 존재인 남녀인 것이 아니기 때문이다. 페미니즘에서 비난하는 유교는 역사적 전개과정에서 재해석되고 왜곡된 유교뿐만 아니라 공자사상 그 자체도 포함한다.[121] 공자는 분명히 여자와 소인은 멀리해야 한다는 등 직접적인 여성비하발언을 했기 때문이다. 그리고 유교의 보살핌의 윤리가 여성에 대한 보살핌의 윤리를 내포한다고 확대해석할 수는 없다. 유교의 윤리는 남녀성별분업의 이중구조와 위계적 질서 안에서 생겨난 것이기

---

119) 조정옥,『성의 눈으로 철학보기 철학의 눈으로 성 보기』, 서광사, 59쪽.

120) 그런 식으로 공자를 옹호하는 사상은 다음의 책에서 찾아볼 수 있다. 한국유교학회편,『유교와 페미니즘』, 철학과현실사, 78-80쪽.

121) 한국유교학회편,『유교와 페미니즘』, 철학과현실사, 67쪽.

때문이다.[122) 유교에 성차별적 논리가 담겨 있음을 솔직히 인정하고 유교에서 보편적으로 타당한 부분과 그렇지 않은 부분을 선별해내어 살릴 것은 살리고 수정할 것은 수정해야 할 것이다.

남녀의 사고방식의 차이 〈철학적 관점〉[123)

	남	여
보편/개별	보편성·객관성 추구	개별성·주관성 존중
이성/감정	이성 중심의 추론적· 논리적·단계적·분석적 사고	감성 중심의 직관적· 종합적 사고
정신/육체	인식 중심, 정신 중심	생명 중심·몸 중심적 사고
계급/평등	계급주의, 권위주의 (명령 복종)	평등주의, 인간주의
자기/타인	자기 중심적	타인 배려적

반면에 노장의 도가철학은 명시적으로 유교와의 대립을 선언하고 계급을 부정하고 만유의 평등을 내세운 철학이다. 더 나아가 유교의 계급서열을 거꾸로 뒤집어서 약자가 진정한 강자임을 강력히 주장한 철학이다. 유교가 "남자는 하늘이고 여자는 땅"이라고 한 반면에 도가 사상은 "여성은 신, 남성은 피조물"이라고 본다. 부드럽고 연약한 물, 어린이 그리고 여성적인 것이 강하고 딱딱한 것, 두드러지는 것, 남성

---

122) 한국유교학회편, 『유교와 페미니즘』, 철학과현실사, 51쪽.
123) 조정옥, 『성의 눈으로 철학보기 철학의 눈으로 성 보기』, 서광사, 58쪽.

적인 것보다 근원적이며 모든 존재의 존립기반이다. 노자와 장자가 즐겨 사용하는 비유와 직관은 평등주의적 사고방식이며 여성적 사고방식이다.[124] 여성의 성차별문제를 해결하기 위해서 우리 사회는 도가철학에 깊은 주의를 기울여야 할 것이다. 더 나아가서 남성적 사고방식을 지양하고 여성적 사고를 활성화시켜야 한다.

우리 사회가 지향해야 할 사회유형 – 여성적 사회와 남성적 사회

개개인에 따라 마인드가 다르며 그것은 크게 여성마인드와 남성마인드로 분류된다. 그런데 개개인뿐만 아니라 국가와 사회도 마인드를 가지며 그것 역시 남성적 유형의 마인드와 여성적 유형의 마인드로 분류된다. '남성적 사회는 남녀역할이 명료하게 구분되어 남자는 자기주장적이며 물질적 성공을 추구하는 반면에 여자는 겸손하고 부드러우며 삶의 질에 관심을 두는 경향이 있다. 여성적 사회에서는 남녀역할이 중첩되며 남녀 모두 겸손하고 부드러우며 삶의 질에 관심을 두는 사회이다.'[125] 남성적 사회에서는 부모역할이 불평등하다. 남성은 사실을 다루고 여성은 감정을 다룬다. 반면에 여성적 사회에서는 남녀역할이 평등하며 살아가면서 만나는 딱딱한 사실과 부드러운 감

---

124) 조정옥,『성의 눈으로 철학보기 철학의 눈으로 성 보기』, 서광사, 60쪽.

125) Geert Hofstede · Gert Jan Hofstede, Michael Minkov,『세계의 문화와 조직』, 차재호 · 나은영 역, 학지사, 121–140쪽.

정을 남녀 모두가 다루게 되어 있다.[126)

　여성적 사회에서의 여성이 정치적 지위는 남성적 사회보다 높다. 그리고 남성적 사회에서 남성의 특권을 주장하는 종교가 지배적인 반면에 여성적 사회에서는 남녀의 상보성을 강조하는 종교가 지배적이다.[127) 여성적 사회는 남성적 사회와 비교할 때 성차별이 보다 적은 사회이며 여성과 남성의 평등과 평등한 권리가 보장될 수 있는 사회이다.

여성적 사회와 남성적 사회의 주요 차이점[128)

여성적 사회	남성적 사회
복지가 사회의 이상이다.	성취가 사회의 이상이다.
부족한 사람이 도움을 받아야 한다.	강한 사람이 지지를 받아야 한다.
허용적 사회	수정적 사회
작고 느린 것이 아름답다.	크고 빠른 것이 아름답다.
환경보호에 가장 우선수위를 두어야 한다.	경제성장 유지에 가장 우선순위를 두어야 한다.

126) Geert Hofstede·Gert Jan Hofstede, Michael Minkov, 『세계의 문화와 조직』, 차재호·나은영 역, 학지사, 134쪽. 남성적인 국가에서는 남녀 모두가 보다 남성적 가치관(자기 주장적 강자 지향)을 가지고 있는 반면에 여성적인 국가에서는 남녀 모두가 보다 여성적 가치관(겸손 약자지향)을 가지고 있다.

127) Geert Hofstede·Gert Jan Hofstede, Michael Minkov, 『세계의 문화와 조직』, 차재호·나은영 역, 학지사, 156쪽.

128) Geert Hofstede·Gert Jan Hofstede, Michael Minkov, 『세계의 문화와 조직』, 차재호·나은영 역, 학지사, 156쪽.

가난한 나라들에 대한 개발원조에 정부가 비교적 많은 비율의 예산을 소비한다.	가난한 나라들에 대한 개발원조에 정부가 비교적 적은 비율의 예산을 소비한다.
정부가 군비에 소비하는 예산이 비교적 적다.	정부가 군비에 소비하는 예산이 비교적 많다.
국제적 갈등을 타협과 협상으로 해결하려 한다.	국제적 갈등을 힘의 과시나 투쟁으로 해결하려 한다.
정치적 자리에 선발되는 여성의 수가 비교적 많다.	정치적 자리에 선발되는 여성의 수가 비교적 적다.
남성과 여성의 상보성을 강조하는 종교가 지배적이다.	남성의 특권을 강조하는 종교가 지배적이다.
여성해방의 의미는 남성과 여성이 가정과 직장에서 똑같은 몫을 담당하는 것이다.	여성해방의 의미는 지금까지는 남성들에 의해 독점되어온 자리를 여성들도 차지할 수 있다는 것이다.

인간의 사고방식에는 여성적인 것과 남성적인 것이 있으며 이 가운데 여성적 사고방식이 평등주의적 사고방식이다. 우리 사회에서 유교는 수직적 계급주의적 사고방식이며 남녀 차별적인 철학인 반면에 도가 철학은 남녀 평등적인 사고방식이다. 우리 역사는 긴 기간 동안 유교 지배적이었지만 이제는 도가 철학에 좀 더 귀 기울여야 한다. 이제까지의 역사가 생산과 노동, 철학, 예술, 요리, 의상… 전 분야에서 남성 단색조였다면 여성마인드의 특징도 하나의 다른 색깔로서 사회 각 분야에 첨가된다면 보다 조화로우며 창의적이고 발전된 사회로 나갈 수 있을 것이다. 특히 여성의 유연성과 통합적 사고가 투입된다면 많은 미해결의 사회문제들이 해답을 찾을 수 있다.

예를 들면 우리나라에서 해마다 일어나는 도로건설을 위한 절개지에서의 산사태문제는 산림청과 도로공사 그리고 지자체가 서로 협력과 통합 속에서 일하지 않고 서로 책임을 미루고, 각자 맡은 부분만 건드리고 사태를 전체적으로 통찰하지 못함으로써 매년 반복되고 심화되고 있다. 여성의 사회 참여로 이런 문제에 여성적 사고가 개입된 다면 통합적이고 유연한 사고 속에서 사태가 보다 원활하고 명료하게 해결될 것이다. 사회를 운영하고 있는 기존의 구성원들이 유연성 있는 사고를 키우는 길도 있지만 보다 많은 여성이 사회에 참여하는 것이 보다 쉬운 길이다. 사회와 문화를 지배하는 사고유형에는 남성적인 것과 여성적인 것이 있다. 이 가운데 남성적인 사회는 남성 중심적이며 성차별적인 반면에 여성적인 사회는 남녀평등주의적이다. 성차별을 해소하기 위해서는 여성적인 사회유형을 지향해야 한다.

내면 털어놓기

　남녀의 차이: 개인 간의 차이가 있지만 대개 남자는 토론의 기회에 말을 많이 하고 여자는 휴식 시간에 말을 많이 한다. 남성의 대화 주제는 정치 경제 등 어떤 특정한 방향을 갖고 있는 반면에 여성의 대화 주제는 주로 사생활에 관한 것이다. 남자는 내면이 없다는 말도 있다. 동창 모임에서도 남자들은 옛날 학창시절 일어난 에피소드를 더듬지만 자기 내면의 이야기는 잘 하지 않는다. 내면의 고민 걱정거리 등을 털어놓아야 정신적으로 건강하다. 동감 받고 싶은 포유류의 본능, 즉 우리 두뇌의 감정 층이 잘 달래지지 않으면 병 들고 만다. 누군가 나의 이야기에 귀를 기울이며 들어준다는 것만 해도 평안해지고 위안이 된다. 요즘 부각되는 미술치료, 음악치료 등 여러 가지 심리치료에서 중요한 본질 중의 하나는 바로 내면 털어놓기에 있다. 대화도 일종의 인간 간의 접촉이며 달래주기 행위이다. 대화는 인간두뇌 가운데 포유류 층에 해당하는 부분을 만족시켜주며 우리의 건강에 필수불가결하다.

인간두뇌구조

- 영장류층 신피질: 사고 판단
- 포유류층 구피질: 감정
- 파충류층 구피질: 호흡 등 생존

인간교육은 대개 영장류층의 지적기능에 집중적으로 메스를 가한다. 인류는 신피질 과잉이며 포유류층의 메마름으로 특징된다. 인류역사는 신피질에 의한 구피질의 억압의 역사이다. 그러나 인간의 심신의 건강을 위해선 포유류층을 필수적으로 관리해야 한다. 마음이 아프고 병들면, 지성도 망가지고 몸도 병들게 된다. 신피질이 남성적 사고를 특징짓는다면 구피질의 포유류층은 여성적 사고를 특징짓는다.

제14장

개성적 실존이냐,
보편적 이성이냐?

자기 없는 삶은 공허하다

자아가 아닌 것, 즉 비아는 자아가 인식하므로 존재한다.
주관이 대상을 만든다.
모든 것이 자아적이다.

– 피히테

감정은 자신의 본질을 상실한 것이므로
될 수 있는 한 감정에서 벗어나야 한다.
우리는 인간의 본성인 이성을 찾아야한다.

– 스피노자

자기 실현의 삶

삶의 색깔은 사람마다 제각각이고 다채롭지만 크게 보면 두 가지 삶의 방식이 있다: 별다른 변화 없는 반복의 삶과 자기실현을 위해 난관을 헤쳐 나가는 삶. 전자는 '그냥 먹고 살면 되지 뭐하러 그런 고생인가?'라고 말한다. 반면에 후자는 말한다. '나날이 변화 없이 판에 박인 듯한 삶, 자신의 진정한 뜻을 이루지 못하는 삶이 무슨 의미가 있는가?'라고….

역사상의 많은 천재들의 학교생활과 학업 성적은 엉망이었고 바보 취급을 받기도 했다. 아인슈타인의 학교 성적은 최하였고 간단한 수학문제도 잘 풀지 못했다고 한다. 영화제작자 스티븐 스필버그 역시 마찬가지였고 어린 시절 그의 낙은 오직 영화를 보는 일뿐이었다. 천재들은 절망하지 않고 자신의 뜻과 재능을 펼쳐나갔고 인류를 위한 중대한 발명을 했다. 그들이 자기실현을 포기하여 평범한 사람으로 돌아가지 않은 것은 본래적 자기를 강하게 잡고 있었기 때문이었다. 그들의 삶은 사르트르적인 실존적 삶이라고 할 수 있다.

자기를 굳게 지키고 살았던 철학자 가운데에는 스피노자가 있다. 유대교 출신이면서도 과감하게 유대교에 어긋나는 철학을 전개하여 24세의 나이로 파문당했는데, 신학에 대해 침묵하면 연금을 주겠다는 매수책을 받아들이지 않았다고 한다. 스피노자는 하이델베르크 대학에서 제의한 교수직도 거부했다. 그 이유는 자신의 철학을 스스로 마음과 일치하게 하기 위해 혼자이기를 바랐기 때문이었다.[129] 공직에 몸담을 경우 정신의 자유가 침해될까 두려웠던 것이다. 그는 고독하게 살았고 안경, 현미경, 망원경에 사용되는 렌즈를 팔아 생계를 유지했는데 스피노사는 렌즈를 갈 때 나오는 유리가루 때문에 폐질환을 앓았다고 한다. 일생 동안 박해받고 욕설을 듣고 암살까지 당할 뻔했던 스피노사의 철학은 오랫동안 잊혔다가 헤겔, 쇼펜하우어, 니체, 괴테 등 많은 사람들에게 새롭게 발견되어 중요한 영향을 주었다.

다양성은 축복이다

숲속의 나무를 보라! 잎과 열매와 꽃잎이 얼마나 다채로운가! 사람은 모두가 서로의 개성을 갖는다. 입맛도 취향도 생김새도 모두 다르며 감각과 사고방식 또한 다르다. 다르기 때문에 부딪히기도 하지만 다르기 때문에 흥미롭고 내가 갖지 않은 어떤 점을 보완하고 서로 도울 수 있다. 같은 류의 핀치새도 부리가 다르고 찾는 먹이가 다르다. 누구는 땅속벌레 누구는 나무속벌레 누구는 나무열매 이런 식으로 서로 다른 먹이를 먹는다. 그래서 서로를 방해하지 않는다. 인공으로 조성한 숲은 대개 한 종류의 나무들을 심기 때문에 건강하지 못하다고 한다. 같은 종끼리는 필요로 하는 것이 똑같고 따라서 서로 경쟁하게 되고 방해하게 된다. 숲도 다양한 종들이 한데 모여 이루어질 때 보다 더 건강하다. 개성의 소중함 이것을 망각하고 대다수의 사회는 획일화를 요구한다. 누구나 이래야 된다고. 특히 학교에서는 누구나 필수

129) 브라이언 매기, 『사진과 그림으로 보는 철학의 역사』, 박은미 역, 시공사, 90쪽.

로 이것을 배워야 한다고 말한다. 사회에서는 튀는 사람을 경계하고 배척한다. 그렇기 때문에 좋은 개성까지도 개인 스스로가 억압하고 발전시키지 못하게 된다. 이것은 사회 전체로 볼 때에도 손해다. 역사상의 중요하고 위대한 발명은 결국 다른 사람과는 뚜렷이 다른 개성을 지닌 개인이 없었더라면 불가능했다. 그러고 보면 실존의 실현은 개인뿐만 아니라 전체 사회의 행복을 위해서도 도움이 되는 것이다.

고양이를 무서워하지 않는
제리와 쥐에게 당하는 톰
그리고 실존주의

사르트르(1905-1980)

세계2차대전 당시 10개월간 독일포로수용소에 갇혀 있던 사르트르는 자신이 감옥에 갇힌 것을 전혀 의식하지 못했다고 한다. 사색과 글쓰기에 몰입했기 때문이다. 사르트르는 노년에 전쟁에 의한 자유탈취와 통찰과 자기 확신 없는 맹목적 복종이 실존적 삶의 방식에 어긋남을 강조한다. 1964년 노벨수상자로 선정되었으나 사르트르는 공적 권위를 믿을 수 없다면서 수상을 거부한다.

실존주의[130]

현대철학을 크게 두 부류로 나눠본다면 휴머니즘, 주관주의, 반과학주의의 특징을 갖는 현상학적인 철학과 객관주의, 반형이상학주의, 과학주의의 특징을 갖는 분석철학으로 분류해볼 수 있다. 니체와 키에르케고르, 그리고 생철학으로부터 생성과 개체중심주의를 물려받

---

130) 조정옥, 『알기 쉬운 철학의 세계』, 철학과현실사, 165-169쪽.

은 실존철학은 현상학적 주관주의와 합류했고 현상학적 방법(특히 본질직관)을 사용했다. 실존주의의 특징은 합리주의에 대립하여 이성보다 감정, 의지, 몸을 중시한다는 점이고 개체와 실존을 보편과 본질보다 앞세운다는 점이다.

1. 비합리주의: 플라톤을 비롯한 합리주의자들은 이성을 인간의 최고 기능으로 보고, 감정을 잘못된 인식과 악한 행위의 근원으로 취급하고 천시했다. 반면에 근세의 쇼펜하우어, 딜타이, 니체, 베르그송 등의 생철학자들은 거꾸로 지성보다는 감정과 의지를 우위에 두고 지성

플라톤(BC 427–BC 347)

"눈을 뜨면 진리가 오히려 잘 보이지 않는다. 감각은 인식을 방해하기 때문이다. 진리는 육체의 눈이 아니라 마음의 눈으로 보아야 한다. 육체는 영혼의 감옥이다. 이데아는 완전하고 영원한 반면에 우리가 살고 있는 현실세계는 그림자 같은 가짜존재다."

앙리 베르그송(1859–1941)

"생명은 적자생존에 의해 변화되고 진화되는 것이 아니라 각자 나름대로의 창조적 비약이다. 살아있는 생명은 과학적 분석에 의해 파악될 수 없으며 오직 직관에 의해서만 파악될 수 있다."

적 인식은 생의 종속적 도구에 불과하다고 본다. 실존철학은 비합리주의적인 생철학의 기본정신을 그대로 이어받았다.

2. 개별자의 철학 본질주의의 거부: 실존철학은 개별적 개인을 전체와 다수보다 우선시하는 키에르케고르의 사고를 근본적 토대로 삼는다. 실존철학은 개별자의 철학이며 개별적 인간에 대한 철학이다. 플라톤적인 이데아나 본질, 또는 보편자는 개별적인 인간실존 뒤에 오는 부차적인 것이다. 인간의 본질은 플라톤이나 유신론에서처럼 탄생 이전부터 미리 규정되어 있는 것이 아니라 살아가면서 개개인이 스스로 선택하여 채워 넣어야 할 어떤 것이다. 유신론에 의하면 우리는 신이 인간을 창조할 때 미리 불어넣은 인간의 본질을 실현해야 한다.

실존주의, 특히 무신론적 실존주의자 사르트르에 의하면 신은 거짓 환상이고 미리 규정된 인간의 본질 같은 것도 없다. 인간은 이 세상에 내던져진 존재, 또는 내버려진 존재(사생아)이다. 인간의 몸이 먼저 이 세상 밖으로 내던져졌고 인간의 본질이 무엇인지는 각 개인이 스스로 선택해야 한다. 컴퓨터의 제작자는 컴퓨터의 용도와 본질을 미리 알고서 거기에 따라 컴퓨터를 만들었다. 따라서 컴퓨터의 본질은 컴퓨터의 존재에 앞선다. 그러나 인간에 있어서는 그런 사물적 존재와는 정반대로 인간의 실존은 인간의 본질에 앞선다.

실존철학의 기본 정신은 실존은 본질에 앞선다는 것이다. 실존주의에서 자아는 무엇이든 될 수 있는 가능성 덩어리이며 우주에서 하나밖에 없는 유일무이한 각자성이다. 보통의 쥐와는 다르게 고양이를 무서워하지 않는 제리와 보통의 고양이와는 달리 쥐에게 당하고 사는 톰은 미리 정해진 쥐와 고양이의 본질에 얽매이지 않는 독특하고 흥미로운 존재다. 이들은 실존주의적 동물상일지도 모른다. 내가 키우는 고양이는 낯선 손님이 오면 피하는 것이 아니라 오히려 몸을 비비면서 반가워하고 진한 애정표시를 한다. 그 애는 실존주의적으로 다른 고양이와 전혀 다른 자기를 전개하고 있는 것 같다.

3. 몸의 철학: 실존철학에서는 감정과 의지와 더불어 몸이 부각되어 중요시되고 주제화된다. 합리주의에서 인간이란 한마디로 이성이라고 할 수 있지만 대개의 실존주의에서는 인간이란 한마디로 살아있는 몸이다. 니체에 의하면 나는 몸이고 몸 이외에 다른 것이 아니다. 생각, 느낌 등의 배후에 있는 자아가 다름 아닌 몸이다. 그리고 의식은 신체의 거울에 불과하며 신체야말로 의식을 좌우하는 주체이다.

실존주의적 인간관

우리 인간은 어떻게 살아야 하는가? 철학자에게 물어본다면 두 가지 종류의 대답이 있다.

1. 합리주의적 인간관: 감정과 충동은 극복되어야 할 비본질적인 부분인 반면에 인간의 본질은 이성이다. 인간이라면 누구나 신체의 영향에서 벗어나 순수이성으로 인식하고 행동해야 한다. 인간 = 영혼 +

신체. 영혼은 신적인 부분이며 인간의 본래적인 본질이다. 영혼 가운데 특히 이성이 그렇다. 감정은 육체로부터 유입된 불순물이기 때문이다. (여기서 인간의 본질이 이성이라면 어째서 인간은 이성을 그렇게도 자주 벗어나는가? 합리론자들에게 물을 수 있다. 꽃에게 굳이 꽃이 되라고 할 필요는 없다. 이성적이어야 한다는 명령은 인간이 이성적이 아님을 자기도 모르게 전제하고 있는 것이다.)

2. 실존주의적 인간관: 실존주의에 따르면 인간의 선천적인 본질은 없다. 인간에게 미리 본질을 불어넣은 신도 없다. 인간의 본질은 무이며 각자가 무를 채워 넣어 자기를 만들어야 한다. 인간은 근본적으로 자유로서 각자가 유일무이한 개성적 존재이며 선택을 통해서 무엇이든 될 수 있는 가능성의 다발이다. 인간은 상황 속에 있는 인간이며 피와 살과 감정을 가진 존재이다. 이러한 존재를 실존이라고 부른다. 사르트르에 따르면 피아노 같은 물건과 도구는 만들어지기 전에 본성이 제작자에 의해서 정해진다. 그러나 인간은 그렇지 않다. 인간의 타고난 본성은 없다. 신이 부여한 인간의 본성은 없다. 자기는 선택에 의해서 순간 만들어가는 어떤 것이다. '실존'주의라는 말에 내포된 실존의 뜻은 영원한 본질에 대립되는, 지금 여기의 생성 변화하는 존재를 의미하며 그런 존재 가운데 특히 개별적 인간 존재를 가르킨다. 실존주의에서 인간은 구체적인 삶의 상황 속에서 느끼고 행위하는 감정과 의지와 육체를 지닌 인간이며, 불변적·고정적이며 수동적인 존재가 아니라 무엇이 될 것인가를 스스로 선택하고 결정하는 자

유로운 능동적 존재이다. 따라서 인간은 물질처럼 타성적인 것이 아니라 현재 있는 상태를 벗어나고 초월하여 자신의 모습을 끊임없이 탈바꿈해가는 카멜레온이며'[131] 자유로운 카멜레온이 되어야 할 존재이다.

실존철학의 시조인 키에르케고르에 따르면 선을 베푸는 것보다도 신 앞에서 유일한 자기를 회복하는 것이 보다 높은 단계(종교적 단계)이다. (감각적 즐김의 단계-윤리적 단계-종교적 단계) 각각의 개체가 최고의 것 유일의 것을 얻기 위하여 개체로서 독존하는 대신 반대로 군집으로 퇴적되어버리는 이 비참 때문에 키에르케고르는 영원히 울어도 다 울 수 없다[132]고 절규한다. 키에르케고르는 '전체성만이 진리'라는 헤겔의 철학에 반대한다. 오히려 '전체성은 비진리다. 주체성만이 진리다'. 키에르케고르는 거대한 전체만이 실체이며 개체는 그 부분으로서만 의미를 갖는다고 보는 헤겔철학을 증오한다. 헤겔은 오로지 절대자만이 완전한 실재이며 외면적으로 구분되는 절대자의 부분들은 오직 전체의 부분으로서 존재한다는 점에서만 의미가 있으며 현실성을 가진다고 주장한다.[133] 개인이 자기중심적 개체로 남아 있다면 자기실현은 불가능하므로 오직 유기적 사회로 포섭될 경우에만 자기실현이 가능할 수 있다.[134] 키에르케고르는 헤겔의 거대철학에 맞서

---

131) 조정옥, 『알기 쉬운 철학의 세계』, 철학과현실사, 169쪽.

132) 키에르케고르, 『죽음에 이르는 병』, 박병덕 역, 비전북, 66쪽.

133) 다이아네 콜린슨, 『50인의 철학자』, 박은미·유현상 역, 시공사, 230쪽.

134) 브라이언 매기, 『사진과 그림으로 보는 철학의 역사』, 박은미 역, 시공사, 163쪽.

개체적 자아의 중심으로 들어가는 회오리바람을 일으킨다.

잠시 키에르케고르의 말에 귀 기울여보자.

"세상이라는 것은 세상에 몸을 팔고 있는 듯한 사람만으로 만들어져 있는 것이다. 그들은 자신의 재능을 이용하고 부를 축적하고 세속적인 일을 영위하고 현명하게 타산하고 그 밖에 여러 가지 일을 성취하고 어쩌면 역사에 이름을 남기기도 하리라. 그렇지만 그들은 그들 자신이 아니다. 그들이 그 밖의 점에서 아무리 이기적일지라도 정신적인 의미에서는 아무런 자아—그것을 위해서는 모든 것을 걸 수 있는 자아, 신 앞에 있어서의 자아—도 소유하고 있지 않다."[135]

"자아라는 것에 대해 세상 사람들은 결코 문제 삼지 않는다. 자아라는 것은 세상에서 가장 문제되지 않는 것이고 또 자아를 가지고 있다는 사실을 조금이라도 깨닫게 되면 그만큼 위험한 것은 없을 것이기 때문이다. 자기 자신을 잃는다는 정말로 가장 위험한 일이 세상에서는 아무 일도 아닌 양 지극히 조용하게 일어날 수 있다. 만약 무언가 다른 것, 팔 하나, 다리 하나, 금 다섯 냥, 아내 등을 잃었다고 하면 그것을 모르고 있을 수 있을까?"[136]

---

135) 키에르케고르, 『죽음에 이르는 병』, 박병덕 역, 비전북, 82쪽.
136) 키에르케고르, 『죽음에 이르는 병』, 박병덕 역, 비전북, 77쪽.

키에르케고르(1813–1855)
"실존적이란 점점 더 개인적이고 개성적이 된다는 것 그리고 집
단의 구성원에서 보다 많이 벗어나는 것이다. 인간은 신 앞에서
유일한 자기를 찾아야 한다."

사르트르에서 물질과 의식의 차이

사르트르에 따르면 물질은, 즉 자존재로서 꽉 차 있는 충만한 존재
인 반면에 의식은 비어 있는 결핍존재이고 채워져야 할 어떤 것, 허무
이다. 의식은 물질과는 달리 빈 공간에 대상을 담을 수 있고, 대상을
가질 수 있고, 대상과 마주할 수 있는 대자존재이다. 존재는 달라붙는
것, 한없이 추한 것, 어두운 것, 이유를 알 수 없는 것인 반면에 의식은
자기 자신에게 명백한 것이라고도 한다.[137] 한 인간이 무엇이 될 것

---

137) 가토 히사다케, 『20인의 현대철학자』, 표재명·황종환 역, 서광사, 91쪽.

인가는 합리주의나 유신론에서처럼 미리 정해진 것이 아니다. 인간은 가본에 따라서 미리 주어진 원고를 들고 연기하는 배우가 아니다. 인간의 의식은 자신이 선택한 가치들로 채워져 형성된 것이고 형성되어 간다. 어떤 자유선택도 없는 나무나 돌과는 달리 인간은 미래를 위해 기획한다. 미래는 채워지기를 기다리는 캔버스와 같다.[138] '어떤 사람도 내일의 그림이 어떠할지를 말할 수 없다. 우리는 그 그림이 다 그려지고 나서야 그 그림을 판단할 수 있다.'[139] 인간의 실존은 세계에 먼저 우연히 내던져지고 본질은 스스로에 의해 선택되고 만들어져가는 것이다. "실존은 본질에 앞선다." 실존은 한국어로 오해의 여지가 많은 용어이다. 실존은 어의적으로 볼 때 실제적 존재를 의미하며 '시간·공간적으로 역사적으로 구체적으로 현실화된'[140]의 의미이다. 본질이 불변이라면 실존은 변화하는 것이며, 본질이 모든 개체에 공통적인 어떤 것이라면 실존은 각각의 개체에 고유한 어떤 것이다.[141] 사르트르는 인간의 본질보다는 실존을 문제시했으며, 현재의 어쩔 수 없는 측면보다는 미래의 열린 차원을 중시했으며, 이는 자유를 중시했음을 의미한다.[142]

사르트르는 무의식의 존재를 부정한다. 인간의 모든 것은 의식적

---

138) 리처드 커니, 임헌규·곽영아·임찬순 역, 『현대유럽철학의 흐름』, 한울, 79쪽.

139) 리처드 커니, 임헌규·곽영아·임찬순 역, 『현대유럽철학의 흐름』, 한울, 81쪽.

140) 발터 비멜, 『사르트르』, 구연상 역, 한길사, 1999, 386쪽.

141) 발터 비멜, 『사르트르』, 구연상 역, 한길사, 1999, 387쪽.

142) 발터 비멜, 『사르트르』, 구연상 역, 한길사, 1999, 392쪽.

선택에 의한 것이다. 기절하는 것조차도 그리고 그 모든 감정이 선택이고 전략이다. 기절은 끔찍한 것을 지우려고 의식 스위치를 꺼버리는 의도적 행위이다. 공포의 비명처럼 감정은 회피가 불가능한 상황에서 (세계 대신 자신을 바꾸고 세계를 바꿨다고 믿는) 선택하는 주술적 행위이다. "상상과 마찬가지로 감정은 있는 것을 없는 것으로 바꿈으로써 피할 수 없는 것을 피하려고 하는 불가능한 것을 가능하게 하려는 목적을 가진 주술적 주문이다."[143] 인생의 모든 것이 선택의 결과인 한, 인간 스스로에게 전적인 책임이 있는 것이다. 사르트르에 따르면 인간은 어쩔 수없이 선택해야만 한다. 선택하지 않는 것조차 하나의 선택이다. 인간은 자유로 저주받은 존재다. 이는 명백한 의식까지도 우리가 알 수 없고 지배할 수 없는 무의식의 산물이라는 프로이트의 사상과 극과 극을 이룬다.

프로이트(1856–1939)

"내가 알고 있는 나는 내가 아니다. 의식적 자아 아래 무의식이 있다. 의식은 빙산의 일각일 뿐이다. 내 안에서 무의식이 의식보다 중요하게 작용한다. 의식에 의해 억압되어 밀려난 무의식은 꿈을 통해 나타난다."

---

143) 리처드 커니, 임현규·곽영아·임찬순 역, 『현대유럽철학의 흐름』, 한울, 86쪽.

자기를 지키며 살자

1. 본성의 필연성을 이해하고 관용하자. 자기비판도 좋지만 어떤 경우이든 자기긍정이 토대가 되어야 한다.

2. 이 세상의 모든 개성이 소중하고 가치 있는 것이다. 단지 상황에 따라 보는 사람에 따라 그 개성이 불쾌할 수도 유쾌할 수도 있으며 자타에게 이익이 되거나 손해가 될 수 있는 것이다. 개개인의 능력을 지능과 같은 획일적인 잣대로 비교할 수 없다. 특히 인간 속에는 아직 과학적으로 입증되지 않은 능력들이 잠재해 있다. 우리 자아의 빙산의 일각인 의식 아래 무의식이 있고 그 안에 무엇이 들어 있는지 아직 밝혀지지 않고 있다.

3. 자기 실존을 찾는다는 것은 우선 대중에 휩쓸리지 않는 것, 진심의 선택에 의존하는 것이다.

4. 자기 실존은 순간순간 변할 수 있고 변해가는 것이다. 나이든 사람들은 이미 머리가 굳어져서 본래적인 자기를 찾기가 힘들 수도 있을 것이다. 그러나 청소년들의 정신은 아직 유연하므로 별문제가 없

다. 이미 교육을 통해서 사회화·평범화되고 있지만 노력하고 의식함으로써 자기를 지킬 수 있을 것이다.

5. 살아가면서 부딪히는 문제는 타인이 사는 모습에 휩쓸려 자기를 잃어버린다는 것이다. 또는 인간이라면 이런 것을 해야 한다고 생각하여 자신을 거기에 억지로 꿰어 맞춘다는 것이다. 인간이라면 공공장소에서 신발을 신어야겠지만 발에 상처가 생겼다면 벗을 수밖에 없으며 그것을 두려워할 필요는 없다.

6. 사람들은 튀지 않도록 조심하며, 튀는 사람을 따돌린다. 그래서 과거 역사 속의 천재들은 불행한 삶을 살았다. 우리는 튀는 것을 두려워 말고 각자가 자기를 유지하고 키워서 아름다운 열매를 맺어야 한다. 그리고 튀는 사람들을 이해하고 받아들이는 것이 인류의 진보의 길이다. (물론 진보의 기준이 무엇인가 정말 진보가 있는가는 확실하지 않다.)

제 15장

인간우월주의냐
만물평등주의냐?

인간은 과연 우주에서
가장 우월한 존재인가?

내셔널 지오그래픽 채널을 보던 중 잊히지 않는 것은
동물학자가 키우던 까치다. 까치가 가방을 뒤져 지갑을 훔치는 버릇이 있어
학자는 지갑을 금고 안에 넣어두고 외출한다. 그러나 집으로 돌아온 그는
금고가 열린 채 지갑이 또다시 꺼내져 있는 것을 목격한다.
그가 비밀번호를 잠깐 누르는 사이 까치가 번호를 보고 기억했던 것이었다.
동물의 지력은 때로 인간을 초월한다.
하루 전에 이미 지진을 예감하는 쥐나 거북이의 예는 이미 잘 알려져 있다.
한 침팬지는 350여 개의 수화를 이해하고 150개를 정확히 사용했다고 한다.
거울 속에 비친 자신의 모습을 보여주고 누구냐 묻자 정확히 자기를 가리켰고
미래에 무엇을 할 것인가를 표현할 수도 있었다고 한다.[144]

144) 피터 싱어, 『실천윤리』, 김성동·황경식 역, 철학과현실사, 134쪽.

인간은 만물의 복합체로서 모든 살아있는 것들 가운데 가장 탁월한 존재로 간주되곤 한다. 이것은 다른 생명체와는 달리 정신적 존재이기 때문이다. 인간은 정신과 이성을 가졌기에 우주에서 가장 귀하며 가장 높은 존재로 간주되곤 하지만 인류 역사에서 정신과 이성을 도구로 찬란한 문화를 건설했지만 그와는 반대로 냉담한 전쟁과 살인 그리고 착취도 끊이지 않았다. 정신과 이성은 인간의 개성이며 특유성이지 반드시 동물보다 높고 선한 존재로 만들어주는 장점은 아니다. 동물 역시 미약하나마 지성을 가졌다는 연구결과가 나오고 있으며 동물도 이타심을 발휘하며 인간보다 뛰어난 감각을 가지고 있다. 동식물이 수학을 하지 않는 것은 그것이 필요하지 않기 때문이다. 동물들을 단적으로 무지하다거나 낮은 존재라고 볼 수는 없다. 동식물에게도 나름대로 탁월한 능력이 있다. 동물은 인간과는 비교가 되지 않을 정도의 감각을 가지고 있고 날개나 발톱 등 우수한 신체기관을 가지고 있다. 우주 안의 그 모든 존재가 개성을 가지며 정신도 인간이 가진 개성적 측면일 뿐이다. 인류 역사에서 저지른 인간의 온갖 오류는 인간이 결코 가장 선하거나 지적인 존재가 아님을 증명해준다.

인간이 우주만물 가운데 가장 우월한 존재이며[145] 우주가 심지어 인간을 위해서 만들어졌다는 인간중심주의적 관념은 동식물을 비롯한 모든 자연을 무분별하게 착취하고 이용하는 결과를 낳았다. 인간

---

145) 존재의 우열을 구분하는 기준으로는 '영혼의 소유'(플라톤), '형상의 양'(아리스토텔레스), '의식의 깨인 정도'(라이프니츠), 이성의 소유, '세계(상황) 및 자기초월성'(셸러, 플레스너) 등이 있다.

우월주의는 특히 서구의 거의 모든 종교와 거의 모든 철학 속에 깃들어 있다. 고대로부터 현대의 철학적 인간학에 이르기까지 대개의 철학자들이 인간을 우주에서 가장 우월한 존재라고 규정지었다. 그러나 과연 그들이 "무기물과 동식물 그리고 인간의 정체와 본질을 올바로 파악했는가"라는 질문을 던질 수 있다. (그와 더불어 뒤따라오는 물음은 만일 인간이 가장 우월한 존재라면 인간이 자연을 마음대로 지배하고 이용해도 좋은가, 아니면 오히려 인간이 가장 우월하기에 다른 자연을 지배할 수 있음에도 불구하고 자기욕구를 자제하고 다른 자연을 배려해야 하는가이다.) 먼저 동물에게 영혼이 있는가를 살펴보고 이성적 능력과 도덕성, 물리적 힘, 초월성을 기준으로 동물과 인간을 비교해보자.

1. 동물에게도 영혼이 있는가? 영혼이란 무엇인가?: 우리 인간은 즐거움과 괴로움, 기쁨과 슬픔을 느낄 수 있다. 우리 안에서 희로애락을 느끼는 주체를 영혼이라고 부른다. 영혼이 있기에 어제 저녁에 서울역에서 만나기로 했던 약속을 기억하고 오늘 약속장소로 나간다. 일년 전에 배웠던 구구단을 아직 잊지 않고 있기에 그것을 이용하여 물건 값을 계산할 수 있고 동네 앞에 큰 나무가 서 있었던 것을 기억하고 그것이 베어져 사라진 뒤에 허전함을 갖는다. 즉 영혼은 느끼고 기억하고 여러 가지 일을 종합하여 생각하고 판단내릴 수 있다. 영혼은 개성이 너무나 뚜렷하여 나의 영혼과 친구의 영혼은 상당히 다르다. 친구는 설렁탕을 좋아하지만 나는 스파게티를 좋아하고 친구는 무엇이든지 꼼꼼하게 생각하고 계산하지만 나는 즉흥적이고 충동적으로,

즉 그때그때의 기분에 따라서 행동한다. 영혼을 다른 말로 '나 자신'이란 뜻의 자아라고도 부르며 나의 모든 일을 이끌고 간다는 뜻의 주관이라고도 부를 수 있다.

현대 영미철학자들 가운데에는 두뇌 안에 들어앉아 모든 것을 조종하는 작은 운전수 같은 존재, 즉 우리가 보통 영혼이라고 부르는 존재가 없다는 사람도 있고 영혼의 모든 작용은 모두 두뇌의 움직임일 뿐이라는 사람도 있다. 대니얼 데닛은 우리의 의식의 흐름을 총정리하고 지휘하는 단 하나의 주관은 없으며 우리 의식은 한꺼번에 써내려가는 여러 가지 시나리오들이 뒤엉킴으로써 시시때때로 어느 한 시나리오가 무대 앞으로 나오고 들어가는 것일 뿐이라고 본다.[146]

데닛의 이러한 다중원고모형에 의하면 의식의 흐름 따위는 없다. 그럼에도 우리가 스스로를 단일한 의식을 가진 행위자인 것처럼 느끼는 것은 뇌에서 수많은 원고가 병렬적으로 처리되는 과정에서 하나의 이야기로 쏠리는 현상이 생겨나기 때문이다. 데닛의 견해는 마치 시계 내부의 톱니바퀴가 수십 개이니 수십 개의 시간이 시계 안에 있고, 시계 표면에는 한 번에 하나의 시간만 나타나서 시계가 가르키는 시간이 하나라고 착각한다는 말과 같다. 두뇌 속에서 어떤 다수의 움직임이 일어나더라도 우리의 의식에서는 한순간에 거의 단 한 가지만을 명료하게 느끼며 의식 내용의 변화를 명료하게 감지한다. 그러므로 의식은 하나라고 봄이 타당하다. 의식은 없고 뉴런만이 있다고 하

---

146) 대니얼 데닛, 『의식의 수수께끼를 풀다』, 유지화 역, 장대익 감수, 옥당.

면서 의식의 존재 자체를 부정한다면 의식의 문제는 풀기 힘들다.[147] 과학의 빌딜에 따라서 첨단을 달리는 두뇌과학을 철학이 외면할 수는 없다. 그러나 섬세한 영혼의 세계에 비하면 거칠기 짝이 없는 과학의 측정도구를 이리저리 갖다 대면서 영혼을 모두 다 알았다고 속단할 수는 없다. 빨강색의 면적을 측정한 뒤 피카소의 그림을 다 알았다고 할 수 없는 것과 같다.

그런데 여기서 의문이 생긴다. 개나 고양이, 소나 말 같은 동물도 영혼을 가지고 있을까? 동물도 기억을 하며 친구나 가족과 헤어지면 슬픔을 느낄까? 동물도 각기 개성이 있어서 가진 재능과 취향이 서로 다를까? 철학자 아리스토텔레스는 살아있는 모든 것들은 영혼을 가지고 있다고 보았다. 그러니까 동물은 물론 식물에게도 영혼이 있다는 것이다. 집에서 키우는 화분 속의 꽃도 영혼적 존재다. 영혼에는 생각하는 능력인 이성을 가진 인간적인 영혼, 본능적인·동물적인 영혼 그리고 식물적인 영혼이 있다는 것이다. 이런 생각을 근대철학자인 데카르트는 거부한다.

데카르트에 따르면 자연계는 물질적 힘들의 기계적 체계이며 신이나 천사일지라도 물리학의 법칙을 방해할 수는 없다.[148] 데카르트는 동물은 복잡하기는 하지만 살아있는 기계일 뿐이라고 보았다. 동물이 울부짖는 것은 하늘에서 번개 치는 것과 같은 물질적인 현상일 뿐이

147) 제임스 트래필, 『인간지능의 수수께끼』, 마도경 역, 현대미디어, 290쪽.
148) 램프리히트, 『서양철학사』, 김태길 외 공역, 을유문화사, 320쪽.

다. 모든 동물의 행동은 바람이나 홍수의 움직임 같은 기계적 현상일 뿐이다. 데카르트는 심지어 사람의 육체도 역시 물질에 불과하며 자연계의 기계적 체계의 일부라는 주장을 주저하지 않고 했다.

데카르트는 영혼과 물질을 뚜렷이 구분한 이분법의 대표자이다. 영혼은 생각할 수 있는 존재인 반면에 물질에게는 생각할 수 있는 능력이 전혀 없다. 우리의 생각은 우리 몸 안에 물질이 움직여서 일어나는 것이 절대 아니다. 생각의 원인은 바로 영혼일 뿐이다. 하늘과 땅과 나무 등 물체가 변화하는 것은 어떤 영혼이 작용하여 일으킨 것이 절대로 아니다. 물질은 정신으로 인해 생겨나고 변할 수 있는 것이 아니다. 물질은 물질로 인하여 변화할 따름이다.[149] 플라톤의 이원론에서 존재가 이데아이거나 또는 현실적인 개체, 즉 개별적 사물이라면 데카르트의 이원론은 모든 실재가 정신이거나 물체, 즉 정신적 실체이거나 물질적 실체라는 신념이다. 정신을 물체나 물체의 작용 또는 물체가 가진 경향으로 돌릴 수는 없다. 그리고 물체를 정신이나 정신이 가진 관념 또는 정신의 산물로 돌릴 수도 없다. 정신과 물체 모두가 실체, 즉 '다른 무엇에 의존함이 없이 그 자체로서 존재하는 것'이다. 정신은 사유하고 연장(부피)이 없는 실체요, 물체는 사유하지 않고 연장을 가진 실체이다. 인간은 정신과 물체의 어떤 결합이며 따라서 존재의 두 영역에 속한다. 인간은 정신으로 본다면 심적 존재요, 육체로 본다면 물적 존재이다. 인간은 정신과 육체의 결합체이지만 그것

---

149) 램프리히트, 『서양철학사』, 김태길 외 공역, 을유문화사, 318쪽.

을 구성하는 두 실체는 결코 혼동되어서는 안 된다. 이러한 데카르트의 이원론에 의해 동물은 물질로 간주되고 만다.

현대로 넘어와서 독일철학자 막스 셸러는 다시 아리스토텔레스를 받아들여 동물뿐만 아니라 식물에게도 나름대로의 영혼이 있다고 생각했다. 셸러는 그 당시 사진기술이 발달하여 고속 촬영된 식물이 동물만큼이나 꿈틀거리며 뒤흔들고 팔을 뻗으며 방향 조종을 하는 것을 목격했다. 셸러는 식물에게도 영혼이 있다고 보았고 단지 꿈결에 빠진 듯한 상태 같다고 생각했다. 식물은 신경이나 감각은 없지만 나름대로 방향성이 있다고 보았다. 셸러에 따르면 동물은 본능뿐만 아니라 자연 속에서 해결책을 찾아내는 번뜩이는 실천적 이성을 가지고 있다. (그러나 셸러는 동물은 인간과 정도 차이가 아니라 질적으로 다른 뛰어난 존재임을 증명하고자 했다.) 타인이 인형이 아니라 나와 같은 생명체이며 인격체인 것을 직관으로 알 수 있듯이, 동물이 나와 같은 생명체이며 영혼을 가지고 있어 희로애락을 겪으며 행복을 추구한다는 것 역시 직관으로 알 수 있다. 동물의 영혼성을 부정하는 사람은 가슴 속에서 느껴지는 진실을 왜곡된 논리와 편견으로 가리는 사람이다.

2. 이성적 사고 능력:[150] 인간만이 가지고 있다고 가정되는 이성으

---

150) 이성을 인간의 본질로 보는 플라톤 이래의 서양철학의 합리주의는 이성을 가지지 않은 인간 아래 단계의 자연의 경시와 지배의 빌미를 제공했다. 특히 근대의 이성중심주의는 주체의 강화로 이어지고 주체의 강화는 인간의 자연 지배 욕구를 부추겼다. "그래서 이성철학의 역사는 자아개념의 강화를 통해 인간의 자연에 대한, 인간

로 인해 다른 동식물보다 인간이 보다 단적으로 우월한 것으로 되지는 않는다. 인간과 동식물의 우열을 어떤 기준으로 비교할 것인가라는 문제는 결코 단순하지 않다. 만일 A(이성)+B(본능)의 총합으로 우열을 결정짓는다면 A〉B인 인간과 B〉A인 동물의 존재가치는 동등한 것으로 귀착된다. 인간이성이 인간만이 갖는 인간 특유의 새로운 특성이라고 인정해도, 이미 역사 속에서 인간이성은 무정하고 냉담한 살인과 전쟁의 근원이자 도구로 사용되었고 따라서 인간이성은 동물의 영혼성에 추가되는 새로운 능력일 뿐이지 우월한 것은 될 수 없는 것이다.

"생명체의 모든 인식능력이 인간의 이성적 판단능력보다 열등하다고 말할 근거는 조금도 없다. 생명체의 그런 능력은 보다 완벽하게 짜여지고 기능되기 때문에 굳이 별도의 언어와 두뇌를 필요로 하지 않을 뿐이다. ⋯ 우리는 두개골의 복잡한 신경계를 자랑스러워하지만 그것은 생물의 여러 생존 전략 가운데 하나에 불과하다. 우주에서 가장 성공적인 생명체는 오히려 다세포의 신호체계에 의한 복잡한 행동에 의존함이 없이도 생존하는 뇌 없는 박테리아다. ⋯ 인간의 발달된 두뇌와 지성은 생존에의 필요에 의해 생성된 것이다. 즉 생존에 복잡한 두뇌가 불필요한 생물에게는 두뇌가 단순화되거나 퇴화된 것이다."

"오랜 진화과정을 거쳐 인간에 이르러서야 비로소 이성이 발현되었다고 하더라도 '진화를 진보로 보는 것은 착각이다. 진화는 피라미드

....

의 인간에 대한 억압의 열정을 기록한 역사로 되었다." 구승회, 『에코필로소피』, 새길, 1995, 31쪽.

같은 상하관계가 아니라 병렬적으로 늘어선 만화경이다. 인간의 언어, 추리, 추상화 등 신피질의 능력을 당연히 인간 최고의 특질이라고 보는 것은 잘못이다. 우월성의 기준은 존재하지 않으며 우월성을 매길 수 있는 기초나 특정 계통이 지향하는 정점은 존재하지 않는다.'"[151]

전통적 인간관에 최대한 양보하여 이성이 가장 우월한 특징이라고 가정한다고 해도 동물 역시 이성을 갖지 않는다는 보장은 없다. 만일 이성이 인간을 귀중한 존재로 만들어주는 어떤 것이라면 이성을 인간의 십 분의 일만큼 가진 존재 역시 귀중한 것으로 존중되어야 할 것이다. 그것은 마치 이성 기능이 미처 성숙하지 않은 어린이라도 귀중하게 취급되어야 하는 원리와 똑같다.

동물에게 사고할 수 있는 능력이 없다면, 즉 동물의 모든 행동이 본능에 따른 것이라면, '자연계의 쉴 새 없이 변화하는 상황에 적용하기 위한 모든 본능적 프로그램이 미리 짜여 있어야 한다. 그렇다면 그 프로그램은 상상도 할 수 없을 정도의 두꺼운 명령서가 되어야 할 것이다.'[152] 그런 프로그램은 원칙적으로 있을 수 없다. 오히려 동물이 개념이나 일반화를 통해 스스로 사고할 수 있고 각 상황에 알맞은 대처를 할 수 있다면 훨씬 더 경제적일 것이다. 동물의 일거수일투족이 본능을 따르는 것이라고 보는 것은 너무 무리한 가정이고 동물도 의식과 사고능력을 갖는다고 보는 것이 합리적이다. 이것은 마치 귀류법

151) 토머스 루이스 외 공저, 『사랑을 위한 과학』, 김한영 역, 사이언스북스, 35쪽.
152) 도널드 그리핀, 『동물은 무엇을 생각하는가』, 안신숙 역, 정신세계사, 1994, 80쪽.

에 의한 증명과 같다. '동물이 순수한 본능적 존재다'라는 명제가 모순에 귀착하므로 '동물은 본능뿐 아니라 비록 약간의 정도에 불과할지라도 지성적 사고를 할 수 있다'는 결론에 도달하게 된 것이다.

동물의 행동을 보면 일률적으로 반복되는 메커니즘을 따르는 듯이 보이므로 동물이 그저 아무 의식도 없이 본능적이고 무의식적으로 행동한다는 추측을 낳는다. 그러나 의식과 무의식의 차이는 자기 몸을 향한 의식적 지향의 필요성이 있는가에 의존한다. 인간도 완전히 습관화되어 몸에 배인 행동에는 특별한 주의가 필요 없고, 따라서 거의 무의식적·자동적으로 행한다. 즉 무의식적 행위라고 해서 모두 다 저급한 본능적 행위는 아닌 것이다. 그리고 새끼오리가 알에서 깨어나자마자 헤엄치는 것처럼, 학습할 필요가 없이 선천적으로 알고 있는 행위라고 해서 모두 본능인 것도 아니다. 가정에 배달되는 우유병의 알루미늄 코일 뚜껑을 콕콕 쪼아내 우유를 먹는 방법을 발견한 박새에게 아무런 사고나 지능이 없다고 부정하기는 어렵다.[153] 새끼가 여우에게 잡아먹힐까 봐 날개를 다친 척 퍼득거리며 포식자의 주의를 끄는 어미 물떼새에게 아무 생각이 없다고 말할 수는 없을 것이다. 그와 같이 동물에게 지성이 있다는 실제적인 예는 수도 없이 많다.

자연을 다룰 수 있는 능력을 모두 인식능력이라고 본다면 인간의 인식능력이 동물보다 반드시 높다고는 볼 수 없다. 동물은 동물 나름대로 인간이 인식할 수 없는 자연의 어떤 측면을 인식하고 대처할 수

153) 도널드 그리핀, 『동물은 무엇을 생각하는가』, 안신숙 역, 정신세계사, 73쪽.

있기 때문이다. 최첨단 과학기술로도 예측할 수 없는 지진을 거북이나 들쥐들은 미리 예측하고 대피할 수 있다. 인간은 감각과 직관의 측면에서 동물에 비해 훨씬 열등하다. 동물의 본능적 직관은 인간의 첨단과학이 따라갈 수 없는 예견을 낳는다. 거북이나 상어, 쥐들은 지진을 예견하고 적시에 대피한다. 반면에 인간의 과학이 아무리 발달하더라도 지진은 아직까지 미리 예측되지 못하고 있다. 인간에 의한 지진 예측은 영화 〈페노메논〉에나 나오는 이야기다. 베르그송에 따르면 특정 종류의 벌은 침으로 애벌레의 신경중추를 정확히 찔러 마비시킨다. 애벌레를 산 채로 잠재워 먹이를 싱싱한 상태로 보관하려는 것이다. 이것은 어떤 의학자나 신경학자도 따라할 수 없는 능력이다.

언어적 개념을 가지고 하는 인간의 의식적 판단만이 인식인 것이 아니라 언어적이든 비언어적이든, 의식적이든 무의식적이든 무엇인가를 할 수 있는 능력은 곧 인식이다. 모든 인식이 곧 할 수 있는 능력은 될 수 없지만, 무엇인가를 할 수 있는 능력은 모두 인식이라고 할 수 있다. 햇빛을 찾아 줄기를 뻗는 식물의 능력, 둥지를 짓고 새끼를 키우는 새의 능력, 오관의 감각으로 짝을 선택하는 능력, 적에 대한 방어능력과 다양한 먹이 획득 능력…, 그 모두가 인식인 것이다. 심지어 소화기관의 소화능력, 생식기관의 생식능력, 세포 하나하나의 생성, 유지, 교체능력까지도 인식이라고 할 수 있다.

'열대 아카시아 나무속에 집을 짓고 사는 수도머멕스라는 개미는 나무의 가시를 비우고 그 속에 들어가서 산다. 아카시아는 개미에게 집만 제공하는 것이 아니라 꿀샘을 만들어 단물도 주고 이파리 끝에는 '퓰러체'라는 개미를 위해 특별히 만든 먹이도 준다. 그 안에는 동물성 단백질이 들어 있다는 놀라운 사실이 밝혀졌다. 개미는 이 모든 것을 제공받는 대가로 초식동물로부터 나무를 보호해준다.'[154] 나무는 개미를 끌어들이는 법을 알며 단백질 만드는 법을 안다. 개미는 나무가 자신을 필요로 한다는 것을 알고 나무에 먹이가 있음을 알고 나무로부터 무엇인가를 받는 대가로 은혜를 갚을 마음이 있으며 어떻게 갚아야 하는지를 안다.

생명체의 그 모든 인식능력이 인간의 이성적 판단능력보다 열등하다고 말할 근거는 조금도 없다. 생명체의 그런 능력은 보다 완벽하게 짜이고 기능되기 때문에 굳이 별도의 언어와 두뇌를 필요로 하지 않을 뿐이다. 다시 반복해서 말하자면 "우리는 두개골의 복잡한 신경계를 자랑스러워하지만 그것은 생물의 여러 생존전략 가운데 하나에 불과하다. 우주에서 가장 성공적인 생명체는 오히려 다세포의 신호체계에 의한 복잡한 행동에 의존함이 없이도 생존하는 뇌 없는 박테리아다."[155] 인간의 발달된 두뇌와 지성은 생존의 필요로 생성된 것이다. 즉 생존하는 데 복잡한 두뇌가 불필요한 생물에게는 두뇌가 단순화되거나 퇴화된 것이다.

요약하면 인식의 측면에서 인간은 결코 동물보다 우월하지 않다. 인간의 인식기관과 인식과정이 동물보다 훨씬 더 복잡하며 주로 직

---

154) 최재천, 『최재천의 인간과 동물』, 궁리, 229쪽.
155) 토머스 루이스 외 공저, 『사랑을 위한 과학』, 김한영 역, 사이언스북스, 35쪽.

접적 직관이 아닌 우회적·지성적 인식을 하게 되어 있을 뿐이다. 보다 복잡한 경로를 거칠 뿐이지 인간이 인식하는 것이 동식물의 인식보다 우월한 것은 아니다. 동식물도 나름대로 각기 개성적 방식을 통해 자신의 생존에 필요한 개성적인 특유의 내용을 인식한다. 인간의 인식만이 갖는 특징이 있다면 그것은 생존을 위해 움직임과 행동으로 전환되거나 행동과 생존을 돕기 위한 인식과 전혀 무관한 추상적 인식을 가지고 있다는 점이다. 추상적 개념과 언어를 통한 인식과 사색, 명상 등은 인간정신만이 겪는 독특한 사고활동이다. 그리고 인간은 동물과는 달리 역사와 문화, 지식을 축적하는 동물로서 인간 공동체의 협력 작업으로 문명의 진보를 이룰 수 있다. 그러나 인간의 문명이 최고도로 발달한다고 해도 여전히 인간의 인식이 동물보다 낫다고 할 근거는 없다.

2007년 로이터통신은 생물학 전문지 『커런트 바이올로지』 논문을 인용해 침팬지가 창을 직접 제작, 사냥에 사용한다는 것을 확인했다고 보도했으며, 또한 최근에는 '호두 까는 까마귀'를 찍은 영상이 유튜브에서 화제가 되기도 했다. 해당 영상의 까마귀는 호두를 먹기 위해 높이 날아올라 호두를 길바닥에 떨어트려 호두를 깨는 시도를 하고, 지나가는 차바퀴에 호두껍질을 깨기 위해 일부러 도로 바닥에 호두를 떨어트리기도 한다.

질 프루츠 박사가 이끄는 영국 케임브리지대학 연구팀은 2005년 3월부터 이듬해 7월까지 아프리카 세네갈 남부 퐁골리 밀림지대에서 침팬지들이 나뭇가지를 창으로 쓰는 모습을 관찰했다. 침팬지들은 먼저 나뭇가지를 꺾은 뒤 잔가지와 잎을 훑어냈다. 가지 끝부분 껍질을 벗겨낸 뒤 이로 다듬어 뾰족하게 만들어, 주변 나무 구멍에 숨어 있는 작은 원숭이 같은 동물들을 사냥하는 데 썼다. 과학자들은 침팬지들이 날카롭게 만든 나뭇가지를 명백히 '사냥용 도구'로 사용했다면서 "서식지가 줄어들면서 먹이를 구하기가 어려워지자 정교한 도구를 만들게 된 것으로 보인다"고 밝혔다.[156]

3. 초탈함: 인간은 보통 생존적 관심에서 동물보다 초탈할 수 있다고 간주된다. 인간은 동물과는 달리 단지 생존하기 위해 인식에서 더 나아가 생존을 인식에 다 바치기도 한다. 새로운 학설 때문에 처형 위기에 처한 부르노나 갈릴레이의 경우처럼, 인식과 진리를 위한 자기희생까지도 가능하다. 대개의 합리주의는 인식을 위한 생존을 이상으로 삼는다. 반면에 대개의 비합리주의는 인식은 본래 생존을 위한 것이라는 것과 생존이 인식보다 엄연히 우선이라고 본다.

인간에게 인식을 위한 생존 그리고 그것과 불가피하게 연관되는 순수한 진리 추구는 어떻게 가능한가? 어떻게 인간은 진리를 자기생명보다 더 귀중하게 여기는가? 그것은 한마디로 생존을 위한 고투로부터의 해방과 정신적·시간적 여유로 인해 가능해지는 것이다. 동물은 하루 종일 먹이를 구하기에 급급하여 마치 하루 벌어 하루 먹고 사는

---

156) 사냥도구 만드는 침팬지, 문화일보, 2007. 2. 24.

가난한 노동자와 같이 여유가 없는 존재다. 그에 반해 인간은 기계와 기술을 통한 양식의 잉여 생산으로 일하지 않고도 오랫동안 먹을 수 있고 보다 추상적인 사유도 할 수 있는 여유를 갖게 되었다. 인간에게 성은 단순한 종족 유지와 생식의 목적에서 벗어나 쾌락 그 자체가 마치 궁극 목적인 듯이 취급된다. 열매의 아름다움도 맛의 증거로서만 인식되는 것이 아니라 미 그 자체로서 즐거움의 대상이다. 인간의 육체미도 건강의 상징으로서 생식력 있는 배우자의 선택 기준으로서만 이용되지 않으며 단순히 그 자체로서 감상의 대상으로 간주된다. 더 나아가 타인의 행복을 배려하는 선행까지도 종종 선행에서 오는 정신적 즐거움을 얻으려는 목적에서 행해진다. 마찬가지로 지식도 더 이상 자연 속에서 먹이를 채취하고 위험한 동물을 회피하는 데에만 이용되지 않으며, 지식이 주는 즐거움 그 자체를 위해 추구되기도 한다.

생존 목적에서 벗어난 진리 추구는 주로 개별 학문들보다도 현저히 비실용적인 학문인 철학에 의해 이행된다. 과학자들이 아무리 순수한 지식 욕구에 의해 탐구한다 하더라도 그 성과는 결국 실용적 목적에 이용된다. 그러므로 셸러는 과학을 바나나를 따기 위해 원숭이가 집어든 막대기의 연장선상에 있는 것에 불과하다고 보았던 것이다. 철학적 진리는 예술과 마찬가지로 생존적 관심에서 초탈한 것이고 따라서 인간이 생존에서 초탈할 수 있다는 하나의 증거가 된다.

그러나 인간의 삶은 바로 생존과 무관한 관심들 때문에 많은 욕심과 더불어 많은 불안과 근심을 갖게 된다. 예를 들면 인간은 생존과 무관한 예술활동을 할 수 있지만 보다 아름다운 노래나 그림을 완성하기 위해 고통을 겪는다. 인간은 동식물이 추구하지 않는 명예, 재산, 지식을 추구함으로써 스스로 속박당한다. 결국 인간은 완전한 초탈과는 거리가 멀며 오히려 동식물에 비교할 수 없을 정도로 많은 멍에 속에서 살아가는 것이다. 차라리 숲 속을 한가롭게 자유롭게 오가는 곤충과 짐승이 인간보다 평안하고 초탈하며 한자리에 고요히 서 있는 나무들이 최고로 초탈한 상태일 것이다.

4. 물리적 힘: 지성적 인식이 아닌 힘의 관점에서 생각할 때 인간은 과학기술의 발달로 자연을 지배할 수 있는 거대한 힘과 능력을 갖추게 되었다. 자연 상태에서 인간의 육체적 능력은 어느 동식물보다도 원초적이고 미비하다. 철학자 겔렌의 주장처럼 인간은 털옷도 날개도 가죽이나 송곳니도 그리고 빼어난 후각이나 빠른 발 등 그 어느 것도 갖추지 못한 결핍존재지만, 과학기술의 발달로 물리적 힘을 발휘할 수 있는 최강자가 된 것이다. 그러나 힘에서의 강함이 곧 존재우월성의 근거가 될 수는 없다. 과학 기술을 배제하고 자연 상태 속에서 동물과 인간이 일 대 일로 경쟁한다고 가정해보면 인간은 동물을 결코 이길 수 없다.

생존능력의 관점에서 보면 극단적인 상황에서도 아무 탈 없이 버틸 수 있는 동물이 여러 종 있다. 호주 중부사막의 굴개구리는 7년간 땅속에 묻혀서도 생존할 수 있고 폐어는 점액으로 몸을 감싼 뒤 가뭄을 피해서 진흙 속에서 4년간 버틸 수 있다. 길이 1.5밀리미터의 물곰(완보동물)은 마이너스 267도에서 그리고 섭씨 148도에서도 살 수 있을 뿐 아니라 물 없이 120년간이나 살 수 있다. 그 밖에 여러 동물들이 발휘하는 공간 이동능력 등 여러 가지 면에서 인간은 동물을 따라갈 수 없다.

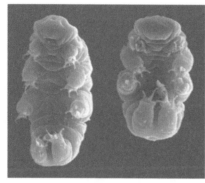

물곰

5. 덕성과 이타성: 그러면 이제 덕성의 관점에서 생각해보자. 과연 인간만이 이타적이고 도덕적인가? 도덕적이라는 것을 가장 포괄적 의미에서 다른 존재의 행복을 바라는 행위라고 규정한다면 놀랍게도 동물 역시 인간 못지않게 또는 그 이상으로 이타적이고 따라서 도덕적임을 알 수 있다. 병든 동료가 숨 쉴 수 있도록 물 밖으로 들어 올려주는 고래 떼나 힘겨루기에서 상대방이 다치거나 죽지 않도록 싸움이 격식화된 것을 생각해보면 동물의 도덕성을 부인하기 힘들 것이다. 동료나 전체 조직사회를 위한 자기희생은 동물에게서도 얼마든지 찾아볼 수 있다. 쥐새끼를 키우는 고양이나 고양이 새끼를 키우는 개 같이 자기의 종과 집단을 초월한 다른 종의 생명체에 대한 배려의 예도

얼마든지 발견되고 있다. 인간은 자기도 모르게 미래에 주어지는 보상에 염두를 둘 수 있지만, 동물은 오히려 보상에 대한 어떤 관념이나 기대도 없이 인간보다 더욱 철저한 이타심을 발휘할 수 있다. 의식적으로 선을 지향하는 것만이 진정한 선인 것은 아니다. 동물의 선한 행위는 타자라는 개념과 선이라는 개념이 없을 뿐이며 행위와 마음에서는 인간과 다름없이 또는 인간보다 더 선할 수 있다.

동물의 이타적 행동을 모두 의지적 자유가 결여된 본능에 불과한 것이라고 본다면 인간의 모든 지적·도덕적 행동 역시 인간만이 선천적으로 타고나는 어쩔 수 없는 지적 본성에 따른 것이라고 말할 수 있다. 그리고 인간도 무의식적인 배려가 더 깊은 배려일 수도 있다. 인간은 자기희생적으로 타인을 위해 자신의 재산과 생명을 바치고 복지시설과 같은 선행조직을 구성할 수 있는 동물인 동시에 대규모의 살인과 전쟁 그리고 절도와 사기를 조직적으로 계획할 수 있는 동물이기도 하다. 극도의 선과 극도의 악의 가능성을 모두 가진 양극적인 인간은 동물에 비해 단적으로 선하다거나 악하다고 단정 지을 수 없다. 한마디로 도덕적 선의 관점에서도 인간은 우월하지 않다

결론: 이렇게 지적 능력, 도덕적 능력 그리고 물리적 힘을 기준으로 할 때 인간이 동물보다 우월한 것이 아니라면 어떤 다른 근거에서 인간을 우월한 존재라고 주장할 수 있는가? 문자(언어) 사용 능력, 심오한 학문 탐구 능력, 미적 감수성의 측면에서 인간이 어떤 다른 동물보다 풍부하고 심오한 능력을 가지고 있지만 그렇기 때문에 인간이 우

주에서 가장 우월한 존재가 되는 것은 아니다. 왜냐하면 동물 역시 인간이 도저히 따라갈 수 없는 탁월한 능력을 갖추고 있기 때문이다. 예를 들면 맨몸으로 허공을 날 수 있는 능력, 긴 혀로 파리를 잡는 능력, 수 킬로미터 떨어진 곳의 암컷의 존재를 감지하는 능력… 그것은 어떤 인간도 해낼 수 없다. 만일 그런 능력 때문에 동물이 가장 우월하다고 어떤 동물이 주장하고 나선다면 인간은 완강한 반기를 들 것이 분명하다.

다시 한 번 강조하자면 인간의 탁월한 능력은 인간의 개성이며 특유성일 뿐이고 동물의 능력과 객관적으로 비교될 수 있는 것이 아니다. 영혼, 이성, 정신을 우주에서 최고의 존재로 보고 인간을 신 다음의 지위에 앉혀 놓는 인간우월주의는 ① 존재에 대한 진정한 인식을 소유할 수 없는 인간인식 능력의 한계에서 기인하며, ② 인간종족우월주의와 자만심에 기인한다. 인간우월주의는 곧바로 인간집단의 이익을 가장 우선적으로 앞세우는 인간이기주의와 직결된다. 스피노자도 자연에 대한 무지와 이기적 충동에서 기인한 인간 중심적·목적론적 자연관과 신관이 끝없는 비극을 초래한다고 보고 거기에서 탈피할 것을 권고한다.[157]

인간이 만유의 지배자라는 인간중심주의는 단지 인간의 착각일 뿐이다. 식물의 관점에서 보면 인간은 결국 식물의 먹이감이다. "인간 육체의 궁극적인 목적은 식물에게 봉사하는 것이 아닐까? 인간의 육

---

157) 강영안, '스피노자의 신', 『철학적 신론』, 철학과현실사, 149-150쪽.

체는 식물이 호흡할 수 있도록 이산화탄소를 내뿜다가 죽은 뒤에는 땅속에 묻힘으로써 식물에게 거름이 되는 것이 아닐까? 결국 꽃이나 나무가 인간을 먹는 셈이 아닌가? 그 죽은 육체를 대지와 물과 공기와 햇빛과 결합시켜 가장 아름다운 색과 형태로 바꿔놓는 것이 아닐까?"[158]

만일 이성적 사고능력을 존재 우월의 기준으로 삼는 것이 인간중심주의적이고 부당한 것이라면, 감각능력을 기준으로 보는 입장 역시 생물중심주의적인 것이고 (무생물이 가진 것과 같은) 존재의 자립성과 독립성을 기준으로 삼는 것 역시 편협한 사고가 될 것이다. 초탈함으로 말하자면 무생물이 가장 초탈하며 도덕성의 기준으로 보아도 아무에게도 의도적인 해악을 끼치지 않는 무생물이야말로 도덕적이라고 말할 수도 있다. 결국 존재의 우열은 함부로 단정 지을 수 없다. 모든 존재가 나름의 고유성과 개성을 가지고 가치를 가지는 귀중한 존재이다. 인격적 존재로서의 인간만을 존중하는 인간중심주의는 생명중심주의로 더 나아가서 존재 일반을 존중하는 세계관으로 발전되어야 할 것이다. 생물 평등주의는 네스를 비롯한 근본주의적 생태론에서도 강력하게 주장된다. 그에 따르면 '모든 존재가 동등한 권리를 가지며 자연에는 고등한 또는 저등한 생명체의 구분이 없다.'[159] 자연 속의 모든 만물이 자기 고유의 개성을 가진 존재이며 나름의 고유한 가치를 가

---

158) 피터 톰킨스 외 공저, 『식물의 정신세계』, 황금용·황정민 역, 정신세계사, 159쪽.
159) 윤도현, '생태에 관한 사회과학적 접근', 『생태위기와 독일생태공동체』, 176-177쪽.

진 존재라는 사상은 불행히도 서양철학 속에 아주 드물게 출현한다.

셸러 – 인간은 충동을 절제할 수 있는 정신을 가진 우주에서 가장 탁월하고 특별한 존재다.

겔렌 – 인간은 두터운 털가죽, 날카로운 발톱, 날개, 민감한 후각… 아무것도 가진 것이 없다. 인간은 살기 위해 두뇌를 발달시켰고 자연을 개조시켜 옷과 집을 만들었다.

철학적 인간학에 대하여

막스 셸러(1874-1928)

"인간은 무제한적으로 세계 개방적으로(예를 들면 욕구를 절제하며) 행동할 수 있는 존재이다. 인간이 된다는 것은 정신의 힘에 의하여 세계개방성에로 고양된다는 것이다. 반면에 동물은 자신의 환경에 몰아적으로 몰입해서 살고 있다. 동물은 이 환경을 대상으로 삼을 수 없으며 환경바깥으로 초월할 수 없는 것이다."160)

'인간이란 무엇인가'라는 주제는 철학이 탄생한 이래 철학의 밑바닥에 암암리에 놓인 주제였지만 존재와 인식 선악처럼 독립된 주제로 취급되지는 않았다. 현대에 들어 독일철학자인 셸러가 인간을 주제로 하는 독립적인 철학영역으로서 철학적 인간학을 만들었다. 철학적 인간학은 발달된 생물학과 진화론 심리학 그리고 생물행동학의 결과를

---

160) 막스 셸러, 『우주에서 인간의 지위』, 진교훈 역, 아카넷, 67-68쪽.

바탕으로 동물과 인간을 비교하여 동물이 가지지 못하는 인간만의 특
싱이 무엇인지를 해넝하고사 한다. 절학석 인간학의 대표자로는 셸러
이외에 헬무트 플레스너와 아놀트 겔렌 등이 있다.

셸러에 따르면 인간은 물질적 육체와 식물적 충동, 동물적 본능과
실천적 지성과 더불어 세계 개방적인 정신을 가지고 있어 동물이 뛰
어넘을 수없는 탁월성을 갖는다. 인간은 지금 여기를 초월하여 영원
한 본질을 파악할 수 있는 이성적 능력을 갖고 있다는 것이다. 지금
여기에 몰입해 있는 동식물은 영원한 본질을 인식할 수 없다. 셸러는
인간이 다른 동물과는 달리 영원한 본질을 인식할 수 있고 충동을 절
제할 수 있는 정신을 가지고 있으며 그런 정신의 본질을 세계개방성
이라고 불렀다. 동물이 현재에 몰입하여 살고 충동에 직접적으로 반
응하는 반면에 인간은 미래를 내다보고 영원한 것에 주목하여 충동을
다른 길로 우회시킬 수 있다. 셸러에 따르면 정신의 이런 초탈함과 초
월성은 동물에 대한 인간의 우월성의 증거이다. 동식물이 종 특유의
주관적 관점으로 세계를 인식하며 그런 생존을 위한 인식틀에서 이탈
할 수 없는 반면에 인간은 때로 생존을 위한 인식에서 벗어나 자기 아
닌 타인의 관점 또는 사물의 관점에 서서 사물을 바라보고 배려할 수
있다. 그런 사유를 행스텐베르그는 합사상성, 쇼펜하우어나 베르그송
은 직관, 하이데거는 시적 사유라고 불렀다.

그러나 인간 특유의 그런 초탈한 사유 역시 각 생물 특유의 개성 옆
에 나란히 서 있는 또 하나의 개성으로 보는 것이 공평하다. 겔렌은
세계개방성이란 인간이 신체적 결핍으로 인해 동식물처럼 지신의 생

물학적 환경에 꼭 맞게 적응하지 못한 상태라고 보며 정신과 문화 역시 신체 결핍을 보완하여 생존하기 위한 자구책일 뿐이라고 보았다. 겔렌은 세계개방성(생물학적 환경조건에 구속되지 않는 특성)은 탁월성이 아니라 본능의 퇴화로 얻은 보상에 불과하며 인간의 환경부적응성을 초래한다. 겔렌을 따른다면 과연 인간정신이 인간을 진정한 의미에서 우월한 존재로 만들어주는가를 물을 수 있다.

생명철학자 요나스는 생명과 생명 아닌 것의 본질적 차이를 섬세한 형이상학적 사유를 통해 해명하고 있다. 셸러가 생명을 주로 '자기를 갖음'의 측면에서 고찰하고 있고 플레스너 역시 자기중심성을 생명의 본질적 특징으로 보고 있듯이 요나스도 박테리아나 식물을 비롯한 모든 생명체가 내면성과 자기중심성 그리고 자유성을 본질로 갖는다고 풀이한다. 생명체는 단순한 시공적 연속 안에서의 자기 보존에 불과한 외적 정체성을 갖는 무기물과는 달리, 구성요소들의 끊임없는 전환 속에서 모든 변화단계를 초월하는 전체적·내면적 정체성을 갖는다.[161] 생명은 자기 자신을 가짐으로써 자기 밖의 타자에 의해 자극 받고 거기에 저항하며 자기주장을 하고 자기를 보존하며 전개한다.[162] 요나스는 모든 생명체의 가장 기본적인 물질대사까지도 생명체가 자기 한계를 박차고 자기 영역을 확장하는 일종의 자유라고 해석한다.[163] "자유는 생명이 더 높은 단계들을 향해 진척되어 가는 전

---

161) 한스 요나스, 『생명의 원리』, 한정선 역, 아카넷, 193쪽.
162) 한스 요나스, 『생명의 원리』, 한정선 역, 아카넷, 194쪽.

과정에 걸쳐 활성화되고 있는 원리이며, 적어도 각각의 단계에서 나타나는 결과이다. 생명은 각 난세마나 서급한 형태의 자유 위에 더 고급한 형태의 자유를, 간단한 형태의 자유 위에 더 풍부한 자유를 구축해가면서 앞으로 나아간다."[164] 이런 생명체의 자유는 물질에 비하면 자유이고 능력이지만 어쩔 수 없이 행사해야 되는 자유이며 따라서 강압적 자유이고 필연적 자유이다. 즉 생명체는 생존을 위해 물질을 필요로 하며 물질을 전환시키는 자유를 발휘해야만 한다. 자신의 그림자로서 반드시 필연성을 품고 다니는 생명체의 자유라는 요나스의 개념은 보다 자유로운 높은 존재일수록 보다 많은 존재의 토대를 필요로 하며 그런 의미에서 보다 약한 존재라는 니콜라이 하르트만의 존재론과 상통한다.

요나스는 또한 죽음을 생명의 본질로 보며 생명의 뒷면이라고 본다. "생명체는 존재와 비존재, 자신과 세계, 자유와 필연의 양극 사이에서 긴장관계를 유지하다가 결국 비존재(죽음)에 굴복함으로써 끝난다. 생명의 죽음은 생명에게는 모순이지만 또한 생명의 본질이기도 하다. 생명임에도 불구하고 죽어야 하는 것이 아니라 생명이기 때문에 죽어야 한다."[165] 요나스는 물질대사까지도 자유로 해석하는 자기만의 독창적인 형이상학적 사유를 전개하고 있다. 또한 전통적이며

---

163) 한스 요나스, 『생명의 원리』, 한정선 역, 아카넷, 563쪽.
164) 한스 요나스, 『생명의 원리』, 한정선 역, 아카넷, 196쪽.
165) 한스 요나스, 『생명의 원리』, 한정선 역, 아카넷, 565쪽.

대중적인 인간우월주의나 인간중심주의에 빠지지 않으면서 모든 생명들을 평등한 관점에서 바라본다. 요나스와 하르트만은 생명이 가지는 자유의 뒷면과 약점을 간파하고 생명적 자연과 무생명적 자연의 평등성을 간접적으로 제시한다.

숲과 영감

우리나라의 숲도 본래는 금수강산이라고 불릴 정도로 빼어나게 아름다운 곳이다. 니체가 영감을 받은 숲과 멀지 않은 알프스 숲도 거닐다 보면 밋밋한 곳이 종종 나타나지만 우리의 숲은 그 어디라도 신비하고 오묘하며 섬세하다. 숲이 아름다운 지방에서는 아직도 탁월한 문인들이 쏟아져 나오곤 한다. 그러나 수년 전부터 눈에 띄는 우리 숲과 국토의 개발 및 파괴 과정을 보면 자연 속 동식물 그리고 자연에 뿌리를 두고 사는 인간의 건강과 행복을 염려하게 된다. 거기에 덧붙여 빈약해지는 자연 속에서 과연 인간의 정신세계가 깊고 풍부해질 수 있을까 의문을 가지게 된다. 우리 숲의 본래의 아름다운 모습은 그냥 그대로 두기만 했어도 지금쯤엔 샹그리라를 이루고 있었을 것이다. 산과 숲은 우리나라 여기저기 도살당하여 껍질 벗겨진 가축처럼 늘어서 있다. 정말로 안타깝다. 제도와 정책이 충분히 환경친화적이 아닌데다가 일반인의 환경의식도 충분하지 못한 결과다. 후자 때문에 전자도 그렇게 되는 것이다. 일반인들의 자연관 가운데 대표적인 것

298

이 풍수지리설이다.

저녁이면 숲길, 논길, 밭길 그리고 동네길 한 바퀴를 돌며 사람 사는 집보다 높은 곳에 위치하는 묘지들을 볼 때마다 나는 늘 불편한 심기가 된다. 묘지들은 소위 풍수지리설에 따라 그 어느 곳이든 좋은 자리를 찾아 만들었을 것이다. 집이 서 있는 장소가 좋은 곳이어야 인간이 잘 살고 조상들이 영원히 쉴 수 있는 묏자리가 좋아야 후손이 잘산다는 풍수지리설이 우리 사회의 많은 사람들의 의식을 지배하고 있다. 인구에 비해 좁은 국토인데다가 자연의 순리대로 자연으로 귀가하는 인간들을 모두 좋은 묏자리에 모시려 하다 보니까 인간 세상에서 멀리 떨어진 깊은 산속 아주 빼어난 풍광한 가운데에도 종종 묘지가 서 있다. "아! 이 아름다운 경치!" 함성이 터져 나오려다가 묘지를 보면 감탄이 슬며시 몸속으로 다시 기어들어간다. "오! 죽음이 저기 있네…."

풍수지리설은 자연과 인간의 조화를 도모하며, 몸의 적소에 침을 가하면 기가 뚫리어 몸의 병이 낫듯이 자연 속의 적소에 자리 잡으면 인생의 우환이 줄어들고 잘 살 수 있다는 믿음이다. 이런 풍수지리설은 누구를 위한 것인가? 그것은 자연을 위한 것이 아니라 전적으로 인간중심적인 자연관이다. 풍수지리설은 자연을 바라보는 무수한 관점 가운데 하나일 뿐이지 전적으로 믿고 따를 만큼 신뢰할 수 있는 이론은 아니다. 조상의 혼을 위로하고 나의 복을 찾기 위해 좋은 위치를 골라서 묘를 써야 한다면 조상의 몸을 새의 먹이로 바친 티베트인들은 이미 오래전에 조상의 분노로 패망해야 마땅했을 것이다. 인간의 행불행이 외적 요인만이 아니라 주관적 결단과 노력의 산물임에도 불행을 자기 잘못이 아니라 유독 집과 묘시의 위치 탓으로 놀리는 것은 너무도 무책임하고 편협한 것이다. 특히 좋은 터를 찾아 숲과 자연을 파괴해서라도 행복을 찾는 것은 자연과 조화를 이룬다고 말할 수 없다. 인간 한쪽에만 좋은 것이 어찌 자연과 인간의 조화인가? 더욱 황당한 것은 풍수지리설에 기반을 둔 인간의 행위들이 자연뿐만 아니라 실제로 인간에게조차 좋지 못한 결과를 초래한다는 점이다. 우선 자연파괴는 인간의 건강에 악영향을 주기 때문이다. 자연파괴는 그와 더불어 인간 영혼의 평화를 해치며 더 나아가서 인간의 높은 정신세계의 건축을 방해한다.

아름답고 깊은 자연경치는 우리가 가까이 다가서기 이전에 그 외적인 색과 형태를 보는 것만으로도 벌써 몸과 마음을 치유해주고 영혼 깊은 곳까지 말끔히 세척해준다. 그리고 영혼의 텅 빈 깨끗한 허공에 깊은 정신세계가 싹을 내리고 자라나기 시작할 것이다. 나무 한 그루, 풀잎 하나에 전율하는 생명감각과 자연에의 외경을 회복하지 않고서는 우리 사회의 온갖 비리와 폭력이 사라지지 않을 것이다. 또한 국제사회에서 우리나라의 정신문화의 위치도 더 이상 높아질 수 없다. 정신적인 영감은 자연이 내리는 선물이기 때문이다.

제16장

분노할 것인가?
말 것인가?

만병의 근원, 분노

바로크시대의 음악가 헨델은 성질이 아주 고약했다.

런던에서 자기 오페라의 연습 도중, 주역을 맡은 소프라노가

말을 잘 듣지 않자 번쩍 들어 올려 창밖으로 내던지려고 했다는 일화가 있다.

여가수는 손이 발이 되도록 빌어 위기를 모면했다고 한다.[166)]

인간의 심신이 연결된 한, 마음의 병은 곧 몸의 병이 되기 쉽다.

동학의 창시자 최시형은 마음 다스리기의 중요성을 강조한다.

"지금 사람들은 다만 약을 써서 병이 낫는 줄만 알고 마음을 다스리어

병이 낫는 것은 알지 못하니, 마음을 다스리지 아니하고 약을 쓰는 것이

어찌 병을 낫게 하는 이치이랴. 마음을 다스리지 아니하고 약을 먹는 것은

이는 한울(하늘)을 믿지 아니하고 약만 믿는 것이니라.

마음으로 마음을 상하게 하면 마음으로 병을 나게 하는 것이요,

마음으로 마음을 다스리면 마음으로 병을 낫게 하는 것이니라.

이 이치를 밝게 분별치 못하면 후학들이 깨닫기 어렵겠으므로,

논하여 말하니 만약 마음을 다스리어 심화 기화가 되면 냉수라도

약으로써 복용하지 않느니라."

166) 신동헌, 『재미있는 음악사 이야기』, 서울미디어, 136쪽.

나는 철학을 전공하지만 여러 가지 취미를 가지고 있다. 미술도 그 중 하나이다. 오래전 어떤 사람의 포트폴리오를 봐달라는 부탁을 받은 적이 있었다. 일부러 시간을 내어 지방에서 서울까지 올라가서 비평을 성의껏 해주었다. 그것들은 모두 색연필로 죽죽 그은 별 볼일 없는 추상화였다. 그런데 며칠 후 그림 주인으로부터 그림들 가운데 중요한 것 열 점 정도가 도난당했다는 문자를 받았다. 황당한 것은 뒤이어 그림은 자기 생명과도 같은 것이라는 문자로 나를 회유하려고 시도한 것이다. 나를 의심하는 단서는 두 가지, 앞으로 순수추상을 하고 싶어 한다는 나의 말과 내가 10분 동안 그림들을 가지고 있었다는 것. 그녀는 나의 블로그에 들어와 기웃거리고 찜찜한 글을 남겼다. 방문의 목적은 내가 블로그에 혹시라도 도난당한 그림을 모방한 나의 그림이 실리지 않나 감시하고 그림절도죄의 확증을 잡고자 한 것이다. 그녀는 내가 혼자 앉아서 수천 개 넘는 그림을 십 분 동안 보면서 침을 흘리며 열 점을 골라 슬쩍했다는 상상과 확신을 한 것이다. 그것은 완전히 닳고 닳은 도둑이나 할 수 있는 짓이 아닌가? 나를 몹시 분노케 한 사건이다. 속이 화산처럼 뒤틀리며 뜨거워지는 분노 체험이었다. 구덩이에 빠진 호랑이를 구해줬더니 잡아먹으려고 덤빈다는 동화를 연상케 하는 일이었다.

화가 나는 상황에서 분노를 터뜨리는 것도 건강에 좋지 않지만 분노를 참는 것도 건강에 좋지 않다. 화가 나는 상황 자체가 불행한 상황의 일종이다. 우리 안에서 화가 적게 발생할 수 있도록 긍정적인 사고를 갖는 습관을 키워야 하며 큰 분노는 미리 예방해야 한다. 철학자 아리스토텔레스는 정당한 분노가 있으며 적당한 분노가 있다고 말한다. 그런 상황에서 화를 진히 내지 않는 것도 중용에 어긋나며 옳지 않다.

분노할 때의 신체변화와 그에 대한 대처[167]

의학적으로 생물학적으로 살펴본 신체 안의 분노현상은 다음과 같다. ① 혈압이 올라가고 맥박이 빨라져 심장혈관 내벽에 손상을 가져온다. ② 지방이 많이 분비되어 혈중지방이 높아지고 지방이 간에서 콜레스테롤로 전환되어 콜레스테롤 수치도 올라간다. ③ 혈중혈소판을 더 많이 응고시켜 동맥혈관을 막아 심장질환이 일어날 수도 있다. 또한 분노는 면역체계에 영향을 미쳐 감기에서부터 큰 병에 이르기까지 감염에 취약하게 만든다. 혈액 속에서 암세포를 죽이는 NK세포기능을 억제하여 암에 대한 저항력을 떨어뜨린다. 간 속의 CRP세포증가가 심장질환을 유발한다. 분노와 연관된 두뇌의 신경전달물질은 세로토닌이다. 이것이 부족하면 분노 공격성이 증가하고 우울감 등 부정적인 정서가 증대된다.

정당한 분노라고 해서 바로 터뜨려도 좋은 것은 아니다. 상황에 따른 효과적 행동이 중요하다. 분노의 억압도 발산도 모두 아드레날린 분비를 유발하는 나쁜 효과를 낳는다. 분노가 터지기 전에 예방 차원

---

167) 이영돈, 『마음』, 예담, 264-271쪽.

에서 분노 관리가 중요하다. 그 사람이 왜 그랬는가 상황을 올바로 파악하고, 자신에게의 중요성, 상황변경 가능성, 다른 대응의 가능성, 분노의 정당성을 따져본다. 그러고 나서 그 모두가 yes라면 행동하되 공격성을 내보이지 않고 상대에게 행동 수정을 요구한다. (분노했음을 밝히고 분노의 이유를 설명하면서 행동 변화를 요구한다.)

아리스토텔레스의 중용

아리스토텔레스(BC 384-BC 322)

철학뿐만 아니라 다양한 분야의 실재에 관심을 가지고 동물, 천체, 헌법, 시학, 수사학 등에 관한 저술을 남겼다. 그에 따르면 우주 안의 모든 개체가 자기 안에 추구목적을 지니고 있으며 그 목적에 따라 자기를 실현하고 전개하는데, 이는 곧 신성과 같은 완전성에 도달하기 위한 추구이다. 인간도 마찬가지로 완전성을 향해 나아가며 또한 그래야만 한다. 인간은 동물과는 달리 정신, 이성, 로고스를 가지고 있는 본래적으로 선한 존재이다. 인간은 인간의 본질인 이성을 갈고 닦아야 한다. 이성은 사물인식능력이고 세계의 수수께끼를 풀어내는 능력이다. 인간의 최고생활은 인식하는 생활이다.168)

아리스토텔레스에게 도덕적인 덕은 이성으로 욕망을 조화롭고 적절하게 다스리는 데 있다. 욕망 그 자체가 악이 아니라 욕망을 잘못 다스리는 것이 악이다. 이성에 의한 욕망의 조절과 절제를 중용이라고 한다. 욕망은 삶의 재료이며 나름대로의 존재가치가 있는 것이므로 제거할 것이 아니라 적당한 정도로 발휘되도록 조절해야 한다. 욕

---

168) 빌헬름 바이셰델, 『철학의 뒤안길』, 이기상 역, 서광사, 82-84쪽.

망을 잘라 없애는 것은 불가능할 뿐 아니라 잘못이다. 어떤 욕망이나 충동에서도 가장 훌륭한 상태는 부족과 과도의 중용이다. 감기의 증상과 나이와 신체 상태에 따라 약의 처방이 다르듯이 중용은 상황마다 그 정도가 다르다. 중용은 적합한 절제의 정도를 파악하는 (실천적) 지혜 = 프로네시스를 필요로 한다. 중용의 성취는 몸속 깊숙이 체득되어 자동적으로 실천하도록 오랜 훈련과 습관이 필요하다.

인격의 선악은 습관의 성질에 따라서 갈라진다. 인격은 긴 기간의 일관된 도덕적 훈련의 소산이다. 인격자란 행동할 때 유혹받지 않는 사람이며 자신이 형성한 습관에 맞추어 똑바로 믿음성 있게 행동하는 사람이다. 아리스토텔레스의 윤리설에서 인간이 마땅히 추구해야 할 도덕적 목적은 행복(에우다이모니아)이다. 행복은 인간의 본성인 이성의 발휘에 놓여 있다. 이성은 바로 행위에서의 중용과 순수사유에서 발휘된다. 에우다이모니아eudaemonia는 뛰어나게 발전된 원숙한 사람의 완전한 행복이라는 의미이다. 오직 선한 사람이 느끼는 쾌락만이 선하다.[169]

진정으로 선한 행위의 조건

1. 자기가 무엇을 하고 있는가에 대한 지식

2. 심사숙고해서 그 자체를 위해 행위 선택

3. 세련된 습관에서 나온 행위

---

169) 램프리히트, 『서양철학사』, 김태길 외 공역, 을유문화사, 96쪽.

인간의 세 부분과 덕[170]

1. 신체: 육체적 탁월성, 용모, 체형, 자기 힘으로 변경불가능하며 행운에 달림(이성의 지배를 받지 않는 불합리한 부분).

2. 욕망 충동: 도덕적 탁월성, 도덕적 덕—올바른 습관 형성으로 도야된다(이성의 지배를 받는 불합리한 부분).

3. 이성: 지적인 덕, 사색(이성적인 부분)

도덕적인 덕[171]

용기의 덕 – 비겁과 망동과의 중용

관후의 덕 – 인색과 낭비와의 중용

우정 – 무정과 아첨

정의 – 타인에 대한 방자한 무시와 소심한 굴복

온순 – 냉담과 화급

절제 – 편협한 금욕과 방종한 탐닉

분노와 연관된 아리스토텔레스의 관점에 따르면 지나치게 빠르게 화내는 것도 잘못이지만 지나치게 냉담한 무반응도 잘못이다. 분노의 적절한 정도를 찾아야 한다. 적절한 정도의 분노는 이성적인 것이고 도덕적인 선이라고 할 수 있다. '정의롭지 못한 일을 목격하고도 아무

---

170) 램프리히트, 『서양철학사』, 김태길 외 공역, 을유문화사, 99쪽.
171) 램프리히트, 『서양철학사』, 김태길 외 공역, 을유문화사, 99쪽.

런 분노도 느끼지 못하는 사람은 고결하지 못할 뿐만 아니라 비이성적이기도 하다. 이때는 분노만이 올바른—적절한 고결하고도 이성적인—반응으로 생각될 수 있기 때문이다. 감정에서 완전히 벗어나는 것이 이상적 것이 아니라 오히려 상황이 요구할 때는 특정한 격정이 끓어오르도록 하는 일종의 내적 규제메커니즘이 필요하다.'[172] 여기서 과도한 분노나 과소한 분노에 비해 적절한 분노가 건강에 보다 유익한지 의문이다.

로마 네로황제의 스승이었던 세네카는 아리스토텔레스의 견해에 적극적으로 반대한다. 세네카에 따르면 '화를 제거하면 마음이 무방비상태가 되고 무기력하고 나태해져서 미덕을 행할 수 없게 된다는 것'[173]이라는 아리스토텔레스의 생각은 잘못이며 분노는 제멋대로 날뛰는 악마일 뿐이다. 분노는 자신이 잘못한 일이 없다는 생각이(오해가) 원인이 되어 발생하는 것이며 결과에 상관하지 않고 이성을 집어삼키는 나쁜 것이므로 아예 없는 것이 좋다고 한다. 상대가 본래 불완전할 수밖에 없는 똑같은 인간종에 속한다는 이유만으로도 용서할 만하다. 세네카에 따르면 최대의 악덕인 화는 적절히 통제하는 것이 아니라 완전히 제거하는 것이 옳다. "근본적으로 나쁜 것을 무엇 때문에 적절히 통제한다는 말인가?"[174] 세네카는 극단적인 상황에서 화를

---

172) 미카엘 하우스켈러, 『예술이란 무엇인가?』, 이영경 역, 철학과현실사, 30쪽.

173) 루키우스 안나이우스 세네카, 『화에 대하여』, 김경숙 역, 사이, 162-163쪽.

174) 루키우스 안나이우스 세네카, 『화에 대하여』, 김경숙 역, 사이, 244쪽. 어쩔 수 없이 참아야 할 것들이 있다. 겨울에 추운 것은 당연하다. '화는 악행보다 더 나쁘다. 저질

참았던 사람들의 예를 들기도 한다. '술주정뱅이 왕의 친구가 왕에게 술취한 모습을 내보이는 것은 부끄럽다고 충고한다. 그러자 왕은 술을 아무리 많이 마셔도 자신이 멀쩡하다는 것을 증명해 보이겠다면서 큰 잔으로 술을 마구 퍼마신 뒤에 친구의 아들을 문턱에 서 있으라고 한다. 왕은 활을 쏘아 아들의 가슴을 명중시킨다. 친구는 슬픔과 당황스러움을 숨긴 채로 왕의 활 솜씨가 아폴론보다 낫다고 칭찬한다.'[175] 세네카는 분노뿐만 아니라 모든 감정에 부정적인 평가를 내리며 아예 없는 것이 낫다고 말한다. 그러나 우리가 느끼는 희로애락 등의 감정에는 필연적인 이유가 있다. 필요가 없는 것이라면 우리 영혼 안에 설치되어 있을 까닭이 없을 것이다. 분노를 아주 제거하는 것은 불가능할 것이다. 그렇다면 우리는 분노를 완전히 제거하는 것이 아니라 적절히 조절하며 살 수밖에 없을 것이다. 자신을 불태우고 이성을 집어삼키는 등 분노의 부작용이 아주 악할 수 있다는 세네카의 경고를 기억하면서 분노를 최소화하도록 노력해야 할 것이다.

인간의 이성을 발휘하는 덕에는 실천적인 덕으로서의 중용 이외에 지적인 덕으로서 순수사색이 있다. 신도 사유하는 존재이다.[176] 사색

러진 악행만큼 화를 내야 하지만 화의 정도를 조절하기는 어렵다.' 92-93쪽. '화는 이 세상에서 가장 추하다. 눈은 이글이글 불타고 꽥꽥거리는 소리 고통에 찬 울부짖음과 고함소리 … 독사들을 몸에 휘감고 입에서 불을 뿜는 지하세계 괴물 같은 것이 화의 모습이다.'150-151쪽.

175) 루키우스 안나이우스 세네카, 『화에 대하여』, 김경숙 역, 사이, 188쪽.

176) 우주의 운동의 근원은 최초 운동자, 움직이지 않으면서 다른 모든 것을 움직이게 하는 최초의 운동자인 신이다. 신은 사유하는 정신으로서 나르시스처럼 자기에 대해 사유한다. 인간이 사멸하는 존재지만 불사불멸이 되도록 노력해야 한다.

은 현실도피는 아니다. 사색하는 사람이 대상과의 접촉으로부터 벗어나면 사색은 아무 쓸모도 없기 때문이다. 지적인 생활은 다른 무엇을 위해서가 아닌 그 자체 목적행위로서 최고의 지혜를 가져온다. 플라톤에게 지식은 개인적·사회적 개혁에 유용하다. 아리스토텔레스에게 지식은 그것의 사용 여부를 떠나서 그 자체로 최대의 행복의 원천이다.[177]

다른 생각

아리스토텔레스 – 적절한 분노는 정당하고 선하다.
세네카 – 화는 최고로 추하고 해로운 악덕이다.
화는 완전히 뿌리 뽑아야 한다.

바이셰델, 『철학의 뒤안길』, 85-86쪽.
177) 램프리히트, 『서양철학사』, 김태길 외 공역, 을유문화사, 100-101쪽.

용서란…

용서의 첫 단계는 상대방을 다시 인간으로 바라보는 것이다. 그도 실수투성이, 부서지기 쉽고 외롭고 궁핍하고 정서적으로 불완전하다. 즉 우리 자신과 똑같다. 그들 역시 오르막길과 내리막길로 가득한 인생길을 걷고 있는 영혼들이다. … 용서하지 않을 때 우리는 오래된 상처와 분노에 매달린다. 과거의 불행한 기억을 떠올리면서 분노를 되새김질하고 용서하지 않을 때 자기 자신의 노예가 된다. … 용서는 내게 상처 줬어도 괜찮다고 말하는 것이 아니다. 용서는 마음의 집착이 우리를 불행하게 한다는 것을 깨닫고 자기 자신을 위해서 상처를 떨쳐버리는 것. 용서는 자신을 위한 일이다. 용서하지 않음은 곧 자기를 벌하는 것이고… 상처 속에서 살아가는 것은 자신을 영원한 피해자로 만드는 것이다. 중요한 것은 우리자신의 평화와 행복이다.[178]

---

178) 엘리자베스 퀴블러 로스, 『인생수업』, 류시화 역, 이레, 227-230쪽.

"용서라는 것, 타인을 용서하고 나 자신을 용서하는 것, 이것이 내 마음속에 지독히 자리 잡은 미움이란 영토를 회수하는 지름길입니다."[179]

179) 박용철, 『감정은 습관이다』, 추수밭, 157쪽.

제 17 장

철학적 사유와
행복을 위한 조건

행복한 두뇌와
건강한 몸

내가 어떤 인간인가는 내가 선택하기 나름이다.

– 야스퍼스

철학은 아직도 확정되지 않은 학문이지만 나는 과감하게도 철학은 본질을 추구하는 학문이라고 단언해본다. 주마등처럼 지나가는 찰나들 그리고 그 안에서 스러지는 것들 가운데 영원한 본질을 철학자는 추려내고자 한다. 철학은 뼈대를 선호하며 살가죽, 살점, 잔털 모두를 아낌없이 버린다. 그런 쓰레기 가운데 가장 대표적인 것이 몸이다. 철학자 플라톤은 심지어 몸은 영혼의 밝은 인식을 방해하는 것, 앞을 가리는 창살이라고 보았다. 그러나 몸과 몸의 건강은 철학적 사고가 일어나기 위한 토대와 같다. 병든 이가 제대로 철학할 수 있을까? 토대가 썩은 집은 흔들리고 무너진다. 몸의 건강이 없는 철학은 붕괴한다.

철학과 몸의 밀접한 관계를 철학자 셸러는 다음과 같이 말한다. "본질인식은 정신이 수행하는 철학활동이고, 정열적 연애는 몸이 수행하는 철학활동, 존재와의 만남이다." 그런 의미에서 이 장에서는 몸의 건강과 특히 두뇌의 건강을 유지하기 위한 몇 가지 상식을 제공하고자 한다.

살다 보면 화가 나는 상황도 많지만 우리가 두뇌를 행복하게 만들면 화를 줄일 수 있다. 과거에는 두뇌세포는 평생 그대로이고 마모되고 소멸되기만 하고 새롭게 생성되지는 않는다고 믿었었다. 그러나 새로운 과학의 발견은 두뇌세포 역시 나날이 생성소멸 된다는 것을 밝혀냈다. 뇌를 새롭게 행복한 뇌로 만들 수 있는 근거는 뇌세포가 특히 해마부분(기억장치로서 다른 뇌 부분들과 긴밀히 연결됨)이 재생된다는 것이다. 신생뉴런은 유연하다. 즉 나쁜 것을 약하게 받아들이고 좋은 것을 강하게 받아들일 수 있다. 의식적으로 행복한 기억을 자꾸 불러내고 불행한 기억을 억제함으로써 신생뉴런이 행복한 뉴런이 된다. 행복한 뉴런이 증가할수록 보나 행복한 누뇌가 되고 행복한 두뇌는 불행한 두뇌보다 화를 훨씬 적게 낼 수 있다.

행복한 뇌 만들기 → 뇌의 힘이 커진다 → 행복을 느끼기 쉽게 된다
→ 행복한 일을 끌어모은다 → 행복감이 커진다 → 행복한 뇌가 된
다 (선순환)

요약하면 긍정적인 사고로 신생뉴런이 살아남은 결과 뇌가 유연성 있는 행복한 두뇌가 된다. 행복한 두뇌는 긍정적인 생각을 많이 하게 하여 행복한 느낌을 준다.

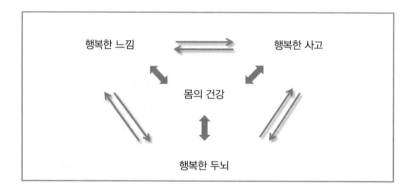

뇌를 위한 식사

생물학적으로 건강한 두뇌를 유지하는 것도 행복한 두뇌를 만드는

근본전제이다. 건강한 두뇌를 만들기 위해서는 뇌를 건강하게 하는 식사와 운동이 필요하다. 다음은 뇌를 건강하게 하는 몇 가지 요소를 정리한 것이다.

- **아미노산:** 뇌의 움직임과 혈액순환을 돕는다. 두뇌 피로회복
- **아침식사:**

  아침에 깨어났을 때 뇌의 온도는 하루 중 가장 낮다.

  아침식사가 뇌를 데워준다(뇌 온도 상승과 함께 뇌의 워밍업).

  뇌의 에너지원은 당분이다. 당분은 밤, 빵 등에 함유된 탄수화물을 섭취함으로써 얻을 수 있다.

  40세 이상은 점심에 단백질을 섭취하여 실수를 방지한다.

  과식은 혈액이 위로 쏠리게 해서 뇌 활동을 약화시킨다. 잘 씹어서 먹어야 위의 부담이 감소하고 뇌에너지 공급이 가능하다.

- **커피향:** 긴장완화효과(위산과다주의), 사고감정 일시정지, 집중된 뉴런 약화
- **알콜:** 뇌흥분 억제
- **생선 DHA:** 혈액순환, 시각기능향상, 알츠하이머 예방
- **폴리페놀:** 항산화물질, 소나무껍질성분·레드와인성분과 유사, 미백 미용효과, 혈관이 녹스는 것(혈액 응고)을 방지
- **콜레스테롤:** 기억력·사고력을 높인다.
- **과식:** 영양과다공급은 뇌에 좋지 않다. 칼로리 제한으로써 BNDF 스트레스호르몬 분비가 억제된다.

햇빛

- 하루 15~30분 쐬기.
- 햇빛알레르기와 피부암의 위험이 있지만 그러나 햇빛이 부족하면 뼈가 무너진다.(비타민 D의 결핍)
- 햇빛은 칼슘과 반비례관계에 있는 부갑상선 호르몬 감소로 뼈에 좋은 영향을 준다.
- 햇빛이 부족한 핀란드에서는 우유에 비타민 D 첨가를 의무화하고 있다.(계란 고등어 버섯도 도움)

공기

- 산소 22퍼센트가 가장 쾌적.
- 질소는 단백질을 만든다. 몸의 30퍼센트 가운데 75퍼센트가 단백질.
- 음이온은 부교감신경 심장박동 느리게 피곤하지 않게 돕는다.
- 나무가 자기보호를 위해서 내뿜는 살균물질 피톤치드를 쐬는 것이 삼림욕이다.
- 식물로 공기정화할 것: 산세베리아 – 음이온, 스파티필름 – 오존 제거

물

• 우리 몸의 70퍼센트가 물이다. 물로 노화가 방지된다. 가까이 두고 자주마시기. 천천히 마시기. 찬물마시기. 좋은 마음으로 마시기, 술 담배의 경우 물이 더 많이 필요하다.

한눈에 읽는 철학자 계보

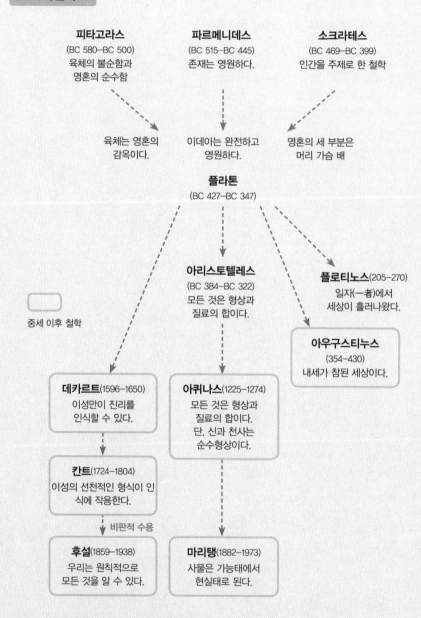

------> 영향
———— 병행

고대철학

피타고라스
(BC 580–BC 500)
육체의 불순함과
영혼의 순수함

파르메니데스
(BC 515–BC 445)
존재는 영원하다.

소크라테스
(BC 469–BC 399)
인간을 주제로 한 철학

육체는 영혼의
감옥이다.

이데아는 완전하고
영원하다.

영혼의 세 부분은
머리 가슴 배

플라톤
(BC 427–BC 347)

아리스토텔레스
(BC 384–BC 322)
모든 것은 형상과
질료의 합이다.

플로티노스(205–270)
일자(一者)에서
세상이 흘러나왔다.

중세 이후 철학

아우구스티누스
(354–430)
내세가 참된 세상이다.

데카르트(1596–1650)
이성만이 진리를
인식할 수 있다.

아퀴나스(1225–1274)
모든 것은 형상과
질료의 합이다.
단, 신과 천사는
순수형상이다.

칸트(1724–1804)
이성의 선천적인 형식이 인
식에 작용한다.

비판적 수용

후설(1859–1938)
우리는 원칙적으로
모든 것을 알 수 있다.

마리탱(1882–1973)
사물은 가능태에서
현실태로 된다.

중세철학

아우구스티누스 ——————— **아퀴나스**
(354–430)   (1225–1274)
알려거든   하느님은 세상을 있게 한
우선 믿으라.   최초의 원인이다.

근대철학

경험론

로크 —— **버클리** —— **흄**
(1632–1704)   (1685–1753)   (1711–1776)
감각이 인식의   존재는   세계가 존재한다는
근원이다.   지각됨이다.   것은 불확실하며
                          단지 믿음일 뿐이다.

칸트
(1724–1804)
인식은 인간주관이
가진 틀에 의해서
결정된다.

합리론

데카르트 —— **라이프니츠** —— **스피노자**
(1596–1650)   (1646–1716)   (1632–1677)
인간이 나면서부터 인간은 의식하지 인간의 본성인
갖는 인식이 있다. 못할 뿐이지   이성을 찾아야 한다.
             본래 모든 것을
             알고 있다.

〈경험론 + 합리론〉
= 칸트(독일관념론)

피히테 —— **셸링** —— **헤겔** —— **포이에르바하** —— **마르크스**
(1762–1814)   (1775–1854)   (1770–1831)   (1804–1872)   (1818–1883)
모든 것이   모든 것이   모든 것이   신은 필요에 의해서 모든 것이 물질의
자아적이다.   자연이다.   절대정신의   인간이 만든   움직임이다.
                        움직임이다.   인간의 상상물이다.

해석학

딜타이
(1833–1911)
이해는 정신과학의
방법이고 설명은
자연과학의 방법이다.

데리다
(1930–2004)
하나의 글에 대한
어떤 이해라도
나름대로 타당하다.

가다머
(1900–2002)
이해는 서로 다른 지평끼리의
융합이다. 올바른 단 하나의
이해만 있는 것이 아니라
풍부하고 다양한
이해가 있을 수 있다.

하이데거
(1889–1976)
인간의 삶 자체가
이해로 되어 있다.

하버마스
(1929–)
진리는 상호이해와
합의를 얻는 것이다.

생철학

쇼펜하우어 ---→ **니체** ---→ **베르그송** ---→ **바타이유**

쇼펜하우어
(1788–1860)
우주만물은 단 하나의
의지에서 나왔다.
의지에서 이데아가
이데아에서 개체가
나왔다.

니체
(1844–1900)
영원한 것이 아니라
생성변화가
진정한 존재다.

베르그송
(1859–1941)
생명은
창조적 비약이다.

바타이유
(1897–1962)
이성의 뒷면인
에로스와 폭력성을
철학의 주제로 삼았다.

실존철학

내가 어떤 인간인가는
내가 선택하기
나름이다.

이성이 인간의 본질은 아니다.
본질은 각자가 선택하여
만들어야 한다.

키에르케고르 --→ **야스퍼스** --→ **하이데거** --→ **사르트르** --→ **보봐르**

키에르케고르
(1813–1855)
신 앞에서 유일한
자기를 찾아야 한다.

야스퍼스
(1883–1969)

하이데거
(1889–1976)
대중에 휩쓸리는
비본래적 자기에서
벗어나 본래적 자기를
만들어야 한다.

사르트르
(1905–1980)

보봐르
(1908–1986)
여자는 태어나면서
약자가 아니다.
여성은 교육과 환경에
의해서 약한 자로
만들어지는 것이다.

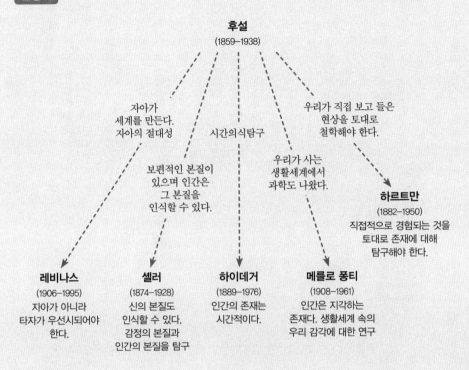

후설
(1859–1938)

자아가
세계를 만든다.
자아의 절대성

시간의식탐구

우리가 직접 보고 들은
현상을 토대로
철학해야 한다.

보편적인 본질이
있으며 인간은
그 본질을
인식할 수 있다.

우리가 사는
생활세계에서
과학도 나왔다.

하르트만
(1882–1950)
직접적으로 경험되는 것을
토대로 존재에 대해
탐구해야 한다.

레비나스
(1906–1995)
자아가 아니라
타자가 우선시되어야
한다.

셸러
(1874–1928)
신의 본질도
인식할 수 있다.
감정의 본질과
인간의 본질을 탐구

하이데거
(1889–1976)
인간의 존재는
시간적이다.

메를로 퐁티
(1908–1961)
인간은 지각하는
존재. 생활세계 속의
우리 감각에 대한 연구

합리론

인간은 결핍존재

후설 - - -> **셸러**
(1874–1928)
인간정신은 세계개방적이며
동물보다 우월하다.
인간의 본질을 탐구

겔렌
(1904–1976)

플레스너
(1892–1985)
인간은 탈중심적 존재

포스트모더니즘

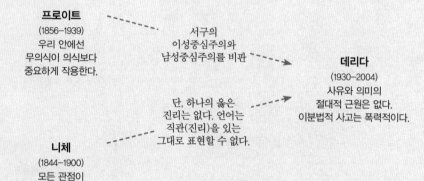

프로이트
(1856–1939)
우리 안에선
무의식이 의식보다
중요하게 작용한다.

서구의
이성중심주의와
남성중심주의를 비판

데리다
(1930–2004)
사유와 의미의
절대적 근원은 없다.
이분법적 사고는 폭력적이다.

단, 하나의 옳은
진리는 없다. 언어는
직관(진리)을 있는
그대로 표현할 수 없다.

니체
(1844–1900)
모든 관점이
나름대로 옳다.

분석철학

러셀
(1872–1970)
철학은 바로 풀릴 수
없기 때문에 가치가 있다.

비트겐슈타인
(1889–1951)
자연과학만이 참이다.
전통철학은 버려야 한다.
전통철학은 치료가 필요한 병이다.

공리주의 · 실용주의

벤담
(1748–1832)
우리에게 즐거움과
행복을 주는 행위가 선하다.

밀
(1806–1873)
먹고 마시는 감각적인 즐거움보다
정신적인 즐거움이 보다 더 가치 있다.

도가

양주
(BC 395경–BC 335경)
생명은 무엇과도
바꿀 수 없다.

노자
(?–?)
도는 말로 다 표현할 수 없다.
도는 만물에 깃들어 있다.

장자
(BC 369경–BC 289경)
사람마다 보는 눈이 다르다는 것을
깨닫고 거기에 휘말리지 않는
초월적인 눈이 필요하다.

불교

붓다(BC 500경) 인생은 고통의 바다와 같다.

유교

공자
(BC 551–BC 479)
인은 타인을 사랑하는 것이고,
의는 대가를 바라지 않고서
의무를 다하는 것이다.

맹자
(BC 371경–BC 289경)
사람은 인의예지의 실마리를
가지고 태어난다.

순자
(BC 298경–BC 238경)
인간의 본래적인 마음은
악하고 이기적이다.

주자
(1130–1200)
세상 모든 것은 형체가 없는
정신적인 이와 힘이 있는 기의 합이다.
인간 속의 이는 선하고 기는 악하다.

동중서
(BC 179경–BC 104경)
인간 본성이 착하지는 않지
만 거기서 착한 것이
우러나올 수 있다.

왕양명
(1472–1528)
인이란 천지만물과
일체가 되는 것이다.

한국철학

율곡
(1536–1584)
인간 속의 이와 기는 따로 떨어질 수 없다.
이와 기는 하나면서 둘이고 둘이면서 하나다.

주자
(1130–1200)

퇴계
(1501–1570)
인간 속의 네 가지 실마리와 일곱 가지 감정,
즉 이와 기는 서로 다른 것이며
이는 선하나 기는 악할 수도 있다.

정약용
(1762–1836)
인간 속의 선의 실마리,
즉 사단은 본래부터
들어있던 것이 아니라
노력에 의해서
얻어지는 것이다.

청소년을 위한 행복 철학

초판 1쇄 발행 2016년 1월 15일
초판 3쇄 발행 2017년 10월 31일

지은이 조정옥
펴낸이 정규상
펴낸곳 성균관대학교 출판부
책임편집 신철호
외주디자인 아베끄

등록 1975년 5월 21일 제1975-9호
주소 03063 서울특별시 종로구 성균관로 25-2
대표전화 02)760-1252~4
팩시밀리 02)762-7452
홈페이지 press.skku.edu

ⓒ 2016, 조정옥

ISBN 979-11-5550-145-0 03100